2021年山东省本科教学改革研究重点项目：虚拟仿真技术驱动的中国共产党精神谱系融入"概论"课程教学研究（Z2021271）的阶段性成果；

2022年教育部思想政治理论课教师研究专项：基于虚拟仿真技术的中国共产党人精神谱系融入思政课教学实现机制研究（22JDSZK055）的阶段性成果

九州文库

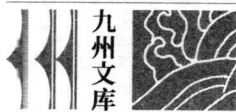

筑强大学生精神力量之『概论』课程教学专题解析

尚振峰　丁燕　张鹏　主编

九州出版社
JIUZHOUPRESS

图书在版编目（CIP）数据

筑强大学生精神力量之"概论"课程教学专题解析／
尚振峰，丁燕，张鹏主编．－－北京：九州出版社，
2023.5
ISBN 978-7-5225-1911-1

Ⅰ.①筑…　Ⅱ.①尚…②丁…③张…　Ⅲ.①大学生
—思想政治教育—研究—中国　Ⅳ.①G641

中国国家版本馆 CIP 数据核字（2023）第 114215 号

筑强大学生精神力量之"概论"课程教学专题解析

作　　者	尚振峰　丁　燕　张　鹏　主编
责任编辑	沧　桑
出版发行	九州出版社
地　　址	北京市西城区阜外大街甲 35 号（100037）
发行电话	（010）68992190/3/5/6
网　　址	www.jiuzhoupress.com
印　　刷	唐山才智印刷有限公司
开　　本	710 毫米×1000 毫米　16 开
印　　张	17.5
字　　数	305 千字
版　　次	2023 年 5 月第 1 版
印　　次	2023 年 5 月第 1 次印刷
书　　号	ISBN 978-7-5225-1911-1
定　　价	99.00 元

序

　　党的十八大以来，以习近平总书记为核心的党中央高度重视思想政治工作，为加强思政课建设作出了全面部署和系统安排。在此形势下，思政课建设呈现可喜变化：全国大中小学切实提升思政课的思想性、理论性和亲和力、针对性，思政课建设开创新局面、迈上新台阶，思政课教学改革取得了明显成效，为巩固马克思主义在意识形态领域的指导地位、培育担当民族复兴大任的时代新人提供了重要支撑。

　　山东建筑大学始终坚持以习近平新时代中国特色社会主义思想为指导，贯彻党的教育方针，落实立德树人的根本任务，通过调动全社会力量和资源，建设"大课堂"、搭建"大平台"、建好"大师资"，集合多元主体，整合多样资源，积极推进"大思政课"建设。作为思政课系列辅助读物，本丛书的出版是进一步丰富教学资源、创新教学手段、推动课程改革的产物，更是不断增强思政课思想性、理论性和亲和力、针对性的有力之举。习近平总书记在庆祝中国共产党成立100周年大会上首次提出"坚持把马克思主义基本原理同中国具体实际相结合，同中华优秀传统文化相结合"的论断，党的二十大习近平总书记再次强调只有做到"两个结合"，中国共产党才能正确回答时代和实践提出的重大问题，才能始终保持马克思主义的蓬勃生机和旺盛活力。为了加深对"两个结合"这一马克思主义中国化历史命题的认识，马克思主义学院思想政治教育教研室以习近平总书记引用经典文句为纲领，在《思想道德与法治》教材总体纲目的指导下，对于人生观、道德观、中国精神、社会主义核心价值观、品格修养、家庭美德等方面展开中华优秀传统文化解读，汇集著名学者专家相关论述，提炼有助于提高大学生人文素质、树立大历史观以及坚定文化自信的主要内容，形成了《中华优秀传统文化与〈思想道德与法治〉》一书。在庆祝中国共产党成立100周年大会上，习近平总书记同时强调："一百年来，中国共产党弘扬伟大建党精神，在长期奋斗中构建起中国共产党人的精神谱系，锤炼出鲜明的政治品格。"自此，大力弘扬伟大建党精神，把中国共产党人精神谱系融入思政课成为思政课教师认真思考并努力践行的重要课题。马克思主义中国化教研室、中国近现代史纲要教研室本着为《毛泽东思想和中国特色社会主义理论体系概论》《中国近现代史纲要》课程教学服务的目的，以继承和弘扬中国共产党人精神谱系为出发点，结合课程教学要求和特点，探讨和解决中国共产党人精神谱系融入课程教学的途径和方法，为课程教学提供教学参考、教学案例和教学设计，从而形成《筑强大学生精神力量之"概论"课程教学专题解析》《筑强大学生精神力之"纲要"课程专题教学解析》两本书。为了使抽象的理论映射具象的现实，马克思主义基本原理教研室以《马克思主义基本原理》教材为指导，着眼于课程内在逻辑体系，结合教学内容与教学目标，选编适合于每一章节教学案例，从基本理论、社会实践和生活事实三个维度编写创新性案例，形成了《〈马克思主义基本原理〉教学案例选编》，着力讲好党的故事、伟人的故事、革命的故事、英雄的故事，讲透故事背后蕴含的深刻道理，积极探索案例教学法在提升课堂效能、激发学生学习积极性等方面的作用，为广大思政课教师提供教学参考。

纵览四本系列理论读物，具有以下四个鲜明特点：一是内容与时俱进，具有时代性和前瞻性，注重将马克思主义中国化的最新理论成果应用于思政课的教学实践；二是形式丰富多彩，具有针对性和趣味性，注重将具有感召力的人物事迹和典型案例应用于思政课教学中；三是举措方便执行，具有适用性和可推广性，注重将思政课教学的多年经验总结为教学设计和教学案例，对思政课教学起到示范引领作用；四是效果立竿见影，具有实践性和指导性，注重从学生实际出发，从社会实践出发，在遵循大学生成长发展规律中落实立德树人的根本任务。系列理论读物将讲理论与讲故事相结合，讲政治与讲感情相结合，讲历史与讲现实相结合，讲知识与讲价值相结合，是对以习近平总书记为核心的党中央高度重视思政课建设和发展的积极响应，更是立足本职工作发挥高校思政课教师教书育人职责的真实写照。系列理论读物的顺利出版是一线思政课教师长年累月教学实践的经验积累，是思政课教师日复一日科学研究的成果展现，更是思政课教师齐心聚力推动思政课课程改革的有力之举，彰显了思政课教师理直气壮讲好思政课的决心和斗志。

面对世界百年未有之大变局，在实现第二个百年目标的新征程上，在党和国家有效破解中国之问、世界之问、人民之问、时代之问的过程中，高校思政课教育教学机遇前所未有，挑战也前所未有。习近平总书记在学校思想政治理论课教师座谈会上指出，"我们办中国特色社会主义教育，就是要理直气壮开好思政课，用新时代中国特色社会主义思想铸魂育人"。希望马克思主义学院能够再接再厉，让思政课在回应时代问题中改革创新，在理论与实践、历史与现实的结合中彰显出思政课的大格局和大视野，凸显出思政课与时俱进的鲜明特色；希望马克思主义学院全体思政课教师秉承立德树人的初心，教书育人的本心，赤诚火热的丹心，久久为功的恒心，理直气壮讲好思政课，在讲好科学"大道理"，回应现实"大问题"，把握时代"大趋势"中打造一堂堂有理论深度和实践温度的思政课，以此引领思政课课程改革，引导学生成长成才，培育一代代担当民族复兴大任的时代新人，更好地完成立德树人的根本任务。

山东建筑大学党委书记　陈国前
2022 年 11 月于泉城济南

目 录
CONTENTS

绪　论

一、缘何融入：精神谱系融入"概论"课的必要性

思想政治教育以提升大学生思想道德素质为目的，追求真、善、美，培育理想信念坚定、道德素养高尚、有责任、有担当的青年大学生。精神力量是人特有的内在品质，是思想政治教育的重要元素，是推动个人和社会发展的强大力量。"人无精神则不立，国无精神则不强。精神是一个民族赖以长久生存的灵魂，唯有精神上达到一定的高度，这个民族才能在历史的洪流中屹立不倒、奋勇向前。"①

习近平总书记在庆祝中国共产党成立 100 周年大会上的重要讲话中指出："一百年来，中国共产党弘扬伟大建党精神，在长期奋斗中构建起中国共产党人精神谱系，锤炼出鲜明的政治品格。"② 中国共产党人在一百年的非凡奋斗历程中形成的精神谱系，是指引中国革命、建设、改革取得巨大成就的强大动力，是中国共产党人的精神支柱和宝贵财富。今天，我们实现了第一个百年奋斗目标，在中华大地上全面建成了小康社会，历史性地解决了绝对贫困问题，正在意气风发向着全面建成社会主义现代化强国的第二个百年奋斗目标迈进——当中华民族伟大复兴呈现出前所未有的光明前景，当中国特色社会主义共同理想焕发出无比强大的感召力，我们更加需要弘扬和践行中国共产党人精神谱系来增强大学生的精神力量。

在"概论"课程教学中，我们要重视大学生精神力量的培育，一个重要的途径就是加强对于大学生中国共产党人精神谱系的教育。习近平总书记明确指

---

① 习近平：《习近平谈治国理政》（第二卷），北京：人民出版社 2017 年版，第 47-48 页。
② 习近平：《在庆祝中国共产党成立 100 周年大会上的讲话》，载《人民日报》，2021 年 7 月 2 日，第 2 版。

出，革命精神"是党和国家的宝贵精神财富，要代代传承下去"①。中国共产党人精神谱系不仅在过去发挥了极大的价值和作用，也对于增强大学生的精神力量具有重大现实意义。

第一，在培养无产阶级革命接班人方面，具有"立德树人"的作用。培养好无产阶级革命接班人是党的事业不断得到传承的根本保证。包括伟大建党精神在内的中国共产党人精神谱系，蕴含着鲜明和丰富的红色基因。赓续精神血脉，传承红色基因，是习近平总书记自党的十八大以来始终强调的。因此，让大学生多掌握精神谱系，了解其背后的故事人物接受其熏陶"感染"是非常重要的。这将会激发他们报效党和国家，沿着革命先烈们的足迹，完成革命先烈们未竟的事业的雄心和愿望，从而起到"立德树人"的作用。

第二，树立正确的价值观，丰盈大学生的精神世界。精神品格、理想信念、革命态度和乐观精神是大学生成长过程中的钙。作为新时代的大学生，通过继承和弘扬中国共产党百年革命精神，可以深入了解革命实践背后隐藏的崇高信仰与强大的精神动力，学习革命先辈、时代楷模的先天下之忧而忧、后天下之乐而乐的伟大理想信念，牢固树立社会主义核心价值观，培育坚不可摧的爱国情怀，增进大学生对马克思主义、社会主义和中国共产党的心理认同。因此，把中国共产党人精神谱系融入"概论"课程可以丰盈大学生的精神世界，使他们赓续红色血脉、牢筑信仰之基。

第三，体会中国共产党的百年奋斗史，汲取前进的动力与智慧。中国共产党人艰苦奋斗的精神、赤诚报国的情怀、勇于创新的意识，以及用生命和鲜血铸就的伟大精神谱系为当代大学生树立了永不磨灭的精神丰碑。当前，大学生当中仍有这样或那样的思想问题，中国共产党人精神谱系是构筑大学生理想信念的动力源泉，也是大学生担负起实现中华民族伟大复兴的精神支撑与思想动力。通过深化中国共产党人精神谱系的教育，可以使当代大学生深刻了解中国共产党的百年伟大精神内涵，向历史汲取前进的动力与智慧，指引大学生不断砥砺前行。

第四，激励大学生牢记初心使命，提升自觉奉献的担当意识。新时代的大学生将担负起建设中国特色社会主义事业的时代重任和历史使命。中国共产党人精神谱系能够引领大学生们透过历史的长河洞悉时代的发展要求，从而帮助他们建立崇高的信仰和坚定的理想信念，用伟大的社会主义共同理想与共产主

---

① 习近平：《继承和发扬党的优良革命传统和作风弘扬延安精神》，载《求是》，2022年第24期。

义崇高信念指导他们的生活实践，规范他们的言行举止，使之做到内化于心、外化于行。百年伟大精神能够激励与鞭策大学生牢记初心使命，提升自觉奉献的担当意识，用自己的满腔热血积极投身于社会主义现代化建设当中，助力中华民族的伟大复兴。

二、何能融入：精神谱系融入"概论"课的可行性

2019年3月18日，习近平总书记在学校思想政治理论课教师座谈会上进一步明确"我们党立志于中华民族千秋伟业，必须培养一代又一代拥护中国共产党领导和我国社会主义制度，立志为中国特色社会主义事业奋斗终身的有用人才"①。这为新时代高校思政课建设提出了更加清晰的育人要求。贯彻中国共产党的教育方针，教育广大青年学生时刻拥护党的领导，走中国特色社会主义道路，坚持社会主义制度，成为新时代高校思政课教学的重大目标。

中国共产党人精神谱系内涵丰富，蕴含着宝贵的育人资源。将中国共产党人精神谱系融入"概论"课程教学，是落实立德树人、培养时代新人的必然要求，也是增强大学生精神力量的重要途径。习近平总书记指出："讲故事就是讲事实、讲形象、讲情感、讲道理，讲事实才能说服人，讲形象才能打动人，讲情感才能感染人，讲道理才能影响人。"② 这一论述，为"概论"课讲好中国共产党人精神谱系提供了有效遵循。具体来讲，"概论"课要讲好精神谱系，必须注重四种方法。

第一，讲事实以说服学生。真实而客观地讲授，是讲好中国共产党人精神谱系的首要方式。唯有摆事实、讲真相，用理性和逻辑的力量才能教育人、说服人和引导人。"概论"课教师要讲好中国共产党人精神谱系，就要全面、真实地讲，而非虚构、片面地讲。通过过去、现在和未来，国内和国际比较的视野引导新时代大学生系统认识中国共产党人的伟大精神，从精神谱系中感悟中国共产党的初心和使命，达到思想自觉和政治自觉的高度统一，力做民族复兴的时代新人。

第二，讲形象以打动学生。鲜活的人物形象和感人事迹是打开学生精神世界的窗口，"概论"课教师要通过讲授中国共产党百年来领导者形象、引领者形

---

① 习近平：《习近平主持召开学校思想政治理论课教师座谈会强调：用新时代中国特色社会主义思想铸魂育人贯彻党的教育方针落实立德树人根本任务》，载《人民日报》，2019年3月19日，第1版。

② 中共中央文献研究室：《习近平关于社会主义文化建设论述摘编》，北京：中央文献出版社2017年版，第106页。

象来系统地展现中国共产党人精神谱系。就是要向大学生讲清楚中国共产党人精神谱系就是"认真实干、开放亲民的中国共产党整体形象，就是沉稳智慧、随和亲民的领袖形象，就是为民发声、为民服务的基层组织形象以及清正廉洁、富有个性的普通党员形象"①。"概论"课教师要着力从时代背景、形成发展、内涵界定等层面，讲清楚、讲透彻这些精神成果，帮助大学生把握这些精神成果的历史生成、内涵价值和重要地位。

第三，讲情感以感染学生。"概论"课教学过程应是理论知识与情感世界交织交融的过程。"概论"课教师要讲好中国共产党人精神谱系，可以将中国共产党人的伟大精神作为传递感情的载体，在讲授中激发教与学的情感共鸣，引发情感碰撞，从而实现情感育人，达到启发大学生人生哲理的目的。"概论"课教师要将中国共产党的精神谱系向大学生讲清楚、讲透彻，引导大学生在深刻理解这些精神成果的同时，激励大学生牢记使命、顽强拼搏。

第四，讲道理以影响学生。讲清楚中国共产党百年实践折射的道理是讲好中国共产党人精神谱系的理性升华。"概论"课教师要善于把"道"融入中国共产党人精神谱系教育之中，通过阐发道理、启发思考，使新时代大学生对中国共产党人精神谱系的理性认知转化为对马克思主义、中国共产党和中国特色社会主义的高度认同，并通过循循善诱的方式启发新时代大学生感悟其中的"道"，深刻领会马克思主义为什么行、中国共产党为什么能、中国特色社会主义为什么好，从而增强"四个自信"，将个人理想融入民族复兴大业，在新时代书写人生华章。

三、何以融入：精神谱系融入"概论"课的可操作性

中国共产党人精神谱系在历史时空的变换中，紧扣不同历史时期的时代主题循序展开，并且呈现出不同的精神内涵和功能价值。在精神谱系融入"概论"课程中，要紧密结合教材知识体系，带着"为什么融入、融入什么、如何融入"的核心思想，可以按照时间顺序融入课程讲授中，着重突出精神谱系固本培元、凝心铸魂的作用。精神谱系融入"概论"课，重点在于实现精神谱系与"五位一体"总体布局、坚定"四个自信"、"四个全面"战略布局等内容的有机融合，发挥精神谱系对新时代坚持和发展中国特色社会主义实践的引领作用。

第一，"链接式教学"丰富教学内容，开发教学资源。"链接式教学"是指

---

① 代玉启、陈宇轩：《中国共产党形象建设的探索与实践》，载《治理研究》，2021年第3期，第67页。

通过现代化教学技术手段，将中国共产党人精神谱系相关的思想理论链接教材知识体系和社会实践环节。从现实意义来看，这进一步充实了课堂教学内容，拓展了教学体系；而与社会实践链接，又可以让新时代大学生在社会实践中回顾中国共产党的百年奋斗历程，体悟中国共产党伟大精神力量。在精神谱系融入"概论"课程中，任课教师最常使用的就是"链接式"教学，以对教材知识进行扩充或补充说明，这种方式是本文重点采用的融入途径。

第二，"启发式教学"激发大学生学习中国共产党人精神谱系的兴趣和习惯。"概论"课程教师要结合教材内容启发学生主动学习各个历史时期的中国共产党人的精神，积极引导学生发现问题、分析问题、思考问题，在不断启发中让学生水到渠成理解和掌握精神谱系的具体内容和深刻内涵。在具体教学中，教师应立足社会现实，引导新时代大学生在学习中国共产党的历史中探寻现实问题的根源，激发新时代大学生学习中国共产党人精神谱系的浓厚兴趣，才能使中国共产党人汇聚的伟大精神内化于心、外化于行，成为指引新时代大学生成长成才的永久力量。在精神谱系融入"概论"课程中，任课教师应根据教学内容的需要采用"启发式教学"，引导大学生主动学习精神谱系，这种方式也是本文个别部分采用的融入途径。

第三，"专题式教学"加深理解体会，提高课堂教学质量。"专题式教学"是将中国共产党人精神谱系的丰富内涵和内在逻辑结构，以专题的形式有机融入"概论"课的教学体系之中。中国共产党人精神谱系具有系统性、整体性、层次性和结构性特征，推动中国共产党人精神谱系全面融入"概论"课，采取专题教学的方式，不仅可以展现中国共产党人精神谱系鲜明的系统逻辑，还可以凸显其背后的内在逻辑结构。"专题式教学"对"概论"课教师提出了更高的要求，需要教师明确中国共产党人精神谱系专题教学的主线、内容、关键和主旨要素的前提下开展深度专题教学，才能有效提高中国共产党人精神谱系专题课堂的教学质量。

第四，"体系性教学"推进"概论"课教学改革。将中国共产党人精神谱系有机融入"概论"课教学需要把握其整体性。鉴于当前中国共产党人精神谱系在"概论"课教材和教学内容中显性不足和碎片化现象，要依托"概论"理论课堂，开发蕴含中国共产党伟大精神的校园文化资源，搭建中国共产党人精神谱系相关的网络资源共享平台，使新时代大学生参与其中，进一步增强对中国共产党人精神谱系的整体性认识。

第一章　新民主主义革命时期

第一节　建党精神

一、建党精神概述

建党精神，是指中国共产党建立后形成并在长期的革命、建设、改革、复兴伟业中不断践行、丰富、升华的伟大精神。建党精神思想精辟、内涵丰富，意义重大、意境深远，是对中国共产党百年光辉历史的全面总结，贯穿党的百年奋斗的全过程，深刻彰显了中国共产党的特质，是党的历史，党的传统和党的精神的高度凝练，蕴含了强大的精神力量。

（一）建党精神的形成

历史从哪里开始，精神就从哪里产生。跨越时空，历久弥新，回顾中国共产党创建的历史背景，我们更能深刻领会伟大建党精神的丰富内涵。1840 年以后，由于西方列强的入侵，由于封建统治的腐败，中国逐渐成为半殖民地半封建社会。从那时起，争取民族独立、人民解放和实现国家富强、人民幸福，就成为中国人民的历史任务；实现中华民族伟大复兴，就成为中国人民和中华民族最伟大的梦想。无数仁人志士不屈不挠、前仆后继，进行了可歌可泣的斗争，太平天国运动、戊戌变法、义和团运动、辛亥革命接连而起，各种救国方案轮番出台，但都以失败而告终。国家蒙辱、人民蒙难、文明蒙尘的状况并未改变，亡国灭种的危机仍未消除。中国迫切需要新的思想引领救亡运动，迫切需要新的组织凝聚革命力量。历史呼唤着真正能够带领中华民族实现伟大复兴的领导者。

十月革命一声炮响，给中国送来了马克思列宁主义。在中国人民和中华民族的伟大觉醒中，在马克思列宁主义同中国工人运动的紧密结合中，中国共产党应运而生。1921 年 7 月 23 日，上海法租界望志路 106 号，来自全国各地、平均年龄仅 28 岁的代表聚集在一起，秘密举行中国共产党第一次全国代表大会，最后一天的会议转移到浙江嘉兴南湖的游船上举行。中国产生了共产党，这是开天辟地的大事件，深刻改变了近代以后中华民族发展的方向和进程，深刻改变了中国人民和中华民族的前途和命运，深刻改变了世界发展的趋势和格局。

自从有了中国共产党，中国革命的面貌焕然一新。一百年来，从建党的开天辟地，到新中国成立的改天换地，到改革开放的翻天覆地，再到党的十八大以来党和国家事业取得历史性成就、发生历史性变革，在中国共产党的坚强领导下，中华文明在现代化进程中焕发出新的蓬勃生机，创造了人类文明的新形态，科学社会主义在 21 世纪焕发新的蓬勃生机，中华民族焕发出新的蓬勃生机。

（二）建党精神的科学内涵

1. 坚持真理、坚守理想

坚持真理和坚守理想高度统一，体现了中国共产党的阶级立场，彰显了共产党人的理想信念和价值立场。马克思主义是中国共产党人理想信念的灵魂。马克思认为，精神的实质始终就是真理本身。信仰的价值源于真理的内在力量支撑。对中国共产党人来说，坚持真理，就是坚持马克思主义这个真理；坚守理想，就是坚守共产主义远大理想和中国特色社会主义共同理想。

马克思主义揭示了人类社会发展的基本规律，是指导无产阶级解放的真理体系。中国共产党高举马克思主义的伟大旗帜，是否以马克思主义为指导，是中国共产党与资产阶级政党的根本区别。信仰决定旗帜，旗帜决定方向，方向决定道路，道路决定命运。毛泽东曾深刻指出："共产党人不靠吓人吃饭，而是靠马克思列宁主义的真理吃饭，靠实事求是吃饭，靠科学吃饭。"[1] 邓小平指出："对马克思主义的信仰，是中国革命胜利的一种精神动力。"[2] 习近平总书记强调："中国共产党为什么能，中国特色社会主义为什么好，归根到底是因为

---

① 毛泽东：《毛泽东选集》（第三卷）。北京：人民出版社 1991 年版，第 835-836 页。
② 邓小平：《邓小平文选》（第三卷）。北京：人民出版社 1993 年版，第 63 页。

马克思主义行!"①

坚持真理是坚守理想的理论基础,坚守理想是追求真理的价值所在。"坚持真理"展现了我们党强大的思想优势和理论优势。坚定马克思主义的信仰是中国共产党人的命脉和灵魂。共产主义理想来自马克思主义的科学真理体系,是科学社会主义的内在要义。革命理想高于天,理想信念是共产党人精神上的"钙"。千磨万击还坚劲,中国共产党人坚守住共产主义的理想之根,才能在严酷的环境中坚定马克思主义信仰,坚持马克思主义的科学真理,建立了以马克思主义为指导的中国共产党。习近平总书记指出:"中国共产党之所以叫共产党,就是因为从成立之日起我们党就把共产主义确立为远大理想。我们党之所以能够经受一次次挫折而又一次次奋起,归根到底是因为我们党有远大理想和崇高追求。"②

理想因其远大而为理想,信念因其执着而为信念。对马克思主义的坚定信仰,对社会主义和共产主义的坚定信念,是共产党人的政治灵魂,是共产党人经受住各种困难和考验的精神支柱。中国共产党的百年奋斗历程正是无数共产党人孜孜不倦追求信仰的过程。一百年来,马克思主义指引着我们党历经血与火的考验,从小到大、由弱到强,不断从胜利走向胜利。不论是顺境还是逆境,中国共产党始终把马克思主义作为奋斗前进的根本指导思想,坚持马克思主义基本原理,坚守共产主义的远大理想,坚持实事求是,从中国实际出发,洞察时代大势,把握历史主动,进行艰辛探索,不断推进马克思主义中国化时代化,指导中国人民不断推进伟大社会革命,实现中华民族伟大复兴。

2. 践行初心、担当使命

践行初心、担当使命高度统一,初心和使命密不可分,体现了中国共产党的历史责任和时代使命。习近平总书记指出:"中国共产党人的初心和使命,就是为中国人民谋幸福,为中华民族谋复兴。这个初心和使命是激励中国共产党人不断前进的根本动力。"③ 这个初心和使命是贯穿我们党百年奋斗史的一条红线。

初心易得,始终难守。建党百年来,尽管历经曲折磨难,党的初心矢志不渝,使命牢记在心,一代又一代的中国共产党人凭借为民之心和坚强意志接受

---

① 习近平:《习近平谈治国理政》(第四卷),北京:外文出版社 2022 年版,第 10 页。
② 中共中央党史和文献研究院:《十八大以来重要文献选编》(下),北京:中央文献出版社 2018 年版,第 347 页。
③ 习近平:《习近平谈治国理政》(第三卷),北京:外文出版社 2020 年版,第 1 页。

初心的考验和使命的磨炼。一部波澜壮阔的中国共产党发展史就是一部用党的初心和使命激励全体共产党员砥砺奋进的历史。

践行初心、担当使命体现了中国共产党的性质宗旨，展现了我们党强大的政治优势。不管是在革命战争年代，还是在和平建设时期，"为什么人"的问题始终是对党的巨大考验。党的执政地位的获得靠的是密切联系群众，民心所向；党的执政地位的巩固，同样也是依靠这个政治优势。不忘初心、担当使命，才能带领中华民族迎来从站起来、富起来到强起来的伟大飞跃。习近平总书记在庆祝中国共产党成立100周年大会上的讲话中深刻指出："中国共产党根基在人民、血脉在人民、力量在人民。"① 立党为公、执政为民，这是对中国共产党全心全意为人民服务的宗旨的庄严宣告。

中国特色社会主义进入新时代，以习近平同志为代表的中国共产党人坚持人民至上的价值观，坚持与人民同呼吸共命运的根本立场，坚持全心全意为人民服务的根本宗旨，坚持以人为本，做好民生工作，改善人民生活，增进人民福祉，增强人民的获得感、幸福感和安全感。在进行伟大斗争、建设伟大工程、推进伟大事业、实现伟大梦想中，实现人民从富起来到强起来的伟大飞跃。践行初心、担当使命，就是要弘扬爱国精神，为中华民族的伟大复兴勇于担当，为中国人民美好生活永久奋斗；就是要不断推进党的建设新的伟大工程，永葆马克思主义执政党本色，永远走在时代前列，永远做中国人民和中华民族的主心骨。

3. 不怕牺牲、英勇斗争

不怕牺牲，英勇斗争，体现了顽强的斗争精神和奋斗精神，也体现了中国共产党创建的艰难历程。鸦片战争后国家蒙辱、人民蒙难、文明蒙尘，中华民族遭受了前所未有的劫难。无数革命先烈不怕牺牲、英勇斗争，前仆后继，与帝国主义、封建主义势力展开了艰苦卓绝的斗争，才缔造了伟大、光荣、正确的中国共产党。实践证明，只有不怕牺牲，才能英勇斗争；没有牺牲精神，绝不会开展英勇的斗争。

理想越崇高，目标越远大，实现的艰难程度就越大，越需要永葆斗争精神。世界上没有哪个党像我们这样，遭遇过如此多的艰难险阻，经历过如此多的生死考验，付出过如此多的惨烈牺牲。"为有牺牲多壮志，敢教日月换新天。"一百年来，无数大义凛然、临危不惧的共产党员，为了共产主义远大理想，为了

---

① 习近平：《在庆祝中国共产党成立100周年大会上的讲话》，北京：人民出版社2021年版，第8页。

实现民族独立、人民解放，国家富强、人民幸福，不怕牺牲、敢于牺牲，奏响了气壮山河的英雄凯歌。

习近平总书记强调："敢于斗争是我们党的鲜明品格。我们党依靠斗争走到今天，也必然要依靠斗争赢得未来。"当今全球正经历百年未有之大变局加速演进，中华民族正奔向伟大复兴进入关键时期。新时代开启全面建设社会主义现代化强国新征程，注定难以一帆风顺，面临世情国情党情中蕴含的各种重大风险和考验，这些都要求中国共产党人必须铸造敢于斗争、敢于胜利的鲜明政治品格。新时代的伟大斗争，是为了有效应对重大挑战、抵御重大风险、克服重大阻力、解决重大矛盾，必须进行具有许多新的历史特点的伟大斗争，必须敢于斗争、敢于胜利。

4. 对党忠诚、不负人民

对党忠诚、不负人民，彰显了先进的马克思主义政党的根本立场和政治品格，充满了奉献精神和无私情怀，体现了人民性和崇高的道德境界。对党忠诚是不负人民的前提和基础，不负人民是对党忠诚的要求和表现。最广大人民群众的支持与拥护是中国共产党的立党之本，执政之基。对党忠诚就是要忠诚于党的事业、忠诚于人民的事业，不负人民的重托和期望。习近平总书记在"不忘初心、牢记使命"主题教育工作会议上强调，广大党员干部要"始终忠诚于党、忠诚于人民、忠诚于马克思主义"①。

"对党忠诚、不负人民"引领共产党人始终忠诚于马克思主义的信仰，忠诚于党的组织、忠诚于党的理论和路线方针政策，以立党为公、奉献人民和"我将无我、不负人民"的崇高情怀，真正达到在党言党、在党忧党、在党爱党、在党护党、在党爱民，始终把人民放在心中最高位置。我们要始终秉持人民立场、恪守人民至上，着力发展全过程人民民主，实质性推进全体人民共同富裕，不辜负人民群众对党的信任和重托，使党性和人民性真正达到内在契合与高度统一。

对党忠诚是党章明确的党员义务，是入党时的庄严承诺；不负人民是中国共产党永恒的追求，我们党为人民而生，因人民而兴，始终同人民在一起，始终坚持以人民为中心，始终把人民放在心中最高位置。战争年代，革命先烈用鲜血和生命践行忠诚；和平时期，优秀共产党员以赤子之心诠释忠诚。脱贫攻坚中，扶贫干部把心血和汗水洒遍千山万水、千家万户，为的是不让一个人掉

---

① 习近平：《习近平谈治国理政》（第三卷），北京：外文出版社 2020 年版，第 525 页。

队。这是不负人民的一脉相承，也是人民至上的崭新篇章。对党无限忠诚，对人民无限热爱。一百年来，一代又一代中国共产党人以实际行动诠释了共产党人的忠诚本色，展现了共产党人的人民情怀。

（三）建党精神的重要价值

伟大建党精神跨越时空、历久弥新，始终指引着、激励着一代代中国共产党人奋勇前进，是我们宝贵的精神财富。伟大建党精神，站位高远、思想深邃、内涵丰富、催人奋进，融入了中华民族精神和时代精神，是中国共产党百年辉煌的全面总结和共产党人先进特质的生动写照，蕴含着深厚的政治价值、精神力量和实践力量，是揭示"马克思主义为什么行""中国共产党为什么能""中国特色社会主义为什么好"的精神密码。

1. 伟大建党精神蕴含丰厚的政治价值

伟大建党精神具有丰富的政治动员、科学组织、凝心聚力的功能。一百多年来中国共产党人在伟大建党精神的培育、陶冶、激励和引导下，坚持立党为公、执政为民，不懈奋斗、成就伟业。习近平总书记在党史学习教育动员大会上的讲话中指出："我们党之所以历经百年而风华正茂、饱经磨难而生生不息，就是凭着那么一股革命加拼命的强大精神。"[1]

2. 伟大建党精神蕴含巨大的精神力量

中国共产党的精神谱系肇始于伟大建党精神。建党精神是中国共产党精神谱系的"根"和"源"，集中体现了中国共产党人的理想信念、根本宗旨、道德品质、工作作风和精神风貌，是党的一系列优良传统和作风的集中概括，铸就了百年大党的精神魂魄，滋养了百年大党的精神内涵，塑造了百年大党的精神形象，彰显了百年大党的精神力量。

"源"远"流"长。作为中国共产党的精神之源，伟大建党精神对共产党人精神谱系具有培育、滋养、贯穿和联结的作用。其后一系列红色精神尽管表述不同，但都体现着伟大建党精神的精髓要义，是伟大建党精神在各个不同历史时期精神形态的具体呈现和深化拓展，都是激励我们奋进新时代新征程的强大精神力量。"伟大建党精神内涵的精神元素渗透于各种革命精神之中，是对中国共产党百年奋斗实践中各种革命精神内涵的精髓提炼。"[2]

---

① 习近平：《习近平谈治国理政》（第三卷），北京：外文出版社 2020 年版，第 514 页。

② 齐卫平：《把认识党的百年历史与感悟伟大建党精神相结合》，载《井冈山干部学院学报》，2022 年第 3 期，第 29 页。

3. 伟大建党精神彰显磅礴的实践力量

中国共产党的伟大建党实践,是伟大建党精神形成的实践源泉,是对党的丰富实践经验的全面总结和高度凝练,并通过党的百年实践得以充分彰显。以史为鉴,开创未来。伟大建党精神具有强大的实践力量,在中国共产党的领导下,精神力量转化为实践力量,指引着我们向第二个百年奋斗目标前进,实现中华民族伟大复兴。

二、典型案例

(一)"真理的味道"

党的一大召开前夕,陈望道受托翻译《共产党宣言》。为了安全起见,他躲在家乡浙江义乌的一处柴房里,废寝忘食,夜以继日。有一天,陈望道的母亲看到废寝忘食的儿子,送来粽子给他当点心充饥,外加一碟红糖,留沾粽子。过了一阵,母亲来取碗筷,惊奇地发现儿子满嘴乌黑,红糖却原封未动。老人家爱怜又带几分生气,问道:"吃完啦,这糖甜不甜呀?"陈望道仍浑然不觉,头也不抬说:"甜,真甜。"母亲无奈地笑笑说:"你倒是自己看看,墨汁都被你蘸完啦。"陈望道这才意识到自己蘸的不是红糖而是墨汁。

经历了一个多月夜以继日地工作,到当年4月底,陈望道完成了《共产党宣言》的翻译。5月,陈望道将《共产党宣言》中文全译本稿带到上海,交由陈独秀和李汉俊校阅,他们无不为此赞叹:短短的一个多月,陈望道竟完成得如此出色。几个月后,1000册中译本《共产党宣言》在上海出版,成为当时国内流传最广、影响最大的一部马克思主义经典著作,整整影响了一代人。

(二)"砍头不要紧,只要主义真"

"砍头不要紧,只要主义真。杀了夏明翰,还有后来人!"1928年3月20日,共产党员夏明翰挥笔写下这首气壮山河的就义诗后,壮烈牺牲,年仅28岁。

夏明翰,1900年出生,祖籍湖南衡山县。1917年,他考入湖南省立第三甲种工业学校。在校期间,他接触进步思想,积极参加声援五四运动的爱国宣传活动和反对北洋军阀的斗争。1920年,在何叔衡等人的帮助下,夏明翰来到长沙,成为毛泽东创办的湖南自修大学的第一批学员。1921年,经毛泽东、何叔衡介绍,夏明翰加入中国共产党。

1924年，夏明翰担任中共湖南省委委员、农民部长。他经常到长沙、平江、湘潭等地，深入了解农民的情况，注意培养农运干部，保送革命青年到广州农民运动讲习所学习。1927年10月，夏明翰领导发动了平江、浏阳的农民暴动，有力地配合了井冈山根据地的创建。

1928年初，夏明翰被调往湖北工作，任中共湖北省委常委。1928年3月18日，因叛徒出卖，夏明翰在武汉不幸被捕。敌人对夏明翰施用了种种酷刑，劝他投降。但夏明翰始终视死如归，决不屈服。3月20日清晨，被押送刑场。行刑之前，敌人问夏明翰还有什么话要说，他大声道："有，给我拿纸笔来！"于是，写下了那首传颂至今的就义诗。

夏明翰英勇就义，为了中国人民的解放事业献出了年轻的生命。他留下的那首正气凛然的就义诗，激励和鼓舞着一代又一代中国共产党人为了理想信念不惧牺牲、英勇奋斗。

2009年9月10日，夏明翰被评为"100位为新中国成立作出突出贡献的英雄模范人物"。

（三）红色英雄陈乔年

陈乔年，安徽怀宁人，陈独秀次子，生于1902年。1915年入上海法语补习学校学习，两年后进入震旦大学学习。1919年底赴法勤工俭学，1922年发起成立旅欧中国少年共产党，同年转为中国共产党党员，是中共旅欧支部领导成员之一。1923年4月到苏联莫斯科东方劳动者共产主义大学学习。1924年冬回国，先后任中共北京地委组织部部长、北方区委组织部部长。1926年3月18日，北方区委组织1万多名群众，声讨英美日等八国无理通牒中国的罪行。在陈乔年等北方区委领导人的带领下，游行示威群众向段祺瑞执政府门前行进，陈乔年被敌人刺刀刺伤胸口，在这种情况下，他仍然组织群众进行撤离。

1927年，陈乔年在中共五大上当选为中央委员。同年5月任中共中央组织部副部长；6月起任中共顺直省委委员、中共中央代秘书长。

大革命失败后，中共中央于1927年8月7日在汉口召开紧急会议，陈乔年出席会议，并对他父亲陈独秀在大革命中所犯的错误进行了严肃的批评。会后，他被党中央调任湖北省委组织部部长；同年秋，又被调任中共江苏省委组织部部长。他秘密深入工厂、机关和学校，恢复被国民党反动派破坏的党组织，重新聚集革命力量。

1928年2月16日，中共江苏省委机关遭到上海国民党反动派的破坏，陈乔年等被捕。在狱中，敌人对陈乔年施尽酷刑。他坚贞不屈，始终严守党的秘密。狱中同志见他受了重刑，十分难受，他却淡淡地说："受了几下鞭子，算个啥！"他还常常利用机会，给大家讲故事，鼓励同志们保持革命气节。敌人将他们押走行刑前，陈乔年对狱友们说："让我们的子孙后代享受前人披荆斩棘的幸福吧！"

（四）红色英雄萧楚女

萧楚女，1893 年出生于湖北汉阳，中国共产党早期青年运动领导人之一。他也是中国共产党优秀理论家、中国青年的良师益友、《中国青年杂志》的创始人之一。曾与恽代英一起主编《中国青年》，在广州协助毛泽东编辑《政治周报》，曾任广州农民运动讲习所专职教员、黄埔军校政治教官，参加过武昌起义、五四运动。他经常用"楚女"笔名发表文章，撰写了大量的针砭时政的政论、社论，倾诉其对国家前途的忧愤。萧楚女的文章笔锋犀利，战斗性强，矛头所向，不是"指责土酋军阀，就是痛骂贪官污吏"，连反动派所控制的报刊也不得不赞叹萧楚女的文章是"字夹风雷，声成金石"。

1927 年 4 月，萧楚女在广州反革命大屠杀中被逮捕，4 月 22 日在南石头监狱被杀害，年仅 34 岁。

萧楚女一生坚定理想信念，为共产主义奋斗终生。他坚信，"人生应该如蜡烛一样，从顶燃到底，一直都是光明的。"这是萧楚女烈士的人生观。生前他在农讲所和黄埔军校带病工作时曾说："同学们，你们想蜡烛不是能放光明吗？做人也要像蜡烛一样，在有限的一生中有一分光发一分热，给人以光明，给人以温暖。"他的一生，就像一支永不熄灭的"红烛"，光明磊落燃尽了自己，点燃了浓浓的革命火种。

2009 年 9 月 10 日，萧楚女被评为"100 位为新中国成立作出突出贡献的英雄模范人物"。

（五）红色英雄陈树湘

陈树湘，湖南长沙县人，1922 年秋加入中国社会主义青年团，1925 年 7 月加入中国共产党，1927 年参加南昌起义，后又随团参加湘赣边界秋收起义，并上井冈山，曾任中国工农红军第 5 军团第 34 师师长。

1934 年 10 月，陈树湘率部参加中央红军长征，担任全军总后卫，同国民党追兵频繁作战，掩护红军主力和中共中央、中革军委机关连续突破国民党军第一至第三道封锁线。11 月下旬，在惨烈的湘江之战中，陈树湘率领全师与十几倍于自己的敌人殊死激战四天五夜，付出重大牺牲，全师由 6000 余人锐减至不足 1000 人。12 月 1 日，中央红军主力和中共中央、中革军委机关渡过湘江。完成掩护中央红军主力渡过湘江后，陈树湘指挥红 34 师数次强渡湘江，都先后失利，陷入敌人的重围。面对严峻形势，陈树湘执行退回湘南地区、坚持游击战争的命令，率部突围。在激烈战斗中，陈树湘腹部中弹，身受重伤。他用皮带压住伤口，躺在担架上继续指挥战斗，终于突出重围。部队到达道县泗马桥时，遇到国民党地方保安团的截击。危急时刻，陈树湘命令大部队突围，自己和两名警卫员留下掩护，经过激战，不幸受伤被俘。

1934 年 12 月 18 日，在敌人押送前往长沙的途中，陈树湘趁敌不备，忍着剧痛，从伤口处掏出肠子，用力绞断，壮烈牺牲，时年 29 岁。

2009 年 9 月 10 日，陈树湘被评为"100 位为新中国成立作出突出贡献的英雄模范人物"。

三、经典论述

1. 一百年前，中国共产党的先驱们创建了中国共产党，形成了坚持真理、坚守理想，践行初心、担当使命，不怕牺牲、英勇斗争，对党忠诚、不负人民的伟大建党精神，这是中国共产党的精神之源……一百年来，中国共产党弘扬伟大建党精神，在长期奋斗中构建起中国共产党人精神谱系，锤炼出鲜明的政治品格。历史川流不息，精神代代相传。我们要继续弘扬光荣传统、赓续红色血脉，永远把伟大建党精神继承下去、发扬光大[①]！

2. 要弘扬伟大建党精神，推进党的建设新的伟大工程，增强自我净化、自我完善、自我革新、自我提高能力，确保中国共产党始终成为中国人民和中华民族最可靠的主心骨[②]。

3. 全党要大力弘扬伟大建党精神，在实现第二个百年奋斗目标的伟大征程中努力创造更加辉煌的业绩，为党和人民争取更大光荣[③]。

4. 更好把握和运用党的百年奋斗历史经验，弘扬伟大建党精神，动员全党全国各族人民坚定信心、勇毅前行，为实现党的第二个百年奋斗目标而不懈

---

① 习近平：《习近平谈治国理政》（第四卷），北京：外文出版社 2022 年版，第 7 页。

② 习近平：《在纪念辛亥革命 110 周年大会上的讲话》，载《思想政治工作研究》，2021 年第 10 期，第 4-5 页。

③ 习近平：《习近平谈治国理政》（第四卷），北京：外文出版社 2022 年版，第 29 页。

努力①。

5. 办好中国的事情，关键在党、关键在全面从严治党。只要大力弘扬伟大建党精神，不忘初心使命，勇于自我革命，不断清除一切损害党的先进性和纯洁性的有害因素，不断清除一切侵蚀党的健康肌体的病原体，我们就一定能够确保党不变质、不变色、不变味②。

四、教学应用

知识点 1：导论　第一节　"马克思主义中国化"的提出及其内涵。

中国选择马克思主义是历史和人民的选择。为了实现中华民族伟大复兴，中国共产党努力探索马克思主义同中国革命实际相结合。马克思主义中国化既是解决中国实际问题的客观需要，又是马克思主义理论本身发展的内在要求。这部分内容可以结合伟大建党精神中"坚持真理、坚守理想"的内涵来进一步讲授中国选择了马克思主义，成立了中国共产党，阐释"中国共产党为什么能，中国特色社会主义为什么好，归根到底是因为马克思主义行"的重要论断。

知识点 2：第一章　第一节　毛泽东思想的形成和发展：毛泽东思想形成发展的历史条件——时代条件和实践基础。

毛泽东思想正是在对国情深刻认识的基础上，为了追求民族独立和人民解放、实现国家繁荣富强和人民共同富裕而形成的。十月革命一声炮响，给中国送来了马克思列宁主义。包括毛泽东在内的一大批中国先进知识分子，开始接受和宣传马克思列宁主义，毛泽东思想正是在这种时代背景下形成和发展起来的。中国共产党领导人民革命的伟大实践为毛泽东思想形成奠定了实践基础。这部分内容可以结合伟大建党精神的形成以及其内涵加以讲授，运用典型案例，将历史过程和建党精神的形成相结合。

知识点 3：第一章　第二节　毛泽东思想的主要内容和活的灵魂：毛泽东思想活的灵魂——群众路线。

"群众路线"就是一切为了群众、一切依靠群众，从群众中来到群众中去，把党的正确主张变为群众的自觉行动。群众路线本质上是马克思主义关于人民群众创造历史的原理在党的领导工作中的运用。坚持群众路线，就要坚持人民是推动历史发展的根本力量，坚持全心全意为人民服务的根本宗旨，保持党同

---

① 习近平：《习近平谈治国理政》（第四卷），北京：外文出版社 2022 年版，第 29 页。
② 《习近平参加内蒙古代表团审议》，https：//www. gov. cn/xinwen/2022－03/05/content＿5677371. htm（访问时间：2022 年 3 月 5 日）。

人民群众的血肉联系。党风问题、党同人民群众的联系问题关系党的生死存亡。这一部分内容可以结合伟大建党精神"践行初心、担当使命""对党忠诚、不负人民"的内涵加以讲述，凸显共产党人立党为公、执政为民的使命与情怀。

知识点4：第六章 第二节 "三个代表"重要思想的核心观点和主要内容："三个代表"重要思想的核心观点——我们党必须始终代表最广大人民的根本利益。

我们党来自人民，植根于人民，服务于人民。党的全部任务和责任，就是为实现人民群众的根本利益而奋斗。我们党始终坚持人民的利益高于一切。党除了最广大人民的利益，没有自己的特殊利益。党的一切工作，必须以最广大人民的根本利益为基准。这一部分内容可以结合伟大建党精神"践行初心、担当使命""对党忠诚、不负人民"的内涵加以讲述。

知识点5：第七章 第二节 科学发展观的科学内涵和主要内容：科学发展观的科学内涵——以人为本是科学发展观的核心立场。

以人为本是科学发展观的核心立场，集中体现了马克思主义的基本原理，体现了我们党全心全意为人民服务的根本宗旨和推动经济社会发展的根本目的。以人为本就是以最广大人民的根本利益为本，坚持发展为了人民、发展依靠人民，从人民群众的伟大创造中汲取智慧和力量，坚持发展成果由人民共享，最终实现人的全面发展。这一部分内容可以结合伟大建党精神"践行初心、担当使命""对党忠诚、不负人民"的内涵加以讲述。

知识点6：第八章 第一节 习近平新时代中国特色社会主义思想创立的社会历史条件：中国特色社会主义进入新时代，世界正经历百年未有之大变局，中华民族伟大复兴正处于关键时期。

中国特色社会主义进入新时代，近代以来久经磨难的中华民族迎来了从站起来、富起来到强起来的伟大飞跃，迎来了实现中华民族伟大复兴的光明前景。当前，世界正经历百年未有之大变局，我国正处于实现中华民族伟大复兴的关键时期。在中国特色社会主义进入新时代、中华民族前所未有地接近伟大复兴目标的背景下，中国与世界的关系正在发生历史性变化，世界大变局则为实现中华民族伟大复兴既提供了条件和机遇，也带来了潜在风险和挑战。这一部分内容可以结合伟大建党精神"不怕牺牲、英勇斗争"的内涵加以讲述，阐释发扬斗争精神的必要性和重要性。

知识点7：第八章 第二节 习近平新时代中国特色社会主义思想的科学体系：习近平新时代中国特色社会主义思想的主要内容：坚持以人民为中心。

新时代我国社会主要矛盾是人民日益增长的美好生活需要和不平衡不充分的发展之间的矛盾。坚持以人民为中心的发展思想，发展全过程人民民主，推动人的全面发展、全体人民共同富裕取得更为明显的进展。这一部分内容可以结合伟大建党精神"践行初心、担当使命""对党忠诚、不负人民"的内涵加以讲述。

知识点8：第八章 第二节 习近平新时代中国特色社会主义思想的科学体系：习近平新时代中国特色社会主义思想的理论特质：秉持人民至上。

人民至上是贯穿习近平新时代中国特色社会主义思想的一根红线，人民立场是习近平新时代中国特色社会主义思想的根本立场。这一思想坚持以人民为中心，坚持人民主体地位，把人民对美好生活的向往作为奋斗目标，把党的群众路线贯彻到治国理政全部活动之中，依靠人民创造历史伟业，践行了全心全意为人民服务的根本宗旨，彰显了立党为公、执政为民的执政理念。这一部分内容可以结合伟大建党精神"践行初心、担当使命""对党忠诚、不负人民"的内涵加以讲述。

知识点9：第八章 第二节 习近平新时代中国特色社会主义思想的科学体系：习近平新时代中国特色社会主义思想的理论特质：发扬斗争精神。

敢于斗争、敢于胜利，是中国共产党不可战胜的强大精神力量。党的十八大以来，习近平反复强调，中华民族伟大复兴绝不是轻轻松松、敲锣打鼓就能实现的，实现伟大梦想必须进行伟大斗争；必须安不忘危、存不忘亡、乐不忘忧，时刻保持警醒，不断振奋精神，勇于进行具有许多新的历史特点的伟大斗争；必须深刻认识错综复杂的国际环境带来的新矛盾新挑战，敢于斗争，善于斗争，逢山开道、遇水架桥，勇于战胜一切风险挑战。这一部分内容可以结合伟大建党精神"不怕牺牲、英勇斗争"的内涵加以讲述，阐释发扬斗争精神的必要性和重要性，掌握斗争本领。

知识点10：第九章 第一节 实现中华民族伟大复兴的中国梦：奋力实现中国梦。

伟大的梦想，需要伟大的精神作支撑。实现中国梦，要求中华民族不仅在物质上强大起来，而且在精神上也要强大起来。实现中国梦必须弘扬中国精神。中国精神就是以爱国主义为核心的民族精神和以改革创新为核心的时代精神。这一部分内容可以结合伟大建党精神的弘扬加以讲述，阐释弘扬伟大建党精神对于实现中国梦的重要意义。

知识点11：第十一章 第四节 全面从严治党：全面从严治党是伟大的自

我革命。

打铁必须自身硬。办好中国的事情，关键在党，关键在坚持党要管党、全面从严治党。勇于自我革命，是我们党最鲜明的品格，也是我们党最大的优势。中国共产党作为马克思主义政党，党的性质决定了我们党除了国家、民族、人民的利益，没有任何自己的特殊利益。不谋私利才能谋根本、谋大利，才有资格、有底气敢于直面问题、勇于自我革命。党的建设是一项系统工程，新时代要把全面从严治党引向深入，就必须注重党的各方面建设的系统性整体性协同性，以党的政治建设为统领，持续抓好党的思想建设、组织建设、作风建设、纪律建设，强化制度的根本保障作用，巩固发展反腐败斗争压倒性胜利。这一部分内容可以结合伟大建党精神"不怕牺牲、英勇斗争""对党忠诚、不负人民"的内涵加以讲述。

第二节　井冈山精神

一、井冈山精神概述

井冈山，地处江西省西南部，位于江西、湖南两省交界的罗霄山脉中段，是中国革命的发源地。在中国革命处于低潮的危急时刻，以毛泽东为代表的中国共产党人在井冈山点燃了中国革命的星星之火，创建了第一个农村革命根据地，开辟了"农村包围城市，武装夺取政权"的崭新革命道路，开启了中国革命的壮丽征程。伟大的革命孕育着伟大的精神，在两年零四个月的时间里，在井冈山艰苦卓绝的斗争和探索实践中孕育的井冈山精神，是中国共产党革命精神的重要组成部分，也是中国人民极其宝贵的精神财富。

（一）井冈山精神的形成条件

从1921年到1927年，中国共产党经受了大革命的失败、秋收起义的失败和广州起义失败的挫折，以及党内"左倾"和右倾错误思想的困扰。此时的中国共产党缺乏经验，还不具备运用马克思主义妥善解决中国革命实际问题的能力，对于中国革命将采取什么样的方式开展武装斗争、在武装起义后如何进一步发展革命等问题，在认识上仍处于迷茫状态。此时的毛泽东，则根据中国革命斗争的实际，总结起义失败的经验教训，将革命斗争转向农村，找到了一条适合中国国情的革命道路，孕育并形成了伟大的井冈山精神。探寻井冈山精神形成的条件，主要有以下三个方面。

第一，马克思主义的传播和影响为井冈山精神的产生准备了思想条件。马克思主义的传播，为在封建主义和帝国主义漩涡中寻找出路的中国人民，找到了能够指导革命斗争的科学理论武器。中国的先进知识分子开始运用无产阶级的世界观来观察国家的前途和命运，开始将马克思主义应用于改变中国革命实际的现实中去。同时，十月革命也让广大知识分子感受到了工农群众的强大力量，认识到发动广大工农群众进行革命斗争的重要性。井冈山精神就是在马克思主义影响之下的产物，马克思主义的传播和影响，唤醒了中国人民对于国家前途命运的深刻反思和积极探索，为秋收起义失败后毛泽东引兵井冈山，在井冈山坚持斗争奠定了良好的思想基础。在艰苦的井冈山斗争时期，马克思主义也给予革命者信心和勇气，成为其坚强斗争的力量之源。

第二，中国共产党的诞生为井冈山精神的产生提供了组织保障。面对近代中国三座大山的压迫，想要摆脱被压迫奴役的局面，必须要进行彻底的反帝反封建的民主革命。由于中国外交的失败和先前在思想上的洗礼，在世界革命潮流的影响下，五四运动爆发，广大群众被广泛地动员起来，工人阶级登上历史舞台，这场运动从一开始也充分表现出不妥协的反帝反封建的斗争精神，唤醒人们对于中国前途命运的思考和探索。革命的过程必然需要坚强的领导，井冈山斗争时期，以毛泽东为代表的优秀中国共产党人，围绕中国革命的一系列问题，展开了不懈努力和艰辛探索，解决了举什么旗、走什么路，革命的前途和命运等中国革命所面临的首要问题，指明了革命胜利的方向。也正是由于党的领导，才有了井冈山斗争时期创造的许多第一。因此中国共产党的诞生与井冈山精神的形成紧密相关，为井冈山精神的形成提供了坚强的组织保障。

第三，井冈山革命道路的开辟是井冈山精神形成的实践基础。"四一二"反革命政变、"马日事变"和"七一五"反革命政变标志着大革命的失败，同时也宣告国共两党第一次合作破裂。大革命失败给中国共产党敲响了警钟，逐步认识到建立革命武装的重要性，白色恐怖的政治形势迫使中国共产党建立独立的武装力量。1927年八一南昌起义成为中国共产党独立领导武装斗争的开始。受国际共产主义运动的影响，通过攻占大城市取得革命的胜利是一段时间内全党的共识。但是，由于未能找到革命的正确道路，没有认识到革命的长期性和艰巨性，所有以占领城市为目标的起义很快都失败了。中国革命再次面临选择。在党的八七会议上，毛泽东的"上山"思想得到了进一步的深化，主张把城市的退却和农村的积极进攻结合起来，引兵井冈山。也正是由于毛泽东、朱德等党的早期领导人率领主力部队上山，中国革命的火种才得以保留，积蓄了革命力量，寻找到中国革命的正确之路，使红色政权得以巩固和发展，并在实践中培育了伟大的井冈山精神。

（二）井冈山精神的科学内涵

井冈山精神作为民族精神的重要组成部分，生动体现着中国共产党的光荣传统和优良作风，具有丰富的内涵，即坚定执着追理想、实事求是闯新路、艰苦奋斗攻难关、依靠群众求胜利的精神。

1. 坚定执着追理想的精神

第一次国共合作破裂，大革命彻底失败后，中国共产党被迫思考和探索中国革命的新道路。南昌起义打响了中国共产党武装反抗国民党反动派的第一枪，但由于党的力量较为弱小且缺乏经验，随后发起的起义大都以失败告终。南昌起义和秋收起义后，毛泽东和朱德在中国革命处于危难之际，分别对自己所率领的部队进行了整编，提高了革命队伍的战斗能力，坚定了革命到底的坚定信念。井冈山革命根据地建立之后，面对严峻的斗争形势和艰苦的生活条件，党内普遍存在着"红旗到底打得多久"的疑问，毛泽东根据对中国革命发展规律的认识和对井冈山根据地实际情况的把握，对这一疑问进行了科学的回答。毛泽东在《星星之火，可以燎原》这篇文章中批评了一些人的悲观思想，并提出了"星星之火，可以燎原'这一科学命题，这一科学命题也得到了广大军民的认可，进一步坚定了革命必胜的信念和信心，也初步阐述了农村包围城市的思想。

2. 实事求是闯新路的精神

大革命失败后，是继续留在城市开展武装暴动，还是转战至广大农村地区，这是当时中国革命所面临的严峻问题。为了避免革命力量遭受更大的损失，毛泽东等人结合中国革命的实际，重新思考中国革命的道路问题。主张把革命的力量适时地从城市退却，同时又在退却过程中酝酿着新的进攻，同向农村地区的积极进攻结合起来，探索出一条适合中国国情的正确道路。实践证明，井冈山道路是一条不同于其他国家的崭新道路，毛泽东对"工农武装割据"的根据地建设、军队建设、经济建设、政权建设等都进行了大量的探索，闯出了一条创新之路。例如在对党内错误思想分析的基础上，认识到以根据地为依托开展革命、积累革命力量的重要性；在军队建设方面，批判了单纯的军事观点，"三湾改编"确立党指挥枪的原则,也明确了红军的任务不仅仅是行军打仗,还要肩负对群众的宣传、组织工作,武装群众并帮助其建立革命政权;经济建设方面,在井冈山斗争时期,党始终把发展经济、改善人民生活放在重要的位置,除号召农业生产、大力发展军工业之外,根据地还进行了分田运动。1928 年 12 月制定的《井冈山土地法》,规定了土地的分配方法,动摇了封建统治的根基,极大地提高了农民的生产积极性。

3. 艰苦奋斗攻难关的精神

在井冈山革命斗争时期,由于敌人对根据地的军事围剿和经济封锁,致使根据地军民的生活异常艰难,根据地战斗频繁,缺衣少粮、医疗条件极差。面对严重的物质匮乏挑战,根据地官兵的吃穿用度都压缩到了极致,生活异常艰苦。广大井冈山军民既要经受战火的考验,还需经受日常生活中被饿死、冻死、困死的考验。面对严峻的挑战,毛泽东、朱德领导的工农红军,在自力更生、艰苦奋斗思想的指引下,发扬艰苦奋斗的精神,采取一系列的措施,积极展开自救运动。例如将土地分配给农民,通过组织农业互助、兴建水利等农田基本建设等方式调动农民的生产积极性;开设红色圩场,沟通根据地内外的贸易,盘活边界经济;建立被服厂、军械处和兵工厂,解决广大军民的穿衣问题和武器供给,支援井冈山根据地的建设。在敌强我弱、物质匮乏以及战斗频繁的艰苦条件下,广大军民攻坚克难、艰苦奋斗,始终保持旺盛的战斗力和强大的凝聚力,历尽艰难而不溃散,不断巩固和发展井冈山革命根据地。

4. 依靠群众求胜利的精神

依靠群众,勇于胜利是井冈山精神的重要法宝。井冈山斗争时期,在恶劣的斗争条件下,党和红军始终同人民群众同甘共苦,始终把人民的利益放在首要的位置,始终全心全意为人民谋利益。工农红军创建之初,毛泽东为部队制定了"三项纪律"和"六项注意",防止侵犯群众利益的事情发生,集中体现了我军军民一致的新型军民关系,进一步密切了军队和人民群众的血肉联系。红军内部实行民主,反对官僚主义,密切了党与士兵群众的联系,也体现了军队无产阶级的性质,形成了亲密无间的官兵关系,为更好地为群众谋利益夯实了良好的组织基础。同时,要建立和发展革命根据地,应深入了解群众的需求和愿望,发动唤醒群众,获得群众的支持。井冈山根据地建立之后,各县的红色政权相继建立,陆续开展了打土豪、分浮财的游击战争,为在革命根据地内普遍开展分田运动提供了宝贵经验。土地问题是事关群众利益的首要问题,为解决几千年来梦寐以求的土地问题,湘赣边界政府颁布《井冈山土地法》,推翻了几千年来封建土地所有制，以法律的形式保证了农民的利益，使农民得到了最为直接和现实的利益，是党为人民谋利益的生动体现，进一步推动了根据地的发展。

（三）井冈山精神的重要价值

井冈山精神集中体现了中国共产党人的性质宗旨、精神风貌和道德情操，是我们党团结带领人民群众独立探索中国革命道路过程中所形成的精神形态，是中国共产党革命精神的重要源头，也是我们党团结带领中国人民实现中华民族伟大复兴的强大精神力量。

1. 井冈山精神是中国共产党革命精神的源头。我们党在长期历史进程中形成的诸多优良传统和革命精神，既有独立的形态，又有互通的渊源关系，他们融会贯通，共同构筑起我们宝贵的精神谱系和丰厚的政治资源。井冈山精神是中国共产党精神谱系中的重要源头，是党在革命斗争中形成的民族精神的重要组成部分，它集中体现了我们党的性质、宗旨，体现了无产阶级的科学性、革命性和首创性。从井冈山精神、长征精神、延安精神、抗战精神、再到西柏坡精神，这些伟大革命精神产生的历史条件虽各有不同，但同井冈山精神有着重要的渊源关系，共同蕴含着坚定的共产主义信仰、彻底的革命精神、艰苦奋斗的政治本色、牺牲奉献的精神、实事求是的政治品格、执政为民的宗旨情怀等。

2. 井冈山精神是实现中华民族伟大复兴中国梦的强大动力。井冈山精神是共产党人初心和使命的重要诠释，具有不可磨灭的时代价值，井冈山精神的核心和灵魂就在于有坚定的理想信念。面对新形势、新考验，需要我们坚定理想信念，继续发扬井冈山精神，创造新的辉煌。弘扬井冈山精神，需要坚定中国特色社会主义道路自信，举什么旗、走什么路，关系着一个国家的前途和人民的幸福。从井冈山的道路探索到如今的中国特色社会主义道路，我们党之所以能够成功，最为关键的是找到了一条适合中国国情的道路。这条道路来之不易，也不会一路坦途，需要我们坚定道路自信，坚决捍卫道路的方向。人民群众是伟大精神的承继者和实践者，弘扬井冈山精神，要求我们党始终将人民的根本利益为最高目标，继承和发扬井冈山的革命传统，不断增强人民群众对党的信任和信心，绘就更大同心圆，凝聚起实现中华民族伟大复兴的磅礴伟力。

二、典型案例

（一）《星星之火，可以燎原》

创建革命根据地依然是艰难的，面临着众多的艰难险阻，不仅有来自敌人的重兵围剿，还有来自革命队伍内部的质疑和不自信。

1929年4月，红四军前委在瑞金接到中共中央2月发出的《中央给润之、玉阶两同志并转湘赣边特委信——关于目前国际国内形势和党的军事策略》（即"二月来信"）。信中依据共产国际的指示，主张"将红军的武装力量分成小部队的组织散入湘赣边境各乡村中进行和深入土地革命"，同时指出，"朱毛两同志有离开部队来中央的需要"①。中央"二月来信"对红四军产生了消极影响，部分具有流寇思想的人似乎从信中找到了反对建立根据地的理由。

毛泽东代表前委回信中央，指出在来信中提到的"分兵"和朱毛离队问题，红四军前委多数同志都持反对态度，认为这是一种不切实际的想法。中央收到此信后，在周恩来的努力下，没有坚持原议。在周恩来主持起草的《中共中央发出给红四军前委的指示信》（即"九月来信"）中，肯定了农村斗争的重要性。在"九月来信"的指导下，古田会议决议批评了流寇思想，强调了建立巩固的革命根据地的重要性。然而，这个问题并没有得到真正解决。1930年元旦，时任红四军第一纵队纵队长林彪致信毛泽东，信中主张大敌当前，红四军应分散去打游击，各自找出路。信中过高估计了敌人的军事力量，弥漫着一股悲观情绪。从林彪的来信中，毛泽东意识到，这是普遍存在于党内的、对中国革命影响极大的严重性问题，因此有必要做出系统的分析和回答。

1930年1月5日，毛泽东利用难得的战斗间隙，在古田赖坊一家店铺的阁楼上，秉烛夜书，写下一封长信，即后来的《星星之火，可以燎原》。毛泽东在给林彪的信中，进一步批评了党内普遍存在的错误思想，阐明了建立巩固的农村根据地的重要性。毛泽东用"星星之火，可以燎原"来形容当时的革命形势，指出革命的力量虽然小，但它的发展是很快的。在信的末尾，毛泽东写道："马克思主义者不是算命先生，未来的发展和变化，只应该也只能说出个大的方向，不应该也不可能机械的规定时日。但我所说的中国革命高潮快要到来，绝不是如有些人所谓'有来到之可能'那样完全没有行动意义的、可望而不可即的一种空的东西。"②

《星星之火，可以燎原》揭示出中国革命胜利发展的必然趋势和客观规律。它一扫质疑革命的阴霾，打破了当时党内、军内对革命前途悲观和迷茫的情绪，明确否定了流动游击思想，充分肯定了农村斗争的重要性，坚定了党领导广大

---

① 沙健孙：《中国共产党史稿（1921—1949）》（第三卷），北京：中央文献出版社2006年版，第90页。

② 毛泽东：《毛泽东选集》（第一卷），北京：人民出版社1991年版，第106页。

军民为理想信念继续奋斗的决心和信心。

（二）《反对本本主义》

土地革命战争初期，由于对中国革命的客观形势和主观力量的错误估计，在中央和红军内部存在着严重脱离实际的教条主义倾向。为了纠正将马克思"本本"生搬硬套、对俄国经验照搬照抄的错误观点及做法，1930年5月，毛泽东率领红四军到达寻乌县城，在这里进行了为期20多天的社会调查，除写下8万多字的《寻乌调查》外，还写下了3000余字的《调查工作》（后改名为《反对本本主义》），对调查研究的重要性、目的和方法等，作了既生动具体又有高度思想性的系统阐述。毛泽东在《反对本本主义》中，阐明了三个基本观点。

第一次明确提出"没有调查，没有发言权"的重要论断，阐明了调查研究对于研究解决中国革命问题的重要性。毛泽东在文章开篇指出："你对于某个问题没有调查，就停止你对于某个问题的发言权。你对那个问题的现实情况和历史情况既然没有调查，不知底里，对于那个问题的发言便一定是瞎说一顿。"[①]为此，毛泽东高度阐明了调查研究的重要作用，大声疾呼："注重调查，反对瞎说！"

第一次明确提出"反对本本主义"重要命题。理论与实际相结合是马克思主义的基本原则，"反对本本主义"也鲜明体现了这一原则。毛泽东鲜明指出："我们说马克思主义是对的，绝不是因为马克思这个人是什么'先哲'，而是因为他的理论，在我们的实践中，在我们的斗争中，证明了是对的。马克思主义的'本本'是要学习的，但是必须同我国的实际情况相结合。我们需要'本本'，但是一定要纠正脱离实际情况的本本主义。"[②]毛泽东的精辟论述阐明了理论和实践的关系问题，马克思主义必须同中国的革命实际相结合，中国的革命才有出路。

第一次明确提出"中国革命斗争的胜利要靠中国同志了解中国情况"的重要论断。毛泽东认为，无产阶级要取得胜利，就完全要靠它的政党共产党的斗争策略的正确和坚决。毛泽东认识到了革命策略的重要性，但"共产党的正确而不动摇的斗争策略，绝不是少数人坐在房子里能够产生的，它是要在群众的斗争过程中才能产生的，这就是说要在实际经验中才能产生"。最后毛泽东在批评党内一些教条主义者时指出："那些具有一成不变的保守的形式的空洞乐观的

---

① 毛泽东：《毛泽东选集》（第一卷），北京：人民出版社1991年版，第109页、第111页。
② 毛泽东：《毛泽东选集》（第一卷），北京：人民出版社1991年版，第115页、第116页。

头脑的同志们，以为现在的斗争策略已经是再好没有了，党的第六次全国代表大会的本本保障了永久的胜利，只要遵守既定办法就无往而不胜利。这些想法是完全错误的，完全不是共产党人从斗争中创造新局面的思想路线，完全是一种保守路线。"在这里，毛泽东第一次使用了思想路线的新概念，明确提出了中国共产党的理论与实际相结合、实事求是、一切从实际出发的思想路线的基本思想。

(三)《十送红军》

井冈山斗争后期，红四军主力将要下山的时候，根据地群众和红军都情不自禁地流露出了难舍难分的情感，群众期盼着红军能早点回来。《十送红军》就为我们展示了一幅红军与人民群众深情自然流露的真实画卷。

一送红军下南山，秋风细雨扑面寒，树树梧桐叶落完，红军几时再回山？二送红军大路旁，红漆桌子路边放，桌上摆着送行酒，祝愿红军打胜仗。三送红军上大道，锣儿无声鼓不敲，双双拉着长茧手，心藏黄连脸在笑。四送红军过高山，山山苞谷金灿灿，苞谷本是红军种，撒下种子红了天。五送红军澧水河，鸿雁阵阵空中过，鸿雁能捎书和信，捎信多把革命说。六送红军兔儿岩，两只兔儿哭哀哀，禽兽能知人心意，血肉深情分不开。七送红军七里湾，七里湾中一片田，凉风阵阵稻谷香，新米上市人走远。八送红军八角山，两只八哥吐人言，红军哥哥莫走远，财主回来要倒算。九送红军过大江，江水滔滔船儿忙，眼望江水肝肠断，穷苦百姓泪汪汪。十送红军转回来，武陵山巅搭高台，盼望红军打胜仗，盼望亲人早回来。

《十送红军》展现了革命根据地人民对红军的深厚感情以及对革命成功的强烈期盼。在艰难困苦的岁月里，正是因为党和红军带领人民打倒了土豪劣绅，带给他们生存的权利和翻身的喜悦，井冈山人民愿意倾其所有、甚至不惜冒着生命危险支援红军、支援革命战争。正是因为党和红军得到了千百万人民群众真心实意的拥护，军民团结一心，形成了一道道铜墙铁壁，红军才能以弱小的武装战胜强大的敌人。

(四) 井冈山根据地的土地革命

土地是群众的根本利益之所在，井冈山革命根据地是依靠群众建立起来的，中国共产党也始终把群众利益放在首位，最坚决地领导广大贫苦农民，向统治了中国社会几千年的封建土地制度猛烈开火。

　　井冈山根据地的斗争是同土地革命密不可分的。在1928年5月20日召开的中国共产党湘赣边界第一次代表大会上，毛泽东提出和布置了在根据地开展土地革命的计划，土地革命在根据地广泛地开展起来。1928年10月，毛泽东在总结分析湘赣边界土地革命的实际情况和经验教训的基础上，主持制定了《兴国县土地法》，规定没收一切土地归苏维埃政府所有，以人口为标准，男女老幼平均分配。在根据地内，消灭封建地主土地所有制，实现"耕者有其田"，是中国共产党在农村进行的最重大的社会变革。毛泽东、朱德率领红四军主力进军赣南、闽西后，这个地区的土地革命即迅速开展。1929年，毛泽东又总结赣南土地斗争经验，主持制定了《兴国县土地法》，将《井冈山土地法》中规定的"没收一切土地"改为"没收一切公共土地及地主阶级的土地"。党的一系列措施，保证了土地革命的顺利进行，广大贫苦农民因为分得了土地，也充分认识到中国共产党是为群众谋利益的党，从各方面支持红军和根据地的发展，为井冈山根据地的发展奠定了社会基础。

　　（五）井冈山根据地的生产自救运动

　　井冈山斗争期间，由于敌人的反复"围剿"和严密封锁，加上当地自然地理条件所限，红军的物质生活资料极其匮乏，军民面临的处境极为困难，吃饭都成为大问题。尽管当时的条件很艰苦，可红军将士充满了革命乐观主义精神。为了拥有足够的粮食和物资供给，保障工农红军的生存问题，毛泽东在井冈山地区开展生产自救运动。

　　一是分配土地，调动农民生产积极性。组织农业互助，加强农业生产，除开展劳动力换工和农具耕牛互助等措施之外，边界政府大力兴修水利、保护庄稼、保护水土等农田基本建设。同时各级党组织和工农兵政府发动农民开展修复陂、圳、坝等活动。除此之外，红军战士积极开荒种粮种菜，齐心协力开展生产自救。为了鼓励人民群众广泛生产粮食，各地发布发展农业生产的布告，鼓励发展农业生产，巩固土地革命成果。

　　二是开设红色圩场，盘活边界经济。由于国民党对井冈山的经济封锁，除吃饭问题之外，根据地的食盐、布匹、药品等问题也一直困扰着红军部队。圩场作为农村商品交易的场所，圩场开办后，边界周围各县的群众冒着生命危险，把根据地急需的食盐、药品、棉花、布匹等物资送到红色圩场进行交易，红军所需要的很多物资得到解决，同时促进了经济的发展，改善了军民生活，也为我党之后对农贸市场的经营管理提供了初步的经验。同时，井冈山军民在最困难的情况下，建立被服厂、军械处、造币厂等，基本解决了全军的穿衣问题以及红军各部队的武器供应，有力地支持了井冈山的革命斗争。

艰苦奋斗是我们党的政治本色和优良传统，在敌强我弱、战斗频繁的极端困难的条件下，井冈山军民发扬艰苦奋斗攻难关的精神，克服困难，共渡难关，经受住了党和红军所面临的又一重大考验。

三、经典论述

1. 井冈山不愧是革命的山，战斗的山。没有井冈山过去艰苦卓绝的奋斗，就不会有今天革命的胜利①。

2. 我们这个军队有好传统。从井冈山起，毛泽东同志就为我军建立了非常好的制度，树立了非常好的作风。我们这个军队是党指挥枪，不是枪指挥党。经过长期反对军阀主义的斗争，军队内部很团结，联系群众也很好②。

3. 井冈山革命根据地是我们党建立的第一个革命根据地，是革命的摇篮。重温我们党在井冈山时期的斗争历史，以及在斗争中形成的宝贵历史经验和优良革命传统，对我们今天加强党的建设，密切党同人民群众的联系，具有重要意义③。

4. 伟大的井冈山精神集中反映了我们党的优良传统和作风。我们要结合时代的发展，结合党的历史方位和历史任务的变化，结合改革开放和发展社会主义市场经济的新实践，让井冈山精神大力发扬起来，使之在新的时代条件下放射出新的光芒④。

5. 井冈山是中国革命的摇篮。井冈山时期留给我们最为宝贵的财富，就是跨越时空的井冈山精神。今天，我们要结合新的时代条件，坚持坚定执着追理想、实事求是闯新路、艰苦奋斗攻难关、依靠群众求胜利，让井冈山精神放射出新的时代光芒⑤。

① 井冈山红色文化教学学院教材编写委员会编著：《学习井冈山》，北京：新华出版社 2016 年版，第 100 页。
② 邓小平：《邓小平文选》（第一卷），北京：人民出版社 1994 年版，第 1 页。
③ 刘海霞：《井冈山精神》，北京：人民日报出版社 2021 年版，第 37 页。
④ 胡锦涛：《继承发扬党的优良革命传统　加快全面建设小康社会步伐》，载《人民日报》，2003 年 9 月 3 日，第 1 版。
⑤ 习近平：《春节前夕赴江西看望慰问广大干部群众》，载《人民日报》，2016 年 2 月 4 日，第 1 版。

四、教学应用

知识点 1：导论 马克思主义中国化的历史进程与理论成果："马克思主义中国化"的提出及其内涵。

马克思主义中国化就是坚持把马克思主义基本原理同中国具体实际相结合、同中华优秀传统文化相结合，运用马克思主义的立场、观点、方法研究和解决中国革命、建设、改革中的实际问题；就是总结和提炼中国革命、建设、改革的实践经验，从而认识和掌握客观规律，为马克思主义理论宝库增添新的内容；就是运用中国人民喜闻乐见的民族语言来阐述马克思主义理论，使之成为具有中国特色、中国风格、中国气派的马克思主义。这部分内容可以结合井冈山精神的产生背景和形成过程讲述马克思主义中国化的内涵。

知识点 2：第一章 第一节 毛泽东思想的形成和发展：毛泽东思想形成发展的过程。

土地革命战争时期，以毛泽东为主要代表的中国共产党人，坚持马克思列宁主义必须与中国革命具体实际相结合的基本原则，在探索中国革命新道路的具体实践中，在同党内一度盛行的把马克思主义教条化、把共产国际决议和苏联经验神圣化的错误倾向的斗争中，逐步开辟了农村包围城市、武装夺取政权的革命道路。毛泽东在《中国的红色政权为什么能够存在?》《井冈山的斗争》《星星之火，可以燎原》《反对本本主义》等著作中，提出并阐述了农村包围城市、武装夺取政权的思想，标志着毛泽东思想的初步形成。这部分内容可以结合井冈山精神的产生背景和形成过程讲述毛泽东思想的初步形成。

知识点 3：第一章 第二节 毛泽东思想的主要内容和活的灵魂：新民主主义革命理论。

毛泽东从中国的历史和现实出发，深刻研究中国革命的特点和规律。发展了马克思列宁主义关于无产阶级在民主革命中的领导权思想，创立了无产阶级领导的，工农联盟为基础的，人民大众的，反对帝国主义、封建主义和官僚资本主义的新民主主义革命理论。明确中国的武装斗争，是无产阶级领导的以农民为主体的革命战争，通过建立农村根据地，进行长期的革命斗争，发展和壮大革命力量，开创出一条以农村包围城市、最后夺取全国胜利的革命道路。这部分内容可以结合井冈山精神的形成过程和井冈山精神的科学内涵讲述开创农村包围城市、武装夺取政权革命道路的原因。

知识点 4：第一章 第二节 毛泽东思想的主要内容和活的灵魂：革命军队

建设和军事战略理论。

毛泽东系统解决了如何把以农民为主要成分的革命军队建设成为一支无产阶级性质的、具有严格纪律的、同人民群众保持亲密联系的新型人民军队的问题。他规定了党对军队绝对领导的原则，强调全心全意为人民服务是人民军队的唯一宗旨，制定了三大纪律、八项注意，强调实行政治、经济、军事三大民主，实行官兵一致、军民一致和瓦解敌军的原则，提出和总结了一套军队政治工作的方针和方法。他总结了中国长期革命战争的经验，系统地提出了建设人民军队的思想，提出了以人民军队为骨干，依靠广大人民群众，建立农村根据地，进行人民战争的思想。这部分内容可以结合井冈山精神的典型案例具体讲述毛泽东思想中的革命军队建设和军事战略理论。

知识点5：第一章 第二节 毛泽东思想的主要内容和活的灵魂：实事求是。

实事求是，就是一切从实际出发，理论联系实际，坚持在实践中检验真理和发展真理。毛泽东指出："'实事'就是客观存在着的一切事物，'是'就是客观事物的内部联系，即规律性，'求'就是我们去研究。"坚持实事求是，就要深入实际了解事物的本来面貌，把握事物内在必然联系，按照客观规律办事。坚持实事求是，不可能一劳永逸。我们要自觉坚定实事求是的信念、增强实事求是的本领，时时处处把实事求是牢记于心、付诸于行。

坚持实事求是，就要清醒认识和正确把握我国基本国情。我们一切路线、方针、政策的制定都应坚持从我国基本国情出发，牢牢立足基本国情这个最大实际，充分体现这个基本国情的必然要求。任何超越现实、超越阶段而急于求成的倾向都要努力避免，任何落后于实际、无视深刻变化着的客观事实而因循守旧、故步自封的观念和做法都要坚决纠正。

坚持实事求是，就要不断推进实践基础上的理论创新。实践没有止境，理论创新也没有止境。马克思主义基本原理是普遍真理，具有永恒的思想价值，但马克思主义经典作家并没有穷尽真理，而是为不断寻求真理和发展真理开辟了道路，我们必须以马克思主义为指导，继续开拓创新，在实践中丰富和发展马克思主义。这部分内容可以结合井冈山精神的科学内涵和典型案例具体讲述毛泽东思想活的灵魂之实事求是。

知识点6：第一章 第二节 毛泽东思想的主要内容和活的灵魂：群众路线。

群众路线，就是一切为了群众，一切依靠群众，从群众中来，到群众中去，把党的正确主张变为群众的自觉行动。群众路线是以毛泽东为主要代表的中国共产党人坚持把马克思列宁主义关于人民群众是历史创造者的原理，系统地运用在党的全部活动中，形成的党的根本工作路线。不论过去、现在和将来，群众路线都是我们党的生命线和根本工作路线，是我们党永葆青春活力和战斗力的重要传家宝。这部分内容可以结合井冈山精神的科学内涵和典型案例具体讲述毛泽东思想活的灵魂之群众路线。

第三节　长征精神

一、长征精神概述

（一）长征精神的形成

1934年10月，第五次反"围剿"失败后，中央主力红军为摆脱国民党军队的围追堵截，被迫实行战略性转移，退出中央根据地，进行长征。中央红军走过草地，翻过雪山，行程约二万五千里，于1935年10月到达陕北革命根据地，与陕北红军胜利会师。1936年10月，红二、四方面军到达甘肃会宁地区，同红一方面军会师。红军三大主力会师，标志着万里长征的胜利结束，长征历时两年多。红军长征中所形成的长征精神是中国共产党和工农红军革命实践的产物，是党和国家宝贵精神财富。

长征精神的形成历程可分为3个阶段：第一，从第五次反"围剿"失败到遵义会议的召开，这个阶段主要是军事失利，召开会议，纠正错误思想，并付诸实践，此阶段是长征精神初步形成阶段。第二，从遵义会议到三大主力会师，主要是遵义会议中的思想和指导方针得以贯彻，给党指明了新思想方向，实现战略转移，中国革命转危为安，此阶段长征精神逐步成熟。胜利会师，标志着长征胜利结束的同时也是长征精神正式确立之时。第三，长征胜利后至今，长征精神是在工农红军长征过程中形成和成熟起来的，也是在实践中不断发展的产物，在新时期中国特色社会主义建设、实现中华民族伟大复兴中国梦的征程中与时俱进。

（二）长征精神的提出

长征精神的提出是一个逐步过程，是在总结红军长征胜利的原因时提出并逐步明晰起来的。毛泽东早在《七律·长征》中就书写了红军的英勇无畏，钢铁意志和豪情万丈的乐观主义。1935 年 10 月，陈云在共产国际会议上做了《关于红军长征情况的报告》，他指出：长征中每一次胜利都在于"英雄主义精神和高明的领导"，在于"正确对待群众和得到群众的支持"，在于所拥有的一支"真正富有自我牺牲精神""英勇无畏"的"为实现共产国际总路线而斗争的干部队伍"。因此可以说是陈云最早将中国工农红军在长征中表现出来的革命气概和坚定意志视为一种"精神"。1936 年 10 月各路红军陕北大会师时，周恩来强调"我们一刻也不能丢掉长征精神"，"长征精神"一词由此出现。

从长征胜利结束至今，中国历代领导人都高度重视长征精神，他们从不同的角度，以不同的形式对长征精神进行了阐释、概括和演绎。这其中有朱德在 1937 年接受史沫特莱采访时的谈话，进京之前毛泽东在七届二中全会上的讲话，改革开放总设计师邓小平对长征精神也做了深刻的阐释，此外还有杨尚昆在长征胜利 50 周年时的谈话，江泽民在纪念红军长征胜利 60 周年的论述，特别是习近平在纪念红军长征胜利 80 周年的讲话，对长征精神做了新诠释、提高到新高度。长征精神逐渐成为与井冈山精神、延安精神、西柏坡精神等相并列的中国共产党人精神谱系的一个重要组成部分，这标志着我们党对长征精神认识的深化，也为进一步研究长征精神指明了方向、提供了思路。

（三）长征精神的科学内涵

历史是一本教科书，而长征则是永远值得珍藏和铭记的一页，是中国共产党人的杰作。长征精神是中国共产党人革命精神的杰出典范，是传承民族精神的华丽篇章，是中华民族的珍贵精神财富。

1. 坚定革命的理想和信念，坚信正义事业必然胜利的精神。中国共产党是马克思主义武装起来的政党，自觉接受马克思主义的指导，坚信共产主义的理想信念，以共产主义为终极奋斗目标并坚信它一定会实现。中国工农红军是中国共产党领导下一支人民军队，这支军队就是救国救民，争取国家独立、民族解放、人民幸福。相信跟着共产党，为人民打天下，一定会胜利，所以，红军面对各种各样的困难，无论恶劣的自然环境还是敌人的围追堵截，即便是在陷入绝境之时，始终不渝的奋勇前行，并最终走向胜利。这背后支撑着他们的就是把全国人民和中华民族的根本利益看得高于一切，坚定革命的理想和信念，坚信正义事业必然胜利的精神，因此，坚定革命的理想信念是长征精神的核心。

2. 救国救民，不怕任何艰难险阻，不惜付出一切牺牲的精神。救国救民，不怕任何艰难险阻，不惜付出一切牺牲是长征精神的重要品质，是长征精神的集中表现。"一不怕苦，二不怕死"的革命大无畏英雄主义是长征精神最显著的特征，据解放军报统计，历时两年多的长征，国共进行了 600 多次的战斗，其中师级以上的战役超过 120 次。据中国共产党新闻网资料统计，红军一、二、四方面军和 25 军总共有 20 多万人参加长征，到达陕北时只有 33400 人。长征中，每前进 300 米就有一个红军将士牺牲。可以说，二万五千里的长征路是中国共产党人和广大的红军将士用鲜血和宝贵生命铺成的。正是为了救国救民，不怕任何艰难险阻，不惜付出一切牺牲的精神，使红军无论面临多么强大的敌人，面对多么严重的困难，广大官兵都临危不惧，奋不顾身，视死如归，体现了红军惊天地、泣鬼神的英雄气概，展示了共产党人和红军战士顽强战斗的品格，创造出了人间奇迹。

3. 坚持独立自主、实事求是，一切从实际出发的精神。实事求是是马克思主义的精髓，也是长征精神的精髓。它是马克思主义的根本观点，是中国共产党人认识世界、改造世界的根本要求，是我们党的基本思想方法、工作方法、领导方法。坚持实事求是，就要一切从实际出发，制定正确的路线方针和政策。第五次反"围剿"失败和红军长征初期惨重损失就是血的教训，这些惨重损失和代价，让中国共产党人认识到了把马克思主义教条化、把共产国际决议和苏联经验神圣化的严重危害。1935 年 1 月，遵义会议的召开，开辟了我们党独立自主解决中国革命问题的道路，纠正了王明错误路线，摆脱了"左"倾教条主义的束缚，确立了毛泽东同志的领导地位，这是党的历史上的一次重大转折，在危急的时刻，挽救了红军，挽救了党，挽救了中国革命。坚持独立自主、实事求是，一切从实际出发的精神，用马克思主义的立场观点和方法分析问题，抓住事物发展的规律，抓住了社会的主要矛盾和矛盾的主要方面，制定正确的路线、方针和政策，解决问题，指导实践。

4. 顾全大局、严守纪律、紧密团结的精神。顾全大局、严守纪律、紧密团结的精神是长征精神的底色。中国共产党是无产阶级的政党，有着铁的纪律，经过共产主义的洗礼。在我们党的领导下，中国工农红军有着严格的组织性和纪律性。在长征中，红军官兵从大局出发、考虑整体局势、严格遵守纪律、紧密团结和互助友爱，结下了深厚的友谊，形成了对革命的高度责任感，使红军达到高度的团结和统一。官兵上下一致、战士之间彼此关爱、同甘共苦、同舟共济，形成了巨大的凝聚力和战斗力。红军一、二、四方面军和红 25 军四支军队先后长征，能够最终完成战略转移，胜利会师，靠的正是这四支军队的顾全大局、彼此支持、紧密团结、互助友爱、相互配合、协同作战、严守纪律的集体主义精神。

5. 紧紧依靠人民群众，同人民群众生死相依、患难与共、艰苦奋斗的精神。依靠人民群众，同人民群众生死相依、患难与共、艰苦奋斗是长征精神的内在本质。以毛泽东为主要代表的中国共产党人和人民军队坚持马克思主义关于人民群众是历史的创造者这一基本原理，坚持人民是推动历史发展的根本力量。尊重人民首创精神，调动最广大人民的积极性、主动性、创造性，充分发挥人民群众的历史推动作用；坚持全心全意为人民服务的根本宗旨，紧紧依靠群众、坚守人民立场，保持党同人民群众的血肉联系。毛泽东说过：我们共产党人好比种子，人民好比土地。我们到了一个地方，就要同那里的人民结合起来，在人民中间生根、开花。长征途中，红军都认真贯彻党的各项民族政策，深入细致耐心地做好思想政治宣传工作，有效地改善红军与人民群众的关系，受到了人民群众的欢迎，赢得了人民的信任和支持，为红军的革命斗争提供了坚实的群众基础。人民群众的积极参与保证了长征最后取得胜利，铸就了同人民群众生死相依、患难与共的长征精神。

（四）长征精神的重要价值

长征精神是中国共产党人用坚强意志和豪迈勇气谱写的一首传奇胜利史诗，是中华民族自强不息、百折不挠的优秀品质的具体体现。目前，我国正处于推进社会主义现代化建设、实现第二个百年奋斗目标、实现中华民族伟大复兴的关键时期，面临的困难和问题更加复杂，需要继续发扬长征精神，凝聚全国人民的力量，把各项事业继续推向前进。

1. 有助于加强理想信念教育。艰难可以摧残红军将士的肉体，战火可以夺走红军将士的生命，但没有任何力量能够摧毁红军将士的革命理想信念和坚强意志，长征胜利到达陕北靠的就是坚定的共产主义理想和革命必胜信念。坚定理想信念，坚守共产党人精神追求，不忘初心、牢记使命，始终是共产党人安身立命的根本。对马克思主义的信仰，对社会主义和共产主义的信念，是共产党人的政治灵魂，是共产党人经受住任何考验的精神支柱。习近平说，理想信念就是共产党人精神上的"钙"，没有理想信念，理想信念不坚定，精神上就会"缺钙"，就会得"软骨病"。新时代党的理想信念就是要建设中国特色社会主义不动摇，这就需要对党员干部和人民群众加强教育，增强理想信念。

2. 有助于提供精神动力。坚定的理想信念、坚强不屈的意志品格、自强不息的拼搏精神指引着共产党人和工农红军克服长征道路上的一切艰难险阻，完成战略转移，使中国革命转危为安，长征给我们留下了宝贵的精神财富。在新形势下，坚持与发展新时代中国特色社会主义伟大事业进程中，还有大量的"雪山"和"草地"需要加以跨越，还有大量"娄山关"与"腊子口"需要加以征服。弘扬长征精神，勇于牺牲、顽强拼搏，实事求是、服从大局，艰苦奋斗、自强不息、敢于拼搏，让长征精神为实现中华民族伟大复兴的中国梦提供更加强大的精神支撑力量。

3. 有助于践行群众路线。我们党是以马克思主义理论为指导的无产阶级政党，从成立之日起就将为人民服务作为根本宗旨。红军战士们在长征过程中始终时刻牢记该宗旨，自始至终把广大人民的利益放在首要位置。在长征途中，红军战士们纪律严明，将百姓放在心上，始终做到和广大民众心连心、共命运。实践证明，群众路线正是长征精神的本质所在。在新时代，走好新的长征路，必须始终坚持全心全意为人民服务，坚持将广大民众的利益摆在首位，密切联系群众、依靠群众，要将人民拥护不拥护、赞成不赞成、高兴不高兴、答应不答应作为判断各项工作成败的最根本标准，实现好、维护好与发展好最广大人民的根本利益。

4. 有助于坚定文化自信。长征是人类历史上坚忍不拔、顽强不屈精神之典范，谱写了一首人类历史的壮丽诗篇。共产党人和工农红军完成了人类看似无法完成的壮举，创造了人间奇迹，成为世界军事史上的传奇佳话。长征精神增强了中华民族的自信心和对中华文化的认同感，已成为我们非常珍贵的精神力量。同时长征精神一直被视为中华民族精神的突出展现，引发全球各国民众的钦佩，得到了各国的高度肯定，也理应成为全人类所共有的精神财富。新时代，长征精神依然还会让中华民族精神在全球舞台上发出夺目的光芒。

新时代的长征路，就是要实现第二个百年奋斗目标，把我国建设成一个社会主义现代化强国，实现中华民族伟大复兴的"中国梦"。长征永远在路上，长征精神历久弥新。

二、典型案例

(一) 血战湘江

1934 年 11 月中旬，突围的中央红军跨越敌军的三道封锁线，进入湘南的嘉禾、兰山、临武地区。这时，蒋介石真正搞清了红军战略转移的目的地。他任命湘军头目何健为"追剿军"总司令，调动湘军和桂军，在零陵至兴安之间近300里的湘江两岸配置重兵，构筑碉堡，设置了第四道封锁线。

11月25日，中革军委才下达抢渡湘江的命令。红1军团先头部队于11月27日赶到界首，很快控制了界首以北60华里的湘江两岸。这时军委纵队也到达了离渡口不到80公里的灌阳以北的桂岩地区。由于中央军委纵队就是加快不了行军的速度，足足用了4天，才走80公里来到湘江岸边。11月29日，湘军和桂军蜂拥而来，敌人向正在渡江的红军发起了进攻。两岸的红军战士，为掩护党中央安全过江，与优势的敌军展开了殊死决战。12月1日，战斗达到了白热化程度，至当日17时，中央机关和红军大部队终于拼死渡过了湘江。红军虽然突破了第四道封锁线，但付出了巨大的代价。渡过湘江后，中央红军和军委两纵队，已由出发时的8.6万人锐减到3万人。

（二）遵义会议

为了总结第五次反"围剿"的西征军事指挥上的经验教训，根据黎平政治局会议的决定，在毛泽东、张闻天、王稼祥等领导同志的努力促成下，1935年1月15日至17日，在遵义召开中共中央政治局扩大会议。

遵义会议主要作出四项决定：1. 改组了党中央领导机构，推选毛泽东为政治局常委；2. 委托张闻天起草《中央关于反对敌人五次"围剿"的总结决议》；3. 常委中再进行适当的分工；4. 取消了博古、李德的最高军事指挥权，决定仍由中央军委主要负责人朱德、周恩来指挥军事，周恩来是下最后决心的负责者。会后不久，决定毛泽东为周恩来的军事指挥上的帮助者，张闻天接替博古在党内负总责。随后，又成立了由毛泽东、周恩来、王稼祥组成的三人团（又称军事指挥小组），周恩来任团长。

遵义会议结束了王明"左"倾机会主义路线在党中央的统治，确立了以毛泽东为代表的新的中央正确领导，把党的路线转到了马克思列宁主义的轨道上来。遵义会议，在中国革命的危急关头，挽救了党，挽救了红军，挽救了中国革命，是我党历史上一个生死攸关的转折点，是中国共产党逐渐走上成熟的标志。

（三）强渡大渡河

1935年5月上旬，中央红军长征从云南省皎平渡巧渡金沙江后，沿会理至西昌大道继续北上，准备渡过大渡河进入川西北。蒋介石企图凭借大渡河天险南攻北堵，围歼中央红军于大渡河以南地区。

大渡河是岷江的一大支流，河宽 300 米，水深流急，两岸是险峻的群山，地势险要，大部队通过极其困难。5 月 24 日晚，中央红军先头部队第 1 师第 1 团，经 80 多公里的急行军赶到大渡河右岸的安顺场，当晚，团长杨得志率第 1 营冒雨分三路隐蔽接近安顺场，突然发起攻击，经 20 多分钟战斗，击溃川军 2 个连，占领了安顺场。25 日晨，刘伯承、聂荣臻亲临前沿阵地指挥。红 1 团第 1 营营长孙继先从第 2 连挑选 17 名勇士组成渡河突击队，突击队冒着川军的密集枪弹和炮火，在激流中前进。突击队迅速登岸，并在右岸火力的支援下奋勇冲杀，击退川军，控制了渡口，随后，红 1 军团第 1 师和干部团由此渡过了被国民党军视为不可逾越的天险大渡河。

（四）飞夺泸定桥

1935 年 5 月 25 日，中央革命军事委员会为迅速渡过大渡河，挫败国民党军前后夹击红军的企图，决定红 1 军团第 1 师及干部团由安顺场继续渡河，沿大渡河左岸北上，主力由安顺场沿大渡河右岸北上，两路夹河而进，火速夺占泸定桥。

27 日晨，右路先头部队红 1 军团第 2 师第 4 团，由团长王开湘、政治委员杨成武率领从安顺场出发，沿途击破川军的阻击，经 2 昼夜强行 160 公里，29 日晨占领了泸定桥西桥头。泸定桥扼川康要道，全长 100 余米，宽 2.8 米，由 13 根铁索组成，横跨在汹涌奔腾的大渡河上，两岸是峭壁，东桥头与泸定城相连。守城川军已将桥上的木板拆除，只剩悬空的铁索。是日 16 时，红 4 团第 2 连连长廖大珠等 22 名突击队员，在全团火力掩护下冒着川军的密集火力，攀踏着铁索，向对岸冲击，当接近桥头时，川军突然施放火障，突击队勇敢地穿过火墙，冲进泸定城，同川军展开巷战。后续部队及时投入战斗，经激战，红军占领泸定城，川军一部被歼，其余向天全溃逃。接着，中央红军主力从泸定桥上越过天险大渡河，粉碎了蒋介石歼灭红军于大渡河以南的企图。

（五）巧渡金沙江

金沙江位于长江的上游，江面宽阔，水急浪大。如果红军过不去江，就有被敌人压进深山峡谷、全军覆灭的危险。

1935 年 5 月 3 日，军委干部团的同志们翻山越岭日夜兼程 180 里，当天夜晚就来到了金沙江边。在渡口，他们幸运地找到了一条船。后来，他们又在当地农民的协助下，从水里捞出了一条破船，用布把漏洞塞上。然后，他们乘坐这两条船悄悄地渡到北岸，来了个突然袭击，一举消灭了一连正规军和一个保安队，控制了皎平渡两岸渡口。后来，他们又找到了五条船，动员了36名艄公。

从5月3日至9日，在7天7夜的时间里，红军主力就靠这7只小船从容地过了江。两天以后，敌人的追兵才赶到南岸。可是红军已经毁船封江，远走高飞，无影无踪了。

（六）激战腊子口

腊子口是岷山山脉的一个重要隘口，是川西北通向甘南的门户，口宽约30米，周围是崇山峻岭，地势十分险要。蒋介石在岷县、腊子口地区配置了两个师，妄图凭借天险挡住红军的出路。

1935年9月17日下午，红一军2师4团向腊子口发动了猛烈的进攻。可是由于地形不利，连续冲锋十几次都没有成功。在半夜时分，部队重新研究作战方案，决定兵分两路。一路由政委杨成武率领第6连从正面进行夜袭，夺取木桥；如果偷袭不成就连续发动进攻，达到疲劳敌人，消耗敌人弹药，造成敌人恐慌的目的。另一路由团长王开湘率领第1、第2连，悄悄地迂回到腊子口右侧，攀登陡峭的崖壁，摸到敌人后面去。战斗再次打响了，正面战斗激烈进行，迂回部队已摸到腊子口右侧峭壁下。一个苗族战士手持带铁钩的长杆，顺着陡壁最先爬了上去，然后将事先接好的绑腿缠在树干上放下来，后来的战士拉着绑腿一个接一个地全部上去。他们突然出现在敌人的后方，敌人扔下枪支仓皇逃命。

党中央率陕甘支队顺利通过腊子口，打破了蒋介石妄图利用恶劣的自然条件"困死"红军的阴谋。

（七）歃血为盟

又称彝海结盟，是红军长征途中的一段佳话。1935年5月，红军渡过金沙江进入四川凉山彝族地区，受到不明真相的彝族群众和彝族部族武装的阻挡。由于红军严格执行党的民族纪律，绝不向受苦受难的彝族同胞开枪，彝族首领小叶丹深受感动。他在亲自见到红军参谋长、红军北上先遣队司令员刘伯承后，对红军更是深怀敬意，提出要与刘伯承司令员按照彝族习俗歃血为盟，刘伯承欣然应允。5月22日，在山清水秀的彝海边，刘伯承与小叶丹举行结盟仪式。

红军授予小叶丹"中国夷（彝）民红军沽鸡支队"的旗帜。小叶丹派向导为红军带路，让红军顺利走出凉山彝族地区，直达安顺场，为红军大部队顺利过境创造了条件。

（八）半床棉被

湖南汝城有一个文明乡，过去叫文明司。1934年11月6日，红军先头部队进入文明司。三位女红军住进一个叫沙洲的村子的徐解秀家里。当天晚上她们四人一块睡在厢房里，盖的是她床上的一块烂棉絮和一条红军的被子。第二天下午，女红军要走了。为了感谢徐解秀，她们把仅有的一条被子剪了一半送给她。徐解秀不忍心要。三位红军说："红军同其他当兵的不一样，是共产党领导的，是人民的军队，打敌人就是为了老百姓过上好生活。"徐解秀说："什么叫红军，什么叫共产党，共产党就是自己只有一条被子，也要给穷苦人半条的人。"2016年10月21日，习近平总书记作了《一切贪图安逸的想法都要不得》重要讲话，引用"半床棉被"这个红色经典故事，他说："一部红军长征史，就是一部反映军民鱼水情深的历史……同人民风雨同舟、血脉相通、生死与共，是中国共产党和红军取得长征胜利的根本保证，也是我们战胜一切困难和风险的根本保证。"①

三、经典论述

1. 长征是历史纪录上的第一次，长征是宣言书，长征是宣传队，长征是播种机②。

2. 长征精神就是对革命理想和事业无比忠诚、坚定不移的信念；不怕牺牲，敢于胜利，充满乐观，一往无前的英雄气概；顾全大局，严守纪律，亲密团结的高尚品德；联系群众，艰苦奋斗，全心全意为人民服务的崇高思想。这样的信念、气概、品德和思想，是红军坚强的精神支柱。正是这种伟大的精神，产生伟大的军队、伟大的战士、伟大的奇迹③。

3. 没有气吞山河、勇往直前的革命英雄主义和革命乐观主义，长征的胜利是不可想象的。伟大的长征给党和人民留下了伟大的长征精神。这种精神，就

---

① 习近平：《在纪念红军长征胜利80周年大会上的讲话》，载《人民日报》，2016年10月22日，第2版。

② 毛泽东：《毛泽东选集》（第一卷），北京：人民出版社1991年版，第149—150页。

③ 《继承和发扬红军长征精神更好地开创未来党中央召开大会纪念长征胜利五十周年》，载《人民日报》，1986年10月23日，第1版。

是把全国人民和中华民族的根本利益看得高于一切，坚定革命的理想和信念，坚信正义事业必然胜利的精神；就是为了救国救民，不怕任何艰难险阻，不惜付出一切牺牲的精神；就是坚持独立自主、实事求是，一切从实际出发的精神；就是顾全大局、严守纪律、紧密团结的精神；就是紧紧依靠人民群众，同人民群众生死相依、患难与共，艰苦奋斗的精神。长征精神，是中华民族百折不挠、自强不息的民族精神的最高体现，是保证我们革命和建设事业从胜利走向胜利的强大精神力量①。

4. 红军长征是中国革命从挫折走向胜利的重大转折，为我们党团结带领人民打败日本军国主义侵略，争取建设独立、自由、民主、统一、富强的新国家迎来了新的曙光，开辟了光明前景。伟大的红军长征，翻开了马克思列宁主义基本原理同中国革命具体实践相结合的新篇章，开创了中国革命的新局面，培育了中国共产党和人民军队的革命精神，形成了中国革命成熟的坚强领导核心②。

5. 红军长征创造了中外历史的奇迹。革命理想高于天，不怕牺牲、排除万难去争取胜利，面对形形色色的敌人决一死战、克敌制胜，这些都是长征精神的内涵。我们要继承和弘扬好伟大的长征精神。有了这样的精神，没有什么克服不了的困难。我们完全有信心有决心有恒心实现中华民族伟大复兴的中国梦③。

6. 伟大长征精神是全党全国各族人民不断砥砺前行的强大精神动力，长征是一次理想信念的伟大远征。崇高的理想，坚定的信念，永远是中国共产党人的政治灵魂。中国共产党从成立之日起，就把共产主义确立为远大理想，始终团结带领中国人民朝着这个伟大理想前行。党和红军几经挫折而不断奋起，历尽苦难而淬火成钢，归根到底在于心中的远大理想和革命信念始终坚定执着，始终闪耀着火热的光芒④。

7. 现在，我们正在进行实现中华民族伟大复兴的新长征，广大党员干部必须牢记党的理想信念和根本宗旨，必须弘扬伟大的长征精神，必须发扬革命战

① 江泽民：《在纪念红军长征胜利六十周年大会上的讲话》，https：//news. sina. com. cn/c/2006-08-01/105910596000. shtml（访问时间：2006 年 8 月 1 日）。
② 胡锦涛：《在纪念红军长征胜利 70 周年大会上的讲话》，http：//news. enorth. com. cn/system/2006/10/22/001440233. shtml（访问时间：2006 年 10 月 22 日）。
③ 习近平：《宁夏考察：继承和弘扬好伟大的长征精神》，http：//china. cnr. cn/news/20160720/t20160720_ 522729750. shtml（访问时间：2016 年 7 月 20 日）。
④ 习近平：《在纪念红军长征胜利 80 周年大会上的讲话》，载《人民日报》，2016 年 10 月 22 日，第 2 版。

争年代那种敢于战斗、不怕困难的奋斗精神，勇于战胜各种艰难险阻、风险挑战，奋力夺取新时代中国特色社会主义新胜利①。

四、教学应用

知识点 1：第一章　第二节　毛泽东思想的主要内容：革命军队建设和军事战略的理论。

毛泽东系统解决了如何把以农民为主要成分的革命军队建设成为一支无产阶级性质的、具有严格纪律的、同人民群众保持亲密联系的新型人民军队的问题。他规定了全心全意为人民服务是人民军队的唯一宗旨，系统地提出了建设人民军队的思想。这部分内容可以结合长征精神的内涵来进一步讲授关于人民军队的思想。

知识点 2：第一章　第二节　毛泽东思想活的灵魂：实事求是、群众路线、独立自主。

可以结合长征精神的内涵以及长征故事来阐述，比如可以引用遵义会议的召开来阐述实事求是和独立自主，以刘伯承与彝族首领小叶丹歃血为盟等故事来阐述群众路线。

知识点 3：第二章　第三节　新民主主义革命的道路和基本经验：新民主主义革命的三大法宝。

毛泽东指出，统一战线和武装斗争是中国革命的两个基本特点，是战胜敌人的两个基本武器。统一战线是实行武装斗争的统一战线，武装斗争是统一战线的中心支柱，党的组织则是掌握统一战线和武装斗争这两个武器以实行对敌冲锋陷阵的英勇战士。可以结合长征精神的内涵和战役战斗以及长征故事来阐述三大法宝。

知识点 4：第五章　第二节　邓小平理论基本问题和主要内容："两手抓，两手都要硬"。

邓小平强调，物质文明和精神文明都搞好，才是中国特色的社会主义。一手抓物质文明，一手抓精神文明，"两手抓，两手都要硬"，这是我国社会主义现代化建设的一个根本方针。伟大长征精神，作为中国共产党人红色基因和精神族谱的重要组成部分，成为鼓舞和激励中国人民不断攻坚克难、从胜利走向胜利的强大精神动力。这部分内容可以结合长征精神的内涵和经典论述进行

---

① 习近平：《在"不忘初心，牢记使命"主题教育工作会议上的讲话》，北京：人民出版社 2019年版。

阐释。

知识点 5：第六章　第二节　"三个代表"重要思想核心观点和主要内容："三个代表"重要思想的核心观点。

始终代表中国先进文化的前进方向，必须大力发展社会主义先进文化，建设社会主义精神文明。江泽民指出，加强文化建设，必须"以科学的理论武装人，以正确的舆论引导人，以高尚的精神塑造人，以优秀的作品鼓舞人"。可以引用长征影视频或歌曲以及长征故事来丰富授课内容。始终代表中国最广大人民的根本利益。我们党来自人民，植根人民，服务人民。党的全部任务和责任，就是为实现人民群众的根本利益而奋斗。我们党始终坚持人民的利益高于一切。党除了最广大人民的利益，没有自己特殊的利益。可以结合长征精神的科学内涵和长征故事比如半条棉被进行解析。

知识点 6：第七章　第二节　科学发展观的科学内涵和主要内容：推进社会主义文化强国建设。

胡锦涛指出，国家富强、民族振兴、人民生活幸福安康，需要强大的经济力量，也需要强大的文化力量。物质贫乏不是社会主义，精神空虚也不是社会主义。没有社会主义文化繁荣发展，就没有社会主义现代化。可以结合长征精神来阐述文化自信、社会主义核心价值观的构建和提高文化软实力；引用长征电影、故事、歌曲、视频报刊等媒体阐释繁荣社会主义文化的主渠道。

知识点 7：第十章　第三节　推动社会主义文化繁荣兴盛：培育和践行社会主义核心价值观。

必须立足中华优秀传统文化和革命文化，革命文化是中国革命和建设光荣历史的见证，渗透着中国共产党人的崇高理想，凝聚着广大人民群众的高尚道德和优良品质，包含了体现社会主义、共产主义价值目标的精神形态，要大力予以传承和弘扬。长征精神是中国革命文化的典型代表，是马克思主义与中华民族精神相结合的产物，也是二者的集中体现，伟大长征精神，已经深深融入中华民族的血脉和灵魂，成为社会主义核心价值观的丰富滋养。弘扬长征精神就是坚持马克思主义、就是宣扬以爱国主义为核心的民族精神，就是培育和践行社会主义核心价值观。坚定文化自信，建设社会主义文化强国。必须培养高度的文化自信，必须提高国家文化软实力。首先要努力弘扬中华文化，推进中华文化创新发展，展示中华文化魅力，夯实国家文化软实力的根基；其次要讲好中国故事，传播好中国声音，阐释好中国特色。弘扬长征精神、讲好红色长征故事、播放长征组歌就是培养高度的文化自信，提高国家文化软实力的有力措施。

知识点8：第十二章 第二节 加快国防和军队现代化：坚持习近平的强军思想。

习近平强军思想深刻回答了"新时代建设一支什么样的强大人民军队、怎样建设强大人民军队"的时代课题，其主要内容中的关于强国必须强军、强军目标是建设一支听党指挥、能打胜仗、作风优良的人民军队；关于党对军队绝对领导是人民军队建军之本、强军之魂；关于军队是要准备打仗的，必须聚焦能打仗、打胜仗；关于作风优良是我军鲜明特色和政治优势，必须加强作风建设、纪律建设；关于推进强军事业必须坚持政治建军等方面都可以引用长征精神的科学内涵和长征故事来论述。此外，关于构建一体化的国家战略体系和能力，也可以引用长征故事来阐述军民团结的鱼水之情。

第四节 延安精神

一、延安精神概述

1935年10月，中央红军从江西抵达陕北延安，在延安开启了革命奋斗的13年光辉历程，这十三年，是共产党带领中国人民转危为安，从弱小到强大的伟大历程，并形成发展了宝贵的延安精神。

（一）延安精神的形成与发展

延安精神的形成和发展经历了一个历史过程，在延安13年的形成和发展大体经历了3个阶段。

1. 初步形成阶段："抗大教育方针"奠定了延安精神的发展基础。从1935年10月红军长征抵达吴起镇，到1938年9月党的六届六中全会召开这一时间段，陕甘宁边区人民在政治上得到了解放，当家做主，思想觉悟和政治地位得到了进一步的提升；在经济方面，党领导人民战胜了国民党的经济封锁和其他各种困难，赢得了延安广大群众的拥护和支持，为延安精神的形成打下了广阔的社会基础，陕甘宁根据地在延安逐渐巩固、发展。七七事变后，中国共产党大力主张开展第二次国共合作，建立抗日民族统一战线，使延安及其各抗日根据地的生存条件得到了改善。毛泽东在1938年3月5日为抗大成立的同学会题词："坚定不移的政治方向，艰苦奋斗的工作作风，加上机动灵活的战略战术，便一定能够驱逐日本帝国主义，建立自由解放的新中国。"中国人民抗日军事政治学院（简称"抗大"）的办学方针为培育延安精神奠定了坚实的思想基础。同年9月，中共六届六中全会胜利召开，首次提出"马克思主义中国化"，突出了独立自主、反对教条主义、坚持理论与实践、实事求是的思想路线，标志着延安精神的初步形成。

2. 正式确立：中共七大确立了延安精神成熟发展的思想政治根基。1942年12月，中共中央西北局的一次高级干部大会上，毛泽东在《经济问题和财政问题》报告中提出："延安县同志们的精神完全是布尔什维克的精神。他们的态度是积极的，在他们的思想中、行动中，没有丝毫消极态度。"这也标志着延安精神的正式确立。1945年中共七大在延安召开，这次的会议精神既讨论解决了党内一大批重要思想问题，又在实践中进一步确定了共产党人全心全意为人民服务的宗旨，体现出了全党紧密联系群众的优良作风，为延安精神的发展和完善打下了良好的政治和意识形态基础。

3. 传承发展：历届领导人的论述深化了延安精神的时代内涵。1949年3月，在中国革命即将胜利之际，面临新的执政任务和新的进京挑战，毛泽东提出"务必使同志们继续地保持谦虚、谨慎、不骄、不躁的作风，务必使同志们继续地保持艰苦奋斗的作风"以警示全党，"两个务必"的提出则进一步的丰富深化了延安精神。1968年5月3日，《人民日报》杂志发表连载了另一篇社论《延安精神永放光芒》，反映了延安精神的深刻影响和时代意义。在《贯彻调整方针，保证安定团结》一文中，邓小平同志着重指出："一定要继续宣传、恢复和发扬延安精神。"江泽民同志在陕西考察时指出，延安精神就是党与时俱进精神的体现，任何时候、任何地方都不能丧失延安精神。胡锦涛同志在西柏坡也曾号召全体党员要把毛泽东同志所提倡的"两个务必"放在心上，发扬艰苦奋斗的精神。习近平总书记于2013年7月11日在西柏坡的演讲中，又一次强调了"两个务必"。可见，在各个历史发展阶段，党对延安精神的继承与发展都是十分重视的，而延安精神的内涵也是随着时代的发展而不断提升的。

（二）延安精神的科学内涵

习近平总书记指出："老一辈革命家和老一代共产党人在延安时期留下的优良传统和作风，培育形成的以坚定正确的政治方向、解放思想实事求是的思想路线、全心全意为人民服务的根本宗旨、自力更生艰苦奋斗的创业精神为主要内容的延安精神，是我们党的宝贵精神财富。"这就是延安精神最新的集中概括。

1. 坚定正确的政治方向

延安精神的政治灵魂在于坚持正确的政治取向。政治方向是一个政党的精神支柱，是这个政党的奋斗方向和最终目的，反映了政党所代表的人民的意愿和阶级的利益。同时，中国共产党的宗旨、立场和理想使命的实现，反映了党的政治取向的正确性。中国共产党从创立之日起，就始终以马克思主义为指导，使党在前进的路上不会迷路，不会被困难所击垮，也不会屈服于敌人。在新时代，党的领导干部要坚定"四个自信"，增强政治能力，增强责任担当，牢记入党誓词，把握正确方向，做好本职工作，以确保新时代的各项事业朝着正确的方向迈进。

2. 解放思想、实事求是的思想路线

延安精神的精髓就是解放思想、实事求是的思想路线。实事求是是中国共产党发展的一个重要法宝。延安期间，共产党人和大批先进分子对马克思主义理论进行了深刻的学习和研究，并将其与国情紧密联系在一起，使实事求是的时代内涵得以充实和发展。在国际、国内形势瞬息万变的情况下，我党始终坚持实事求是的思想路线，对国内外形势作出科学的判断和分析，正确把握各种机会，适时地调整方针、政策和战略措施，从而促进了中国革命的发展。历史经验表明，这一思想路线的建立，是中国共产党在制定各种方针、政策时所遵循的基本原则。正是在这样一条正确思想路线的指引下，党领导人民进行了革命，建立和改革取得了一次又一次的胜利，这才有了今天的幸福和美好的生活。

3. 全心全意为人民服务的根本宗旨

延安精神的本质与核心在于全心全意为人民服务，这是党所有革命事业的起点与终点。中国共产党在领导和服务两个方面都发挥着重要作用，他们的执着与奋斗使人民的生活更加幸福、更加美好。延安时期是党在争取民心、争取广大民众支持的关键时期，全党同志把党的基本宗旨贯彻到边区的各项政治、文化建设中去，把陕甘宁边区的人民政权建立起来，把它作为民主建设的典范，陕甘宁政权推行新的民主政治，是建立在党的基本宗旨和为人民服务的具体行动之上的。为人民服务是中国共产党人的根本政治立场和价值追求，也是中国共产党在不断发展、不断取得成功的一个重要法宝。

4. 自力更生、艰苦奋斗的创业精神

自力更生、艰苦奋斗的创业精神，体现了党的自强不息的意志品质和精神风貌。在延安期间，国民党对共产党进行经济封锁，再加上侵略者的"扫荡"，党的军队面临着生死攸关的危险，财政、经济、人民的生活都受到了空前的困难。在这样一个错综复杂的情况下，党领导着广大的群众，在陕甘宁地区进行了一次大规模的大生产运动。在经济困难、生产设备极度落后的条件下，八路军三五九旅发扬了自力更生、艰苦创业的精神，率领广大人民不畏艰难险阻，奔赴南泥湾，亲自上阵，吃饱穿暖，保证了军民的生产和生活。大生产运动孕育了自力更生、艰苦奋斗的精神，这是共产党人永不磨灭的政治本色，为以后的长期抗战打下了坚实的精神和物质基础。

（三）延安精神的重要价值

1. 坚持求真务实以筑牢党员干部的思想基石。解放思想、实事求是是延安精神形成的重要思想基础，是其内在逻辑的一种科学体现，它引导着党员干部在解决问题时，坚持求真务实，做到知行统一。习近平总书记曾多次强调，党之所以能够发展壮大，就是因为一直坚持求真务实，从而取得了举世瞩目的成绩。延安时期取得了理论上的历史性跨越，并将党的思想路线概括为"实事求是"，也就要求共产党人要有求真务实的精神，每个党员干部都要真正做老实事、做老实人。党以求真务实的态度筑牢党和国家发展的思想基石，从而实现高质量发展和高效能治理。

2. 坚持执政为民以坚守党员干部的初心使命。党的性质决定了党的宗旨以全心全意为人民服务为中心，延安精神就是这个理念的最好体现。中国共产党在建党一百多年里，始终保持着思想和行动的自觉，履行着为人民服务的宗旨和任务，坚守着共产党员的职责和担当。当前，继承延安精神、执政为人民、增强宗旨意识，有助于新时期广大党员领导干部身体力行，继续坚守初心使命，做到以上率下。要不断地弘扬延安精神，把党的优良政治生态建设和各项工作不断向前推进。要以集体主义为中心的共产主义道德，对全体党员和干部进行教育，以"我为人人"的高尚情操战胜腐败，为提高人民幸福而不懈努力。广大党员干部除了要始终主动全心全意为人民服务，努力协调解决群众面临的重大困难和重大问题，还要坚持认真履行党领导的群众宗旨，提高党自身的政治公信力，用更实际可信的成绩来赢得人民心中的信任。

3. 发扬奋斗精神以凝聚成就伟业的不竭动力。延安精神包含着一种自力更生、艰苦奋斗的精神，以及一往无前、英勇拼搏的精神。一个政党，一个国家，一个民族，如果没有勤俭节约、艰苦奋斗的精神，就不会永远兴旺发达。中国共产党在建党一百多年里，由幼稚走向成熟、由弱小走向强盛，自强不息、吃苦耐劳的中国共产党人，经过一代又一代的艰苦奋斗，为历史、为人民交出了一份满意的答卷。"生于忧患，死于安乐"的忧患意识中，要始终保持以实干为本的政治责任感。党员领导干部要自觉克服一切懒散怠慢、坐享其成的思想，在生活条件好转的今天，仍然要坚持艰苦奋斗的政治本色，将自己的初心和使命化为兢兢业业、埋头苦干的自觉行动，时刻以共产党人昂扬向上的精神风貌和永不气馁的高昂斗志，继续创造新的业绩，开创新局面。

二、典型案例

（一）毛泽东"实事求是"题词的由来

中共中央党校（国家行政学院）的校园中陈列着四块"实事求是"的石刻，这些石刻便是党校的校训。

1943年，中共中央党校修建了一座可容纳千余人的大礼堂，在即将竣工之际，范文澜老先生提议让毛主席为大礼堂写条校训题词。找到毛主席后，毛泽东主席也欣然接受了请求，思考片刻后，写下了"实事求是"四个大字，大家看后齐声称赞毛主席对马列主义研究的精深、透彻，一下子抓住了问题的实质。"实事求是"正是成为党校教学的根本宗旨！

随后，学校便立即找来能工巧匠，将毛主席的手迹凿成了石刻。从此，这一题词便作为党校的校训，已成为党校学员学习研究马列主义的座右铭。

"实事求是"一词，源自班固《汉书·河间献王传》的"修学好古，实事求是"，其本意是指务实的学风。"实事求是"作为党的思想路线确立下来，是延安整风的一大成果，来之不易[1]。

（二）张思德：为人民服务重于泰山

张思德是中国共产党领导的革命队伍的普通一兵，是为人民服务的典范。1915年4月他出生于一个贫苦佃农家里，因吃百家饭长大，因此起名"思德"，寓意感恩，记着乡亲们的恩德。

1933年张思德踊跃报名参军，后又正式加入中国工农红军，不久后，加入中国共产主义青年团。1935年，张思德随部队开始长征，1937年，光荣加入中

---

① 袁国柱：《中国共产党人的精神谱系》，北京：中共中央党校出版社2021年版，第88-89页。

国共产党。在革命历程中，张思德在干好自己本职工作之余，还经常去服务周围的群众，为群众排忧解难，扮演好"人民子弟兵"这一角色，被群众亲切地称为"老张同志"。1943 年 4 月，因为勤奋敬业，张思德被评为"即知即行的模范"——即知即行也就是想到就办，知道就干。

张思德的另一手为人民服务的绝活就是烧木炭。他在中央军委警卫营期间，每年都要组织烧木炭以备过冬。每次烧木炭，张思德都积极报名参加。烧木炭又苦又累，张思德却毫无怨言，还干得很出色。

1944 年 9 月 5 日这一天，为了给冬季取暖多准备点木炭，张思德主动承担修整一孔炭窑的任务。这孔炭窑有点安全隐患，当时，有一部分队员认为不安全，要舍弃；也有队员认为不要紧，可以利用。张思德也表示："不怕，我不怕死，花费了劳力打好窑，再打一个太费工，这孔窑收拾好能省工。"于是就由他带领一名战士去修整这孔炭窑。在修整炭窑的过程中，他自己爬在里面进行掏挖工作，另一名战士则在窑口往外运土。突然间，炭窑一下子垮塌，张思德一把将战士小白推出窑口，自己被埋在深土里面，遇难牺牲，生命永远定格在29 岁。

1944 年 9 月 8 日，中共中央直属机关和中央警备团 1000 多人，在枣园后沟西山脚下的干河滩上隆重召开追悼大会，悼念张思德这位革命同志。毛主席亲笔题写挽联"向为人民利益而牺牲的张思德同志致敬"，并为张思德致悼词，作了"为人民服务"的主题讲演。讲演词明确指出——为人民利益而死，就比泰山还重——凸显了共产党人生死的价值意义。这篇讲演词成为中国共产党人传诵的经典，也被喻为影响历史进程的政治美文。"为人民服务"此后也被正式确立为中国共产党人的根本宗旨。

2009 年 9 月 10 日，张思德被评为"100 位为新中国作出突出贡献的英雄模范人物"。历史和人民再次肯定了共产党人的这种以为人民服务为重的崇高价值追求和永恒历史意义①。

（三）中国的希望在延安

陈嘉庚 1874 年出生于厦门市集美区，17 岁时渡洋前往新加坡谋生，20 世纪 40 年代成为享有盛名的实业家、教育家、著名的爱国华侨领袖。

1940 年 5 月 31 日，陈嘉庚抵达延安，在延安度过了他毕生难忘的 8 天。这

---

① 中国延安干部学院编：《红色延安的故事》，北京：党建读物出版社 2017 年版，第 239-250 页。

期间，毛泽东到他下榻的窑洞拜访过几次，或同午饭或共晚餐。他还出席了延安各界的欢迎会，也应邀出席讲演会。陈嘉庚发现中共领导人对他的接待和国民党当局有很大不同。同是欢迎，中共领导人朴素而诚恳，而国民党当局却是奢侈而虚伪。陈嘉庚与毛泽东多次会见中发生的一些小事，引起他的注意和惊奇。如：一次在和毛泽东谈话中，一些在延安学习的南洋华侨学生来到，不敬礼便坐，并参加谈话，绝无拘束。还有一次，毛泽东在办公室与陈嘉庚谈论南洋情况，总司令部内的人都可参加，顷刻间席位告满。有一勤务兵迟到，望见长板凳上毛泽东身边略有空隙，便挤身坐下。毛泽东向他望一望，把自己身躯移开一点，以便让他坐得更舒服些。还有一次，毛泽东陪同陈嘉庚逛延安新市场。毛泽东的穿着并不比当地赶集的农民好多少。走在街上，来来往往各式各样的人跟他打招呼，有的人还停下来和他聊几句，大到对边区政策的建议、小到家里的红白喜事，人们语无顾忌，毛泽东都能认真地听。

延安之行，共产党领导人用民主、平等、清廉与简朴的作风折服了陈嘉庚。从他们的身上，陈嘉庚看到了中国的出路和希望，看到了共产党得人心、得天下的历史必然。可以说，延安之行是陈嘉庚人生旅途中的重大转折点。从此，他发现了在黑暗的中国还有一个光明的地方。回到新加坡，他激动地对家人说："余此次劳军经延安所见，深感中国有希望了！"随后，陈嘉庚应邀发表多次演讲，认为"拯救中国的人不但早已诞生，并且已经在那里做出许多大事了"。他坚信："中国的希望在延安！"中国的救星就是毛泽东。

三、经典论述

1. 延安县同志们的精神完全是布尔什维克的精神。他们的态度是积极的，在他们的思想中、行动中，没有丝毫的消极态度。他们完全不怕困难，他们像生龙活虎一般能够征服一切困难[①]。

2. 延安和陕甘宁边区，从一九三六年到一九四八年，曾经是中共中央的所在地，曾经是中国人民解放斗争的总后方。延安和陕甘宁边区的人民对于全国人民是有伟大贡献的。我庆祝延安和陕甘宁边区的人民继续团结一致，迅速恢复战争的创伤，发展经济建设和文化建设。我并且希望，全国一切革命工作人员永远保持过去十余年间在延安和陕甘宁边区的工作人员中所具有的艰苦奋斗

---

① 中国人民政治协商会议全国委员会文史资料研究委员会等编：《回忆陈嘉庚——纪念陈嘉庚先生诞辰 110 周年》，北京：文史资料出版社 1984 年版，第 183 页。

的作风①。

3. 在延安视察时，江泽民指出：自力更生、艰苦奋斗的延安精神没有过时，抗日战争、解放战争的艰苦岁月要发扬延安精神；社会主义初级阶段，也离不开延安精神。否则，我们的社会主义是很难建成的②。

4. 坚定正确的政治方向，解放思想、实事求是的思想路线，全心全意为人民服务的根本宗旨，自力更生、艰苦奋斗的创业精神，是延安精神的主要内容。延安精神，体现了我们党马克思主义政党的性质，体现了我们党与时俱进的思想风范，体现了我们党与人民同呼吸、共命运的优良作风，体现了中国共产党人一往无前的奋斗精神。无论过去、现在和将来，延安精神都不能丢。全党同志，一定要结合新的实际，大力弘扬延安精神，使延安精神成为我们党在新世纪团结和带领人民不断开创中国特色社会主义事业新局面的强大精神动力，使延安精神永放光芒③。

5. 伟大的延安精神是党的性质和宗旨的集中体现，是党的优良传统和作风的集中体现。要结合新的实际，大力弘扬延安精神，以求真务实作风，切实加强和改进新形势下党的建设，为推动科学发展、促进社会和谐提供强大精神动力和坚强组织保证。

6. 延安精神是老一辈无产阶级革命家和老一代共产党员在延安时期留下的优良传统和作风，是我们党宝贵的精神财富，也是干部教育培训的永久教材。

7. 延安精神是中华民族优良传统的继承和发展，是我们党的性质和宗旨的集中体现。弘扬延安精神，对于推进中国特色社会主义事业、实现中华民族伟大复兴具有重要意义。中国延安精神研究会成立 20 年来，在中央领导同志的亲切关怀和中央党校的直接领导下，高举旗帜，服务大局，艰苦奋斗，改革创新，紧密结合党的理论和路线方针政策的贯彻实施，深入研究延安精神、积极宣传延安精神、认真践行延安精神、大力弘扬延安精神，在理论上和实践上取得了显著成果，产生了重要的社会影响，为推进社会主义核心价值体系建设、推进党的建设新的伟大工程作出了积极贡献。习近平同志希望中国延安精神研究会以成立 20 周年为新起点，认真贯彻党的十七大和十七届四中全会精神，深入总结经验，科学规划未来，更好发挥老同志作用，广泛吸引青年同志参与，与时

---

① 陈碧笙、陈毅明：《陈嘉庚年谱》，福州：福建人民出版社 1986 年版，第 142 页。

② 傅治平：《精神的升华——中国共产党的精气神》，北京：人民出版社 2007 年版，第 166 页。

③ 江泽民：《论有中国特色社会主义（专题摘编）》，北京：中央文献出版社 2002 年版，第 400 页。

俱进地弘扬延安精神，为加强和改进新形势下党的建设作出新的更大贡献。

8. 我们党在长期革命斗争中形成了理论联系实际、密切联系群众、批评和自我批评等优良作风，形成了井冈山精神、长征精神、延安精神、西柏坡精神。这些优良传统、优良作风是几代中国共产党人流血牺牲凝聚而成的宝贵精神财富。党的文献，不仅记录了党的奋斗历史，也承载着中国共产党人的伟大精神。要认真学习这部文献选编，继承党的一切优良传统、优良作风并结合新的实践不断发扬光大，始终保持革命战争年代那么一股劲、那么一股气、那么一种革命精神，始终保持党同人民群众的血肉联系。有了这一条，我们党就能够永远立于不败之地。

9. 我们党是一个具有长期奋斗历史和优良革命传统的党，也是一个紧跟时代步伐、善于与时俱进的党。党的建设必须坚持继承和创新相结合，结合时代条件发扬党的光荣传统和优良作风。老一辈革命家和老一代共产党人在延安时期留下的优良传统和作风，培育形成的延安精神，是我们党的宝贵精神财富。今天，全面从严治党要继续从延安精神中汲取力量。要把抓理想信念贯穿始终，提高辩证思维、系统思维能力，保持党同人民群众的血肉联系，始终为党和人民事业艰苦奋斗、不懈奋斗①。

10. 延安精神培育了一代代中国共产党人，是我们党的宝贵精神财富。要坚持不懈用延安精神教育广大党员、干部，用以滋养初心、淬炼灵魂，从中汲取信仰的力量、查找党性的差距、校准前进的方向。要把政治建设摆在首位，严肃党内政治生活，严格落实中央八项规定及其实施细则精神，坚决破除形式主义、官僚主义，构建一体推进不敢腐、不能腐、不想腐体制机制，为各项事业发展提供坚强保障②。

11. 延安是中国革命的圣地，老一辈革命家和老一代共产党人在延安时期培育形成的延安精神，是我们党的宝贵精神财富。希望同志们在新的历史条件下，坚持正确政治方向，服务党和国家工作大局，深入研究、大力宣传，认真践行延安精神，努力为全面建成小康社会，乘势而上开启全面建设社会主义现代化国家新征程提供强大精神动力③。

---

① 《习近平总书记春节前夕赴陕西看望慰问广大干部群众 向全国人民致以新春祝福》，载《人民日报》，2015年2月17日，第1版。
② 《习近平总书记在陕西考察时强调 扎实做好"六稳"工作落实"六保"任务 奋力谱写陕西新时代追赶超越新篇章》，载《人民日报》，2020年4月24日，第1版。
③ 王健：《延安精神及其当代价值》，载《天津日报》，2021年08月23日。

四、教学应用

知识点 1：第一章 第二节 毛泽东活的灵魂：实事求是、群众路线。

实事求是，就是一切从实际出发，理论联系实际，坚持在实践中检验真理和发展真理。

坚持实事求是，就要清醒认识和正确把握我国基本国情。我们一切路线、方针、政策的制定都应坚持从我国基本国情出发，牢牢立足基本国情这个最大实际，充分体现这个基本国情的必然要求。任何超越现实、超越阶段而急于求成的倾向都要努力避免，任何落后于实际、无视深刻变化着的客观事实而因循守旧、故步自封的观念和做法都要坚决纠正。

坚持群众路线，就要坚持全心全意为人民服务的根本宗旨。全心全意为人民服务，是我们党一切行动的根本出发点和落脚点，是我们党区别于其他一切政党的根本标志。党除了工人阶级和最广大人民群众的利益，没有自己的特殊利益。党在任何时候都把群众利益放在第一位，不允许任何党员脱离群众，凌驾于群众之上。检验党的一切工作的成效，最终要以最广大人民根本利益为最高标准。

知识点 2：第五章 第二节 邓小平理论的主要内容：两手抓两手都要硬。

社会主义精神文明是社会主义社会的重要特征。邓小平指出："我们的国家已经进入社会主义现代化建设的新时期。我们要在大幅度提高社会生产力的同时，改革和完善社会主义的经济制度和政治制度，发展高度的社会主义民主和完备的社会主义法制。我们要在建设高度物质文明的同时，提高全民族的科学文化水平，发展高尚的丰富多彩的文化生活，建设高度的社会主义精神文明。"

邓小平强调，物质文明和精神文明都搞好，才是中国特色的社会主义。一手抓物质文明，一手抓精神文明，"两手抓，两手都要硬"，这是我国社会主义现代化建设的一个根本方针。

知识点 3：第十章 第三节 建设社会主义文化强国：培育和践行社会主义核心价值观。

培育和践行社会主义核心价值观，必须立足中华优秀传统文化和革命文化。中华文明绵延数千年，有其独特的价值体系。中华优秀传统文化已经成为中华民族的文化基因，植根在中国人内心深处，潜移默化影响着中国人的思维方式和行为方式。培育和践行社会主义核心价值观，要利用好中华优秀传统文化蕴含的丰富的思想道德资源，深入挖掘中华优秀传统文化蕴含的思想观念、人文精神、道德规范，结合时代要求继承创新，推动中华传统文化创造性转化、创新性发展，让中华文化展现出永久魅力和时代风采，使其成为涵养社会主义核心价值观的重要源泉。革命文化是中国革命和建设光荣历史的见证，渗透着中国共产党人的崇高理想，凝聚着广大人民群众的高尚道德和优良品质，包含了体现社会主义、共产主义价值目标的精神形态，要大力予以传承和弘扬。

知识点4：第十一章 第四节 全面从严治党：全面从严治党是伟大的自我革命。

打铁必须自身硬。办好中国的事情，关键在党，关键在坚持党要管党、全面从严治党。全面从严治党是一场伟大的自我革命。在进行社会革命的同时不断进行自我革命，是我们党区别于其他政党最显著的标志。全面从严治党以其丰富内涵诠释了自我革命的内在要求。治国必先治党，治党务必从严。

我国正以永远在路上的坚韧和执着，持续保持高压态势，坚定不移将反腐败斗争向纵深推进，构建一体推进不敢腐、不能腐、不想腐体制机制，确保党和人民赋予的权力始终用来为人民谋幸福。全面从严治党推进自我革命不断走向深入。从实施中央八项规定改进作风到构建行之有效的权力监督制度和执纪执法体系，从反腐败无禁区、全覆盖、零容忍到一体推进不敢腐、不能腐、不想腐，从开展党的群众路线教育实践活动到建立不忘初心、牢记使命的制度，从严格规范党内政治生活到着力营造风清气正的政治生态，全面从严治党推进自我革命不断向纵深发展。

知识点5：第十四章 第一节 实现民族伟大复兴关键在党。

坚持和加强党的全面领导，就要坚持党要管党、全面从严治党，勇于自我革命，坚决同一切弱化党的先进性和纯洁性、危害党的肌体健康现象做斗争。历史和现实告诉我们，作风建设必须打持久战，坚持集中整治与常抓不懈相结合，以钉钉子精神持续深入推进，久久为功。这几年，我们坚持用延安精神净化政治生态，认真落实全面从严治党主体责任，持续正风肃纪反腐，一体推进不敢腐、不能腐、不想腐体制机制，推动全面从严治党向纵深发展。

第五节　抗战精神

一、抗战精神概述

抗日战争是中国人民反抗日本帝国主义侵略的正义战争，是近代以来中华民族第一次取得完全胜利的民族解放战争。在这场战争中，中华民族同仇敌忾，经过 14 年的浴血奋战，赢得了抗日战争这场反侵略战争的伟大胜利，形成了伟大的抗战精神。抗战精神是中华民族源远流长的爱国主义精神在抗日战争中的锤炼和升华，是以爱国主义为核心的团结统一、爱好和平、勤劳勇敢、自强不息的伟大民族精神的重要体现。中国共产党作为抗日战争的中流砥柱，为挽救民族危亡不畏牺牲，始终奋斗在抗战的最前线，充分展现了党的革命性、先进性和团结性，对抗战精神的形成起到了关键作用，丰富和发展了中国共产党的革命精神。

（一）抗战精神的形成条件

抗战精神的形成扎根于中华民族优秀传统文化，吸收并借鉴了时代精神的精华，并在长期的反侵略斗争实践中不断丰富和发展。

1. 中华民族优秀传统文化是抗战精神形成的文化土壤。中华民族具有五千多年的悠久历史，长期以来积淀了广博深厚的中华文明，内在地蕴含着优质基因与强大生命力。中国优秀传统文化中所蕴含的浓厚的爱国主义传统、崇高的民族气节、团结互助的优良品质等，在抗日斗争中得到了进一步的传承和发展。爱国主义的优良传统是抗战精神形成的文化沃土。中华民族的爱国主义源于远古祖先对于乡土的眷恋，从对于故乡山水、风土人情的热爱，发展为对于祖国大好河山、领土完整的捍卫。近代以来山河破碎、外敌入侵激起了中华儿女救亡图存的意志和决心，在"天下兴亡、匹夫有责"的爱国精神的鼓舞下，反对侵略、追求民族独立和国家解放也成为近代爱国主义的主要表现。中国共产党也在救亡图存实践中应运而生，中国共产党从成立之日起，始终高举爱国主义旗帜，爱国主义的优良传统也在抗战实践中得到了进一步的继承和升华。

2. 全国各族人民的反侵略斗争是抗战精神形成的实践基础。抗战实践孕育出内涵丰富的抗战精神。20 世纪 20 年代末，日本帝国主义基于其"如欲征服中国，必先征服'满蒙'；如欲征服世界，必先征服中国"[①] 的狂妄计划，加紧侵略中国，并确立了先独占东北、内蒙古，进而侵占全中国的扩张政策。1931 年 9 月 18 日，九一八事变爆发，日军侵占中国东北。1937 年 7 月 7 日，卢沟桥事变爆发，日本发动全面侵华战争。日本妄想将中国变成其殖民地的图谋，把中国推向了亡国灭种的危险境地，由此激起了中国人民长达 14 年的反侵略斗争，

---

① 日本历史学研究会：《太平洋战争史》（第一卷），北京：商务印书馆 1959 年版，第 224 页。

中国的各党各派联合起来，建立起了广泛的爱国统一战线，开辟了中国革命史上的新纪元。抗日民族统一战线的建立是抗战精神的重要体现，向全世界展现了中华民族的民族精神和爱国主义精神。正是由于全体中华儿女的顽强不屈和英勇抗战，以爱国主义为核心的抗战精神得以形成和发展。

3. 中国共产党的中流砥柱作用是抗战精神形成的关键所在。在内忧外患中诞生与成长的中国共产党，始终把为中国人民谋幸福、为中华民族谋复兴作为自己的初心和使命。早在日本全面侵华战争爆发之前，中国共产党就已确立建立抗日民族统一战线的方针，率先举起全民抗战的旗帜，充分体现了中国共产党人的爱国主义情怀。日本全面侵华战争爆发，加快了以国共合作为基础的爱国统一战线的建立。在抗战过程中，中国共产党始终维护团结抗战大局，始终奋斗在抗战最前线，并领导人民军队开赴敌后，开辟敌后战场，形成与正面战场夹击日军的战略格局，有力配合了正面战场作战。在反侵略斗争的实践中，中国共产党将马克思主义基本原理和具体国情相结合，创造性地提出了人民战争的路线、持久战的战略方针以及游击战的战略战术等一系列创新性的思想，有力反驳了当时盛极一时的"亡国论"和"速胜论"，创造性地回答了夺取抗日战争胜利的关键性、战略性问题。在抗日战争中，中国共产党领导的武装力量与日本侵略者浴血奋战，取得了辉煌的战绩，也付出了巨大的牺牲。历史充分证明，中国共产党在抗日战争中发挥着中流砥柱的作用，中国共产党人在抗战中身先士卒、不怕牺牲、英勇斗争的革命精神，为民族精神注入了新的生机与活力，也极大地丰富了抗战精神。

（二）抗战精神的科学内涵

习近平总书记对抗战精神的概括和论述，深刻揭示了抗战精神的内涵与实质。在中国人民抗日战争的壮阔进程中，形成了伟大的抗战精神，中国人民向世界展示了天下兴亡、匹夫有责的爱国情怀，视死如归、宁死不屈的民族气节，不畏强暴、血战到底的英雄气概，百折不挠、坚忍不拔的必胜信念。伟大的抗战精神，是中国人民弥足珍贵的精神财富，永远是激励中国人民克服一切艰难险阻、为实现中华民族伟大复兴而奋斗的强大精神动力①。

1. 天下兴亡、匹夫有责的爱国情怀

抗日战争是中国人民反抗日本侵略者的一项伟大的民族解放事业。"七七事

---

① 习近平：《在纪念中国人民抗日战争暨世界反法西斯战争胜利69周年座谈会上的讲话》，载《人民日报》，2014年9月4日，第2版。

变"后，全国上下同仇敌忾、同舟共济，誓死捍卫国家主权和民族利益，呈现出"爱国同胞，坚决抗战。前线将士，牺牲流血。各党各派，精诚团结。各界人民，协力救亡"的可喜局面。抗日战争激发了中国人民的斗争热情，凝聚了中华民族团结御侮的巨大力量，中国人民空前地团结起来，以爱国主义为核心的民族精神达到了前所未有的高度。在长达14年的抗战中，爱国情怀的表现形式也具有多样性，既有中国共产党高举爱国统一战线的旗帜，把人民的抗战热情集中于这一旗帜之下，也有国民党在民族危亡关头，所倡议的"地无分南北、年无分老幼，无论任何人，皆有守土抗战之责，皆应抱定牺牲一切之决心"，更有广大人民群众用血肉之躯铸就的抵御外敌入侵的钢铁长城。抗日战争与自鸦片战争以来的历次反侵略战争的最大区别就在于它体现了"天下兴亡、匹夫有责"的爱国情怀，实现了全民族的广泛参与，这也是抗日战争能够在敌强我弱的情况下取得最终胜利的关键所在。

2. 视死如归、宁死不屈的民族气节

民族气节是指为维护国家和民族尊严而永不屈服的精神品质，也是深藏于中华儿女基因中，永续传承而又历久弥新的民族特质。中国人民向来崇尚舍生取义的崇高生死观，不惜为民族解放和为服务人民而牺牲，在投身民族复兴伟大事业中挖掘出生命所蕴藏的巨大潜能，努力给有限的个体生命赋予更大的意义。中国共产党人的初心和使命，也充分体现了中国共产党人生死观的价值取向，是共产党人生与死之意义的价值标准。从党建立的那刻起，就把具有牺牲精神的人民凝聚在一起，他们有着共同的理想信念，他们坚信革命理想高于天，将生死置之度外，他们忧天下之忧，不苟且于眼前困苦的生活而不断寻求自身价值的实现，为处于内忧外患的人民撑起一片天地。抗战时期，面对日本法西斯的侵略，中华儿女在抗日民族统一战线旗帜的号召下，展现出了为民族独立和解放视死如归、宁死不屈的崇高气节，也为取得反侵略战争的全面胜利提供了强大精神力量。

3. 不畏强暴、血战到底的英雄气概

中华民族是英雄的民族，拥有不畏强暴、反抗外来侵略的光荣传统。当祖国面临危亡之际，不愿做亡国奴的中国人民没有屈服、不畏强暴，坚定了万众一心、血战到底的信念，直至革命取得成功。九一八事变后，中国共产党就明确提出了通过民族革命战争，将日本帝国主义驱逐出中国的目标任务。此后，国共两党实现第二次合作，形成了中国共产党领导的敌后战场和以国民党军队为主体的正面战场相配合的战略格局。国共合作后，国共双方积极开展对敌作战，国民党军队的爱国将士英勇杀敌、血洒疆场。共产党领导下的八路军、新四军和华南抗日纵队，也积极开展对敌作战。抗日战争是一场伟大的人民战争，民众的觉醒和参与为抗战胜利奠定了基石，广大爱国将士的英勇事迹和精神也激励无数中国人奔赴抗日前线。中国共产党在敌后坚持依靠群众和动员群众，提出并实施了持久战的战略方针以及一整套的人民战争的战略战术，通过开展伏击战、地雷战、地道战、麻雀战等战术，让敌人陷入人民战争的汪洋大海。

4. 百折不挠、坚忍不拔的必胜信念

必胜信念是最终战胜日本侵略者的坚定信心和顽强信念。无论条件多么艰苦，战争多么残酷，中国人民始终保持抗战必胜的坚定信心。抗战不仅是武力的较量，更是信念和信心的较量。抗战伊始，中国共产党在洛川会议上明确提出要积极开辟抗日根据地，并拟定了详细的战略方针。抗日民主根据地的建立，为全民族抗战到底和全民族的长期作战，开辟了坚强的战略阵地。抗战过程中，面临敌我兵力悬殊、经济困难和无法取得正常的国际援助等不利因素，中国人民始终没有放弃反侵略斗争的信念。面对缺衣少食，缺少医药物资，武器装备短缺的情况，中国共产党在陕甘宁边区广泛开展大生产运动，走生产自救的道路，最终不仅克服了困难，达到部分自足，在大大减轻人民负担的同时，解放区的范围也不断扩大，敌后战场逐步转变为主要战场。

（三）抗战精神的重要价值

抗日战争的伟大胜利，是正义战胜侵略、进步战胜反动的伟大胜利，创造了半殖民地半封建的弱国打败帝国主义强国的奇迹，鼓舞了殖民地半殖民地国家人民争取民族独立和解放的斗争。在波澜壮阔的伟大斗争中，中华民族展现了意志和精神的威武不屈，也集中体现了世界反法西斯精神，空前弘扬了以爱国主义为核心的伟大抗战精神。抗日战争的实践使中国人民深刻认识到，中国共产党是中国各族人民争取民族独立和人民解放的领导核心。在历时14年的抗日民族解放运动中，中国共产党带领广大中国人民，形成了最广泛的抗日民族统一战线，确立了持久战的战略方针，制定了灵活机动的战术方针，发挥了中流砥柱的关键作用，中国共产党在抗日战争的实践中也不断从幼稚走向成熟，从弱小走向强大。

二、典型案例

（一）杨靖宇

杨靖宇本名马尚德，河南确山县人，1927年加入中国共产党，在当地领导了多次农民暴动。此后不久，他离开老家远赴东北工作，先后任东北人民革命军第一军军长兼政委、东北抗日联军第一路军总司令兼政治委员等职。1937年全国抗战爆发，杨靖宇以东北抗联第一路军总司令部的名义发出《为响应中日大战告东北同胞书》《东北抗日联军第一路军总司令部布告》，号召各族人民团结一致，驱除日寇。在"国家兴亡，匹夫有责""团结一致，共同对敌"的号召下，杨靖宇努力团结各种抗日力量，率部抗战，打击日军，在极为艰难的条件下坚持斗争。

杨靖宇冲锋陷阵，长期战斗在白山黑水之间，东北人民亲切地称他为"咱们的杨司令"。杨靖宇用兵战术灵活，指挥得当，连战连捷，成为日伪军的心腹大患。为此，敌军集结重兵，企图将杨靖宇领导的队伍困死在白山黑水之间。1940年初在濛江一带发现杨靖宇行踪，全力"搜剿"。当敌军将杨靖宇所在的濛江县附近的密林包围起来时，带队的敌军头目向他喊话："如果你肯投降，一定会得到重用。"杨靖宇斩钉截铁地回答："我珍惜自己的生命，但不可能如你所愿。虽临难，但我的同志们还在各地转战，帝国主义灭亡之日必将到来，我也将抵抗到底，开枪吧！"劝降不成，敌人恼羞成怒地朝着杨靖宇藏身处猛烈开火，杨靖宇壮烈牺牲，时年35岁。

惨无人道的敌军割下了杨靖宇的头颅回去邀功，还极其残酷地剖开了他的遗体，他们不能理解，被包围追击了5天5夜、没有丝毫机会弄到食物的杨靖宇是怎么在冰天雪地中生存下来的？解剖的结果是，杨靖宇的胃里竟然没有一粒粮食，只有没消化的草根、树皮和棉絮。为抗击日寇，他战斗到最后一人，为民族解放，他流尽最后一滴血。杨靖宇的英雄壮举，连他的敌人都不得不为之胆寒、肃然起敬。1946年，濛江县正式更名为靖宇县，以表达人们对烈士的永久纪念。

（二）赵一曼

中国共产党领导人民浴血奋斗的年代，在党的队伍中涌现出了一大批女性豪杰，在东北抗日战场上，有一位名扬四方的女英烈，连敌伪的报纸也惊叹于她"红枪白马"的英姿。她就是"未惜头颅新故国，甘将热血沃中华。白山黑水除敌寇，笑看旌旗红似花"的赵一曼。

赵一曼，四川宜宾人，早年参加中国社会主义青年团和中国共产党，在第一次国共合作时期曾经历了大革命的严峻考验。大革命失败后，赵一曼被派到苏联莫斯科中山大学学习。从苏联回国后，在上海等地从事地下工作。之后，被中国共产党派到东北工作，历任满洲总工会秘书、组织部部长，哈尔滨总工会负责人。1934 年春，赵一曼作为县委特派员到抗日游击区开展工作。从城市到农村，从地下工作到武装斗争，赵一曼坚毅果敢，机智过人、平易近人，很快赢得同志们的信任和尊重。

1935 年 11 月，在与日伪军的战斗中，她为掩护部队突围，身负重伤，她在村里隐蔽养伤时被敌人发现，奋起迎战时左大腿骨被子弹打穿，因流血过多昏迷而被捕。在狱中，日本人动用酷刑逼其招供，她没有吐露任何信息，宁死不屈，严词痛斥日军侵略罪行。日军见赵一曼不肯屈服，使用马鞭狠戳其腿部伤口。身负重伤的赵一曼表现出了一个中国人保卫民族的决心，痛的几次昏了过去，仍坚贞不屈。为了得到口供，日军将她送进医院监护治疗。在医院里，她积极宣传抗日救国的道理，教育争取看护和看守人员。1936 年 6 月 28 日，赵一曼在医院看护和看守帮助下逃出医院，但很快被追敌再度抓捕。面对更加残酷的刑讯，她始终没有吐露任何实情，她只是怒斥敌人：“你们可以让整个村庄变成瓦砾，可以把人剁成烂泥，可是你们消灭不了共产党员的信仰！”1936 年 8 月 2 日，赵一曼在开往刑场的火车上写下了一封包含着沉甸甸情感的红色家书，这是一名母亲留给儿子最后的话。“我最亲爱的孩子啊！母亲不用千言万语来教育你，就用实行来教育你。在你长大成人之后，希望不要忘记你的母亲是为国而牺牲的！”随后，日军将她押往珠河县，将其绑在一辆马车上“游街示众”。她一路唱着《红旗歌》，高呼“中国共产党万岁”的口号，沿途许多群众感动得流泪，就义时年仅 31 岁。

（三）赵尚志

赵尚志，辽宁省朝阳人，1925 年加入中国共产党，是东北地区最早的共产党员之一。国难当头，他毅然投入抗日武装斗争，痛击倭贼，他与侵华日军周旋在林海雪原，驰骋于松江两岸，创造了东北战争史上的奇迹。

1931 年“九一八”事变后，东北沦陷，赵尚志被党组织营救出狱，被任命为中共满洲省委常委、军事委员会书记，随后成为东北抗日联军的创建者和领导者。在东北抗日战场上，有“南杨北赵”之说，“南杨”指的是杨靖宇，“北赵”指的就是赵尚志，他们共同领导着一支英雄的队伍——东北抗日联军，这支队伍让日军深感恐惧。东北抗日联军是中国最早对日作战、历时最长而且条件最为艰苦的一支抗日武装，既要主动出击，又要防御冬季的严寒，面临各项物资极为短缺的情况，赵尚志和他的部队克服一切困难，战胜严寒、爬冰卧雪，抵御着难以想象的严寒和饥饿，与数十倍于己的强大日军顽强鏖战，多次打破日军重兵"讨伐"，屡创日军。

1942年2月12日，赵尚志率领东北抗日联军一支小部队，在汤原一带开展抗日游击战争。曾誓言"死也要死在战场上"的东北抗联英雄赵尚志因遭到奸细暗害，重伤被俘。日军百般威胁利诱，赵尚志宁死不屈，痛斥敌人，誓死不降，因伤势过重，赵尚志在被俘8小时后壮烈牺牲，年仅34岁。在生命的最后一个凌晨，他依然在白山黑水间战斗到最后一刻①。

（四）狼牙山五壮士

狼牙山五壮士，八路军晋察冀军区第1军分区1团7连6班，为在河北省保定市易县狼牙山战斗中英勇抗击日军和伪满洲国军的八路军的5位英雄，他们是马宝玉、葛振林、宋学义、胡德林、胡福才，他们用生命和鲜血谱写出一首气吞山河的壮丽诗篇。

1941年9月23日，为让隐蔽在狼牙山区的游击支队、机关干部和群众秘密转移出去，跳出日军的重兵包围，八路军部署一团7连佯装主力部队以掩护真正的主力部队撤离。9月25日凌晨，7连完成掩护机关、主力和群众突围任务，部署6班掩护7连撤退。

为完成掩护任务，5名战士在战斗中临危不惧，英勇阻击，子弹打光后，用石块还击，面对步步逼近的敌人，他们宁死不屈，毁掉枪支，高喊着"我们是光荣的八路军，八路军是誓死不当俘虏的"口号，义无反顾地纵身跳下数十丈深的悬崖。马宝玉、胡德林、胡福才壮烈殉国；葛振林、宋学义被山腰的树枝挂住，幸免于难；5位战士的壮举，表现出崇高的爱国主义、革命英雄主义精神和坚贞不屈的民族气节，被人民群众誉为"狼牙山五壮士"。狼牙山五壮士的坚毅悲壮，成为抗战英雄在人们心中的永恒定格。

（五）百团大战

抗日战争初期，八路军和新四军在敌后开展游击战争，收复了大片失地，建立起晋察冀、晋绥、晋冀鲁豫、华中、华南等一系列敌后抗日根据地。八路军、新四军的积极抗战，以及欧洲战局的急剧逆转，引起了日寇的极大恐慌，促使日本更加急切地征服中国。日本随即加强了对中国的军事、政治和外交攻

---

① 习近平讲党史故事编写组：《习近平讲党史故事》，北京：人民出版社2021年版，第93-100页。

势，日寇在解放区周围建立了许多碉堡，封锁、分割各解放区，对解放区实行"囚笼政策"。

为了砸碎敌人的"囚笼"，1940 年 8 月 20 日至 12 月初，八路军总部在华北发动了一次大规模的对日军的进攻，陆续参战的部队达到 100 多个团，约 20 余万人，被称为百团大战。此次八路军的大规模攻势，覆盖了整个华北地区的主要交通线。8 月 20 日到 9 月 10 日，是百团大战的第一阶段，八路军拔除了敌人在华北各主要铁路、公路上的无数大小据点，提出"不留一条铁轨，不留一根枕木，不留一座桥梁"的战斗口号，使敌人在华北的交通网完全陷于瘫痪。在战役的第二和第三阶段，八路军继续扫除了交通线两侧和深入革命根据地内部的敌人据点，并粉碎了敌人大规模的报复"扫荡"。12 月 5 日，百团大战以我军取得辉煌胜利而宣告结束。在这次战役中，我军共进行大小战斗 1800 多次，拔除敌人据点约 3000 个，击毙击伤日伪军 2.58 万人，俘虏敌人 1.8 万多人，并且缴获了大量军用物资①。

百团大战是全国抗战以来八路军在华北发动的规模最大、持续时间最长的一次带战略性进攻的战役。它给日军企图分割各抗日根据地军民的"囚笼政策"以沉重打击，巩固了华北抗日根据地，钳制了日军大量兵力，打击了日军的侵略气焰，鼓舞了中国人民的抗战斗志，抑制了国民党内对日妥协的倾向，极大地振奋了全国的抗战信心。

（六）大生产运动

"花篮的花儿香，听我来唱一唱，唱一呀唱。来到了南泥湾，南泥湾好地方，好地呀方……"这首家喻户晓、宛转悠扬的《南泥湾》背后，反映的是当年那场轰轰烈烈的大生产运动，是那艰苦岁月的留声。

全国抗战初期，陕甘宁边区和八路军、新四军的财政开支，相当部分是国民政府颁发的军饷和华侨、国际友人的捐赠。1938 年，外援占边区整个经济收入的 51.6%。但抗战进入相持阶段后，日军作战逐步转向敌后战场，国民党实行消极抗日积极反共的政策，陕甘宁边区和敌后各抗日根据地财政经济上日益困难。

1939 年 2 月 2 日，中共中央在延安召开生产动员大会，毛泽东在会上发出"自己动手"的号召。1941 年，中央再次强调走生产自救的道路。各抗日根据

---

① 党史知识 500 问编写组：《党史知识 500 问（1921—2021）》，北京：人民出版社 2021 年版，第 31 页。

地响应号召，掀起了大规模的生产运动。

大生产运动首先在陕甘宁边区展开。边区政府专门成立生产委员会，制定和采取有效措施，鼓励生产，要求在原有基础上扩大耕地面积，提高粮食产量。1941年3月，三五九旅开赴荒无人烟的南泥湾。部队发扬艰苦奋斗、自力更生精神，勘察开荒地区，学习耕作技术，制作生产工具，开展劳动竞赛，使南泥湾变成了"陕北的好江南"，成为大生产运动的一面旗帜。晋察冀、晋冀鲁豫、晋绥、山东、华中、华南等敌后抗日根据地军民，也一面战斗一面生产，创造了大生产运动和经济建设的多种形式。

大生产运动取得了很大成就。抗日根据地的农业生产和工商业都得到迅速发展，人民生活得到明显改善。许多部队实现了粮食、被服和其他日用品的全部或部分自给，大大减轻了人民负担。大生产运动，为渡过严重困难，巩固根据地抗日民主政权，支持敌后长期战争，争取抗日战争胜利，奠定了物质基础。同时，积累了一些经济建设经验，培养了一批经济工作干部。

三、经典论述

1. 中华苏维埃共和国临时中央政府特正式宣布对日战争，领导全中国工农红军和广大被压迫民众，以民族革命战争，驱逐日本帝国主义出中国，反对一切帝国主义瓜分中国，以求中华民族的彻底解放和独立①。

2. 党的任务就是把红军的活动和全国的工人、农民、学生、小资产阶级、民族资产阶级的一切活动汇合起来，成为一个统一的民族革命战线。

共产党和红军不但在现在充当着抗日民族统一战线的发起人，而且在将来的抗日政府和抗日军队中必然要成为坚强的台柱子②。

3. 抗日战争中，正规战争是主要的，游击战争是辅助的。但由于小国的敌人在我们这个大国中占地甚广，他们兵力不足，在占领区留下很多空虚的地方，也由于共产党领导的军队和广大人民群众的存在，以及战争的长期性等因素，游击战争可以做许多异乎寻常的事情，因此，游击战争在抗日战争中具有重要的战略地位③。

4. 中国共产党人以自己的政治主张、坚定意志、模范行动，支撑起全民族

---

① 中共中央文献研究室：《毛泽东年谱（1893—1949）》，北京：中央文献出版社2013年版，第370页。

② 毛泽东：《论反对日本帝国主义的策略》，北京：人民出版社1951年版，第12-13页。

③ 毛泽东：《毛泽东选集》（第二卷），北京：人民出版社1991年版，第404-405页。

救亡图存的希望，引领着夺取战争胜利的正确方向，成为夺取战争胜利的民族先锋[1]。

5. 中国人民在抗日战争的壮阔进程中孕育出伟大抗战精神，向世界展示了天下兴亡、匹夫有责的爱国情怀，视死如归、宁死不屈的民族气节，不畏强暴、血战到底的英雄气概，百折不挠、坚忍不拔的必胜信念。伟大抗战精神，是中国人民弥足珍贵的精神财富，将永远激励中国人民克服一切艰难险阻、为实现中华民族伟大复兴而奋斗[2]。

四、教学应用

知识点1：第一章　第二节　毛泽东思想的主要内容和活的灵魂：革命军队建设和军事战略的理论。

毛泽东把游击战争提到了战略的地位，认为中国革命战争在长时期内的主要作战形式是游击战和带游击性的运动战。他论述了要随着敌我力量对比的变化和战争发展的进程，正确地实行军事战略的转变。他为革命军队制定了在敌强我弱的形势下实行战略的持久战和战役、战斗上的速决战，把战略上的劣势转变为战役、战斗上的优势，集中优势兵力、各个歼灭敌人等一系列人民战争的战略战术。

这部分内容可以结合抗战精神的科学内涵和典型案例讲述革命军队和军事战略的理论。

知识点2：第一章　第二节　毛泽东思想的主要内容和活的灵魂：思想政治工作和文化工作的理论。

掌握思想教育，是团结全党进行伟大政治斗争的中心环节。毛泽东根据"一定的文化（当作观念形态的文化）是一定社会的政治和经济的反映，又给予伟大影响和作用于一定社会的政治和经济；而经济是基础，政治则是经济的集中的表现"这个基本观点，提出许多具有长远意义的重要思想。例如：关于思想政治工作是经济工作和其他一切工作的生命线；要实行政治和经济的统一、政治和技术的统一、又红又专的方针；关于发展民族的、科学的、大众的文化，实行百花齐放、百家争鸣和古为今用、洋为中用、推陈出新的方针；关于知识

---

[1] 习近平：《在纪念中国人民抗日战争暨世界反法西斯战争胜利69周年座谈会上的讲话》，载《人民日报》，2014年9月3日，第2版。

[2] 习近平：《在纪念中国人民抗日战争暨世界反法西斯战争胜利75周年座谈会上的讲话》，载《人民日报》，2020年9月3日，第2版。

分子在革命和建设中具有重要作用，知识分子要同工农相结合，通过学习马克思列宁主义、学习社会和工作实践，树立无产阶级世界观的思想；等等。他指出，"为什么人的问题是一个根本的问题，原则的问题"，强调要全心全意为人民服务，对革命工作要极端负责，要艰苦奋斗和不怕牺牲。毛泽东关于思想政治文化的许多思想理论观点，至今仍有重要意义。思想政治工作是中国共产党的优良传统，在唤醒发动全民抗战、建立抗日民族统一战线以及在敌后根据地敌后战场构筑基层党组织、凝聚抗战力量等方面发挥了关键作用，成为抗日战争取得最终胜利的重要保障。

这部分内容可以结合抗战精神的典型案例和重要讲话讲述中国共产党在抗战时期的思想政治工作。

知识点3：第二章　第二节　新民主主义革命的总路线和基本纲领：新民主主义革命的总路线。

帝国主义是中国革命的首要对象。近代中国所遭受的最大的压迫是来自帝国主义的民族压迫。帝国主义发动的一系列侵略战争，给中华民族带来了无尽的战乱和灾难，使近代中国由独立的封建社会变成半殖民地半封建的社会。帝国主义是中国社会进步和发展的最大障碍，是近代中国贫困落后和一切灾难祸害的总根源。推翻帝国主义的压迫是中国走向独立和富强的前提。

这部分内容可以结合抗战精神的形成条件和典型案例讲述抗战的原因。

知识点4：第二章　第二节　新民主主义革命的总路线和基本纲领：新民主主义革命的总路线。

新民主主义革命的动力包括无产阶级、农民阶级、城市小资产阶级和民族资产阶级。无产阶级是中国革命最基本的动力。中国无产阶级是新的社会生产力的代表，是近代中国最进步的阶级，是中国革命的领导力量。农民是中国革命的主力军，其中的贫雇农是无产阶级最可靠的同盟军，中农是无产阶级可靠的同盟军。农民问题是中国革命的基本问题，新民主主义革命实质上就是党领导下的农民革命，中国革命战争实质上就是党领导下的农民战争。工人阶级只有与农民阶级结成巩固的联盟，才能形成强大的力量，才能完成反帝反封建的革命任务。城市小资产阶级是无产阶级的可靠同盟者。民族资产阶级也是中国革命的动力之一。

这部分内容可以结合抗战精神的科学内涵和典型案例具体讲述抗战的革命动力问题。

知识点5：第二章　第三节　新民主主义革命的道路和基本经验：新民主主

义革命的三大法宝。

毛泽东在《〈共产党人〉发刊词》一文中，总结了中国革命两次胜利和两次失败的经验教训，揭示了中国革命发展的客观规律，把统一战线、武装斗争、党的建设比作党在中国革命中战胜敌人的三个主要的法宝。正确地理解了这三个问题及其相互关系，就等于正确地领导了全部中国革命。

统一战线是无产阶级政党策略思想的重要内容。建立最广泛的统一战线，首先是由中国半殖民地半封建社会的阶级状况所决定的。"中国社会是一个两头小中间大的社会，无产阶级和地主大资产阶级都只占少数，最广大的人民是农民、城市小资产阶级以及其他的中间阶级。"作为无产阶级先锋队的中国共产党所领导的革命力量，要战胜作为地主阶级和官僚资产阶级集中代表的国民党所领导的强大的反革命力量，就必须把农民、城市小资产阶级以及其他中间阶级都团结在自己的周围，结成最广泛的统一战线。

建立最广泛的统一战线，也是由中国革命的长期性、残酷性及其发展的不平衡性所决定的。中国政治经济发展的不平衡性也造成了革命发展的不平衡性，这就使得无产阶级及其政党有必要采取正确的统一战线的策略，把一切可以团结和利用的力量尽可能团结在自己的周围，以逐步从根本上改变敌强我弱的态势，夺取中国革命的最终胜利。

这部分内容可以结合抗战精神的形成条件和典型案例具体讲述抗日民族统一战线形成的原因。

知识点6：第十二章　第一节　坚持总体国家安全观：国家安全是安邦定国的重要基石。

中国共产党诞生于国家内忧外患、民族危难之际，对国家安全的重要性有着刻骨铭心的认识。国家安全是人民幸福安康的基本要求，是安邦定国的重要基石，维护国家安全是全国各族人民的根本利益所在。贫瘠的土地上长不成和平的大树，连天的烽火中结不出发展的硕果。进入新时代，我国面临复杂多变的安全和发展环境，各种可以预见和难以预见的风险因素明显增多，各方面风险可能不断积累甚至集中显露。国家安全内涵和外延比历史上任何时候都要丰富，时空领域比历史上任何时候都要宽广，内外因素比历史上任何时候都要复杂，维护国家安全的任务更加繁重艰巨。必须审时度势、与时俱进，创新国家安全理念，统揽国家安全全局，坚持总体国家安全观。

这部分内容可以结合抗战精神的科学内涵和典型案例讲述坚持总体国家安全观的重要意义。

第六节　西柏坡精神

一、西柏坡精神概述

（一）西柏坡精神的形成

任何精神形态的出现，都有一定的实践基础与复杂的社会历史条件。西柏坡，河北太行山下的一个普通小山村，却孕育了中国革命转折时期的灿烂辉煌，成为中国革命史上留下壮丽篇章的圣地。西柏坡时期，从 1947 年 5 月刘少奇、朱德率中央工委进驻西柏坡，到 1949 年 3 月党的七届二中全会开完，毛泽东率中共中央和解放军总部离开西柏坡赴北平建国，共 1 年零 10 个月。西柏坡时期，是我们党的工作重心由农村走向城市、由革命战争走向和平建设、从旧中国到新中国的重要转折时期。在这一转折时期，中国共产党人不畏艰难，英勇斗争，打破旧世界，创立新世界，敢于胜利，形成了伟大的西柏坡精神，成为中国共产党的宝贵精神财富。

全国土地会议的召开和第一部《中国土地法大纲》的颁布，瓦解了封建土地制度，使广大农民翻身做主人，积极参加革命斗争。辽沈、淮海、平津三大战役取得伟大胜利，党领导的人民革命战争在全国胜利已成定局。我们党在西柏坡创造了以少胜多、以弱胜强的战争奇迹，彰显了中国共产党人敢于斗争、敢于胜利的鲜明政治品格。随着建立新中国的任务被提上日程，中国共产党面临全面执掌国家政权的执政考验。在党的七届二中全会上，毛泽东提出了"两个务必"的思想，特别提出要加强拒腐防变的思想建设和制度建设。根据毛泽东的提议，党的七届二中全会作出了"不做寿、不送礼、少敬酒、少拍掌、不以人名作地名、不要把中国同志同马恩列斯平列"的六条规定。中央在西柏坡还颁布了《关于健全党委制》《党委会的工作方法》等一系列制度，提出"加强纪律性，革命无不胜"的口号，重新颁布《三大纪律八项注意》，加强党的作风建设和纪律建设。

因此，新民主主义革命即将彻底胜利带来的转折变化、即将开始新国家建设的新任务以及中国共产党即将全面执掌国家政权所带来的挑战与要求，构成了西柏坡精神形成的历史条件和实践基础。

（二）西柏坡精神的科学内涵

西柏坡精神的科学内涵可以概括为"两个敢于"的斗争精神、"两个一切"的人民至上精神、"两个善于"的创新精神、"两个务必"的赶考精神。其中，"两个务必"是西柏坡精神的核心。

1. "两个敢于"（敢于斗争、敢于胜利）的斗争精神

"敢于斗争、敢于胜利"是西柏坡精神的重要内涵。它贯穿于西柏坡时期中国共产党和中国人民解放军同蒋介石国民党军队军事较量的全过程，是取得最终胜利的强大精神保障。为了推翻专制、独裁的国民党反动政权，建立独立、自由、民主的新中国，人民解放军在中国共产党的领导下，不畏强敌，英勇斗争，为人民解放事业创立了不朽功勋。"敢于斗争、敢于胜利"集中揭示了中国共产党和中国人民解放军打败国民党反动派、建立新政权的信心和勇气。为了揭示美帝国主义和蒋介石虚弱的本质，鼓舞军民斗志，树立必胜的信念，毛泽东提出了"一切反动派都是纸老虎"的著名论断。毛泽东说："原子弹是美国反动派用来吓人的一只纸老虎，看样子可怕，实际上并不可怕。"[①] 毛泽东十大军事原则中，其中第六条提出了要"发扬勇敢战斗、不怕牺牲、不怕疲劳和连续作战的作风"。在三大战役的决战中，我党我军敢于藐视强敌，不惧对手，积极应战，敢于打从来没有打过的正规战、攻坚战，敢于进攻大城市，发扬了彻底的革命精神和斗争精神，取得了解放战争的决定性胜利。

"宜将剩勇追穷寇，不可沽名学霸王。天若有情天亦老，人间正道是沧桑。"毛泽东的这几句诗简明透彻地揭示了西柏坡精神"两个敢于"的斗争精神要点，不但要彻底推翻蒋介石腐朽的旧政权，更重要的在于建立一个崭新的新中国。面对"划江而治"的声音和蒋介石假和谈的阴谋，毛泽东为新华社撰写了题为《将革命进行到底》的新年献词，号召全党、全军、全国人民坚决彻底地消灭一切反动势力，推翻国民党的反动统治，建立人民民主专政的共和国，绝不能使革命半途而废。"中国人民将要在伟大的解放战争中获得最后胜利。""几千年以来的封建压迫，一百年以来的帝国主义压迫，将在我们的奋斗中彻底地推翻掉。"[②] "狭路相逢勇者胜""两个敢于"的斗争精神是我党我军克敌制胜的可靠法宝，也与党的性质宗旨紧密贯通。敢于斗争、敢于胜利，实质上是敢于对人

---

① 毛泽东：《毛泽东选集》（第四卷），北京：人民出版社1991年版，第1195页。
② 毛泽东：《毛泽东选集》（第四卷），北京：人民出版社1991年版，第1248页、第1372、1380页。

民负责，维护人民群众的利益，是共产党践行初心、担当使命的体现。

"敢于斗争，敢于胜利"的斗争精神还是对党和军队优良传统的继承，传承了井冈山精神、长征精神、延安精神的精神要素，是井冈山精神、长征精神、延安精神的在特定历史时期的继承，并得以丰富和升华，发挥了鼓舞人心的巨大作用。

2. "两个一切"（一切为了人民、一切依靠人民）的人民至上精神

"一切为了人民，一切依靠人民"是西柏坡精神的根本内涵，也是中国共产党人奋斗的出发点和归宿。坚持以人民为中心，是中国共产党鲜明的政治立场。中国共产党始终坚持以人民为中心，全心全意为人民服务，做维护人民利益的公仆和人民的勤务员。

西柏坡时期人民群众利益最现实的问题，是解决占当时中国人口绝大多数的农民的土地问题，土地问题集中体现农民利益问题。中国革命的基本问题是农民问题，农民是中国革命的主力军。在中国共产党的领导下，土地改革运动、整党运动等以人民为中心的实践深入开展，让广大人民群众明白了"支持共产党就等于支持自己"的道理，坚定了跟党走的信心。广大人民群众长期遭受地主阶级的残酷压迫和剥削，他们能够迸发出难以估量的革命热情，给予党和人民军队积极支持和热情帮助，因此出现了很多"父送子，妻送郎，母亲送儿打老蒋，兄弟携手上前方"的故事，党群关系、干群关系更加密切。

"两个一切"的人民至上精神也揭示了中国革命取得胜利的根本原因即得民心，为人民。"一切为了人民"与"一切依靠人民"相辅相成，既是中国共产党的价值取向，也是党的力量源泉，是党的群众观点和群众路线的集中体现。

3. "两个善于"（善于破坏旧世界、善于建设新世界）的创新精神

"善于破坏旧世界、善于建设新世界"是西柏坡精神的重要特征，也是中国共产党西柏坡时期的根本使命。中国革命的整个过程，就是为了打碎压迫、剥削人民的旧世界，建设人民民主、自由的新世界。但是在大革命时期、土地革命战争时期以及抗日战争时期，中国共产党的主要任务还是在于打破旧世界，探索革命道路，发展革命力量。西柏坡时期是中国新民主主义道路和社会主义道路的历史交汇期和重要转折期，是中国共产党"破坏旧世界"的终点，也是"建设新世界"的起点，开创了新的光明前途，为新国家和新社会的建立奠定基础。

西柏坡时期，中国共产党面临的破旧立新的任务十分艰巨复杂。一方面革命的任务尚未完成，需要将革命进行到底，彻底推翻国民党的反动统治，建立

无产阶级领导的以工农联盟为基础的人民民主专政的国家政权。另一方面，要探索新国家的构建与建设，筹划由新民主主义社会向社会主义社会的过渡，制定正确的路线和政治、经济、文化、外交等各项基本政策，恢复和发展国民经济。同时还要面临转向全面执政后所带来的执政考验，警惕腐化变质的风险。

推翻旧世界，关键是找到一条适合中国国情的革命道路，这是善于破坏旧世界、建立新世界的根本之点。中国共产党坚持以马克思主义真理为指导思想，以实现共产主义为最高理想，破解了"中国向何处去"这一事关前途和命运的课题，探索出先建立新民主主义国家，再过渡到社会主义的光明前途。西柏坡时期，在革命与建设的历史交汇期，中国共产党人充分发扬了"善于破坏一个旧世界、善于建设一个新世界"的革命精神和创新精神。"两个善于"体现了中国共产党人在破坏旧世界中探索建设一个新世界的精神、智慧和能力。

4. "两个务必"（务必谦虚谨慎、不骄不躁，务必艰苦奋斗）的赶考精神

1949 年，在新民主主义革命即将取得全面胜利、新中国政权将建立之际，如何承担带领全国人民建设新国家的使命，在新的"赶考"路上，能否取得好成绩，能否跳出始兴终亡的历史周期率，是一个关乎党的前途和命运，关乎新中国生死攸关的历史课题，更是亟待解决的问题。面对这个重大历史转折与全面执政的客观要求，党中央和毛泽东同志深刻认识到，必须使全党同志在胜利面前保持清醒头脑，在夺取全国政权后经受住全面执政的严峻考验，防止出现骄傲自满、以功臣自居、贪图享乐、脱离群众而导致人亡政息的危险。党的七届二中全会上，毛泽东告诫全党："务必使同志们继续地保持谦虚、谨慎、不骄、不躁的作风，务必使同志们继续地保持艰苦奋斗的作风。"[①] 从而增强党员干部在胜利之后对"糖衣炮弹"的抵抗力，加强思想建设和作风建设。会后不久，1949 年 3 月 23 日，党中央从西柏坡动身前往北京。毛泽东说，"今天是进京赶考的日子"，提出"我们决不做李自成"。毛泽东要求全党学习郭沫若写的《甲申三百年祭》，要"以史为鉴，力戒骄傲"，不要重犯明末农民起义领袖李自成的错误。

毛泽东提出的"两个务必"，集中回答了共产党人如何正确对待胜利和执政的考验，如何防骄戒奢、居安思危；如何始终保持与人民群众血肉联系；如何巩固新生政权，保持长治久安的重大问题。"两个务必"的赶考精神蕴含着以史为鉴、居安思危、奋斗进取的清醒认识和高度自觉。作风建设永远在路上。加

---

① 毛泽东：《毛泽东选集》（第四卷），北京：人民出版社 1991 年版，第 1438-1439 页。

强党的自身建设，坚持谦虚谨慎、不骄不躁的"赶考"作风是走出历史周期律，增强党的生命力、战斗力，保持党的先进性和纯洁性的重要法宝。

（二）西柏坡精神的重要价值

西柏坡精神从诞生起距今已经70多年了，并没有因为年代久远而黯淡，反而穿越历史的长河，散发出更加夺目的时代光芒指引我们前行，成为中国共产党的宝贵精神财富，也成为新时代我们党不忘初心、牢记使命，团结带领全国各族人民，开启全面建设社会主义现代化强国新征程的强大精神动力。

1. 西柏坡精神是新时代把握伟大斗争的重要精神动力

时至今日，我们已经实现了第一个百年奋斗目标，正在朝着全面建成社会主义现代化强国的第二个百年奋斗目标迈进。伟大梦想和伟大事业的推进从来都不是轻轻松松、敲锣打鼓就能实现的，"必须进行具有许多新的历史特点的伟大斗争，必须准备付出更为艰巨、更为艰苦的努力，必须高度重视和切实防范化解各种重大风险"①。这需要我们把握斗争精神，敢于斗争，不怕困难；也需要我们把握斗争的规律和特点，掌握斗争本领。

当前，世界正经历百年未有之大变局，我国正处于实现中华民族伟大复兴的关键时期。西柏坡精神将指引我们统筹中华民族伟大复兴战略全局和世界百年未有之大变局这两个大局的规律性和互动性。保持斗争精神，激发斗争智慧，在危机中育先机、于变局中开新局，向第二个百年奋斗目标大步前进。

2. 西柏坡精神是推进全面从严治党、坚持自我革命的重要法宝

西柏坡精神充满着一种昂扬向上、锐意进取、敢于斗争的精神状态，是推进全面从严治党、坚持自我革命、加强党的建设的重要法宝。西柏坡精神的弘扬与继承，将对党员产生启迪心灵的感召、引领、示范和激励作用，为全面从严治党、加强党的自身建设营造厚重的文化氛围，提供强大的精神支撑。

在改革开放的新时期，中国共产党人始终践行"两个务必"，自觉发扬党的优良传统和作风。邓小平多次提醒全党，在新的考验面前，一定要"考试合格"，号召全党同志继承和发扬谦虚谨慎、艰苦奋斗的优良传统和作风。他指出："坚持这个传统，才能抗住腐败现象。所以要加强对人民进行思想政治工作，提倡艰苦奋斗。这是中国从几十年的建设中得出的经验。"江泽民提出，要将坚持"两个务必"同建设中国特色社会主义紧密联系起来，强调要结合新的

---

① 习近平：《习近平谈治国理政》（第四卷），北京：外文出版社2022年版，第81页。

实际在全体党员干部中广泛开展坚持"两个务必"教育，并使思想教育与制度约束有机结合起来。胡锦涛明确指出："我们一定要牢记毛泽东同志所倡导的'两个务必'，首先要从我们自身做起，从每一位领导干部做起。"新时代，习近平总书记结合时代要求，对"两个务必"作了深刻的揭示，要求全党严格牢记"两个务必"，保持执政本色。

事业无止境，"赶考"无穷期。"两个务必"的"赶考"精神是我们党破解执政风险的锐利武器，是我们党战胜一切艰难险阻的内在动力。只要全党自觉坚持和践行"两个务必"，就能使全党保持居安思危的清醒意识，不断提高预见风险和应对风险挑战的能力，使我们党不断增强自我净化、自我完善、自我革新、自我提高的能力，推进自我革命，保持党的先进性和纯洁性，向党和人民交出满意答卷。

3. 西柏坡精神是培养和践行社会主义核心价值观的重要资源

习近平总书记在江苏调研时强调，"坚持和发扬党的光荣传统和优良作风，能够为培育和践行社会主义核心价值观提供丰厚营养，使社会主义核心价值观教育更加具有震撼人心、塑造灵魂的作用"。西柏坡精神所蕴含的精神要素，无论是在革命年代，还是在当下都具有重要的教育引导和精神鼓舞作用。同时，这些精神要素与社会主义核心价值观具有内在的相通性，是培育和践行社会主义核心价值观的重要资源。用这种精神来搞经济，就会有干劲、有士气；用这种精神来教育干部，有利于避免享乐奢靡之风；用这种精神来教育青年，能养成勤俭节约、奋发向上、攻坚克难的好习惯。

二、典型案例

（一）塔山阻击战

塔山阻击战是解放战争时期中国人民解放军在辽宁省塔山地区阻击国民党军队的一次重要作战。辽沈战役中的塔山阻击战与黑山阻击战以及淮海战役中的徐东阻击战，并称为解放战争"三大战役"中的"三大阻击战"。辽沈战役中，蒋介石以11个师组成东进兵团驰援锦州。解放军东北野战军以2个纵队又2个独立师在塔山（今属辽宁省葫芦岛市）地区阻击。1948年10月10日—15日，东北野战军第四纵队在司令员吴克华、政治委员莫文骅的指挥下，连续打退东进兵团在海空军配合下的多次进攻，歼其6000余人，在友邻部队协同下完成阻击任务，保障了我军主力攻克锦州作战的胜利。

此次国民党军进攻塔山，在蒋介石严令之下，各军、师长均能奋不顾身，亲临最前线指挥，海空军也频频出动配合，这在国民党军战史上是不多见的。然而，在人民解放军的顽强阻击下，始终不能越雷池一步，塔山阵地岿然不动。第四纵队在六昼夜的阻击作战中，给予国民党军队沉重打击，有力保障了攻锦作战的胜利。林彪、罗荣桓评价塔山阻击战是"模范的英勇顽强的防御战"，"对我当时攻击锦州，取得调整部署与攻击准备时间，起了决定的作用"。战后，第四纵队第三十四团荣获"塔山英雄团"称号，第三十六团荣获"白台山英雄团"称号，第二十八团荣获"守备英雄团"称号，纵队炮兵团荣获"威震敌胆团"称号。

（二）《中国土地法大纲》

以刘少奇、朱德为首的中央工委，到达西柏坡后不久，迅速筹备了全国土地会议。1947 年 7 月 17 日，西柏坡村外的一个打麦场上，由中央工委和刘少奇、朱德主持的全国土地会议正式召开。会议开了两个月时间，研究了土地改革的形势和任务，通过了具有历史意义的《中国土地法大纲》。大纲的核心，就是消灭封建土地剥削制度，彻底废除一切地主的土地所有权，平均分配一切土地和财产，实行"耕者有其田"的土地制度。

此后，《中国土地法大纲》成为土地改革的纲领性文件。一场轰轰烈烈的土地改革运动在中国农村迅速广泛地开展起来。土地改革废除了封建土地制度，促进了社会生产力的解放与发展，使广大农民群众分得了土地，获得了安身立命的根本基础，凝聚起千百万农民翻身做主人的革命力量。农民的革命热情被激发出来，纷纷积极参加人民解放军。解放区大地上形成了参军参战、全民支前的高涨热潮，为解放战争的胜利奠定了物质基础，密切了党群关系、军民关系。

（三）"六条规定"

1949 年 3 月 5 日至 13 日，七届二中全会在西柏坡召开。为了保持党的优良作风，防止滋生享乐主义、功臣特殊思想等不正之风，会议根据毛泽东的提议作出了六条规定："一不给党的领导者祝寿；二不送礼；三少敬酒；四少拍掌；五不用党的领导者的名字作地名、街名和企业的名字；六不要把中国同志和马、恩、列、斯平列。"这六条带有制度性质的规定成为加强党的作风建设，预防执政党腐败的有效措施。

建党百年来，中国共产党的规矩意识越来越强烈，制度建设也在不断完善，从西柏坡时期的"六条规定"到今天的"八项规定"，既是我们党坚持自我革命，加强党的建设的重要经验，也是党的优良传统，有力推动了党的作风建设和纪律建设。

（四）"赶考"精神

所谓赶考，历史上是指参加科举考试。对于中国共产党而言，"进京赶考"特指从西柏坡走向全国的执政之考。1944年3月19日，恰逢明末农民起义领袖李自成攻入北京300周年的日子，郭沫若撰写的《甲申三百年祭》一文首次在《新华日报》上发表。该文用翔实的史料揭示了朱明王朝必然灭亡和李自成起义军兴衰的根本原因，深刻总结了这支起义队伍最终失败的沉痛教训。文章一经发表，便引起毛泽东的关注。他指示《解放日报》全文转载，并谆谆告诫全党："引为鉴戒，不要重犯胜利时骄傲的错误。"并将这篇文章印成小册子，作为延安整风的重要文件，发给党内干部学习，要求党的干部尤其是高级干部不要以功臣自居，滋长功臣特殊思想，以免重蹈李自成的覆辙。毛泽东坚信共产党"决不做李自成"，一定要"考个好成绩"。

三、经典论述

1. 西柏坡我来过多次，每次都怀着崇敬之心来，带着许多思考走。我们这一代人，出生在新中国成立后不久，是在红旗下长大的，对党、对国家、对人民感情很深，对我们党的光荣历史和优良作风印象很深。每到井冈山、延安、西柏坡等革命圣地，都是一次精神上、思想上的洗礼。每来一次，都能受到一次党的性质和宗旨的生动教育，就更加坚定了我们的公仆意识和为民情怀①。

2. 毛泽东同志当年提出"两个务必"，确实是高瞻远瞩啊！当时，我们党领导人民经过28年浴血奋战，即将完成以农村包围城市、最后夺取全国胜利的历史任务，掌握全国政权、建立新中国的历史使命摆在了党的面前。面对这个重大历史转折，党中央和毛泽东同志深刻认识到，必须使全党同志在胜利面前保持清醒头脑，在夺取全国政权后经受住执政考验，防止出现骄傲自满、贪图享乐、脱离群众而导致人亡政息的危险。对毛泽东同志提出"两个务必"的深邃思想和战略考虑，我们要不断学习领会。我们要不断向全党严肃郑重地提出

---

① 习近平：《用好红色资源传承好红色基因　把红色江山世世代代传下去》，http：//www．xin-huanet．com//2021-05/15/c_ 112449609．htm（访问时间：2021年5月15日）。

这个问题，始终做到谦虚谨慎、艰苦奋斗，使我们的党永远不变质、我们的红色江山永远不变色。

3. 团结就是力量，这力量是铁，这力量是钢。中国共产党百年史是一部团结带领人民为美好生活共同奋斗的历史，西柏坡的干部群众对此体会更深①。

4. 在一百年的非凡奋斗历程中，一代又一代中国共产党人顽强拼搏、不懈奋斗，涌现了一大批视死如归的革命烈士、一大批顽强奋斗的英雄人物、一大批忘我奉献的先进模范，形成了井冈山精神、长征精神、遵义会议精神、延安精神、西柏坡精神、红岩精神、抗美援朝精神、"两弹一星"精神、特区精神、抗洪精神、抗震救灾精神等伟大精神，构筑起了中国共产党人精神谱系。我们党之所以历经百年而风华正茂、饱经磨难而生生不息，就是凭着那么一股革命加拼命的强大精神②。

四、教学应用

知识点 1：第一章 第二节 毛泽东思想的主要内容和活的灵魂：毛泽东思想活的灵魂——群众路线。

"群众路线"就是一切为了群众，一切依靠群众，从群众中来到群众中去，把党的正确主张变为群众的自觉行动。群众路线本质上是马克思主义关于人民群众创造历史的原理在党的领导工作中的运用。坚持群众路线，就要坚持人民是推动历史发展的根本力量。坚持群众路线就是要坚持全心全意为人民服务的根本宗旨。全心全意为人民服务，是我们党一切行动的根本出发点和落脚点，是我们党区别其他一切政党的根本标志。坚持群众路线，就要保持党同人民群众的血肉联系。党风问题、党同人民群众的联系问题关系党的生死存亡。这一部分内容可以结合西柏坡精神"一切为了人民、一切依靠人民"的"两个一切"内涵加以讲述，运用经典案例，展现中国共产党全心全意为人民服务的性质和宗旨。

知识点 2：第一章 第二节 毛泽东思想的主要内容和活的灵魂：毛泽东思想的主要内容——革命军队建设和军事战略理论、政策和策略理论、党的建设理论。

毛泽东系统解决了如何把以农民为主要成分的革命军队建设成为一支无产

---

① 习近平：《习近平给河北省平山县西柏坡镇北庄村全体党员的回信》，载《新华网》，2021 年 2 月 8 日。

② 习近平：《习近平谈治国理政》（第四卷），北京：外文出版社 2022 年版，第 514 页。

阶级性质的、具有严格纪律的、同人民群众保持亲密联系的新型人民军队的问题。他规定了党对军队绝对领导的原则；解决了应该实行什么样的战略战术的重大问题；提出必须加强国防，建设现代化革命武装力量和发展现代化国防技术的重要指导思想。这一部分内容可以结合西柏坡精神"敢于斗争，敢于胜利"的"两个敢于"内涵加以讲述，运用经典战役案例，展现人民军队英勇斗争，不怕牺牲的精神意志和灵活强干的作战能力。

毛泽东精辟地论证了革命斗争中政策和策略问题的极端重要性，指出政策和策略是党的生命。他在总结实践经验的基础上，提出了许多重要的政策和策略思想。例如：战略上要藐视敌人，战术上要重视敌人；要掌握斗争的主要方向，不要四面出击；对敌人要区别对待、分化瓦解，实行利用矛盾、争取多数、反对少数、各个击破的策略等。这一部分内容也可以结合西柏坡精神"敢于斗争，敢于胜利"的"两个敢于"内涵加以讲述，运用经典战役案例，展现中国共产党领导军队、指挥武装斗争的策略能力和经验智慧。

毛泽东特别注重从思想上建党，提出党员不但要在组织上入党，而且要在思想上入党，经常注意以无产阶级思想改造和克服各种非无产阶级思想。毛泽东概括了中国共产党的三大优良作风，提出了"惩前毖后、治病救人"的正确方针，创造了全党通过批评与自我批评进行马克思列宁主义思想教育的整风形式。中华人民共和国成立前后，他又提出"两个务必"；要求全党警惕资产阶级思想的侵蚀，反对脱离群众的官僚主义。这一部分内容可以结合西柏坡精神"两个务必"的内涵加以讲述，体现中国共产党自警自励的优良传统与执政经验。

知识点3：第二章 第三节 新民主主义革命的道路和基本经验：新民主主义革命的基本经验——武装斗争、党的建设。

武装斗争是中国革命的特点和优点之一。必须建立一支中国共产党领导的，与广大人民群众血肉相连的新型人民军队，通过长期的人民战争战胜强大的敌人。要坚持党对军队的绝对领导，建设全心全意为人民服务的人民军队，坚持正确的战略战术原则。这一部分内容可以结合西柏坡精神"敢于斗争，敢于胜利"的"两个敢于"内涵加以讲述，运用经典战役案例，展现中国共产党领导军队、指挥武装斗争的策略能力和经验智慧。

中国共产党领导革命取得胜利，必须不断加强党的思想建设、组织建设和作风建设。这一部分内容也可以结合西柏坡精神"两个务必"的内涵加以讲述，加强思想建设和作风建设。

知识点 4：第六章 第二节 "三个代表"重要思想的核心观点和主要内容："三个代表"重要思想的核心观点——我们党必须始终代表最广大人民的根本利益。

我们党来自人民，植根于人民，服务于人民。党的全部任务和责任，就是为实现人民群众的根本利益而奋斗。我们党始终坚持人民的利益高于一切。党除了最广大人民的利益，没有自己的特殊利益。党的一切工作，必须以最广大人民的根本利益为基准。这一部分内容可以结合西柏坡精神"一切为了人民、一切依靠人民"的"两个一切"内涵加以讲述，运用经典案例，展现中国共产党全心全意为人民服务的性质和宗旨。

知识点 5：第七章 第二节 科学发展观的科学内涵和主要内容：科学发展观的科学内涵——以人为本是科学发展观的核心立场。

以人为本是科学发展观的核心立场，集中体现了马克思主义的基本原理，体现了我们党全心全意为人民服务的根本宗旨和推动经济社会发展的根本目的。以人为本就是以最广大人民的根本利益为本，坚持发展为了人民，发展依靠人民，从人民群众的伟大创造中汲取智慧和力量，坚持发展成果由人民共享，最终实现人的全面发展。这一部分内容可以结合西柏坡精神"一切为了人民、一切依靠人民"的"两个一切"内涵加以讲述，通过继承与发扬，展现中国共产党全心全意为人民服务的性质和宗旨。

知识点 6：第八章 第二节 习近平新时代中国特色社会主义思想的科学体系：习近平新时代中国特色社会主义思想的主要内容——坚持以人民为中心。

新时代我国社会主要矛盾是人民日益增长的美好生活需要和不平衡不充分的发展之间的矛盾。坚持以人民为中心的发展思想，发展全过程人民民主，推动人的全面发展、全体人民共同富裕取得更为明显的进展。这一部分内容可以结合西柏坡精神"一切为了人民、一切依靠人民"的"两个一切"内涵加以讲述，通过继承与发扬，展现中国共产党全心全意为人民服务的性质和宗旨。

知识点 7：第八章 第二节 习近平新时代中国特色社会主义思想的科学体系：习近平新时代中国特色社会主义思想的理论特质。

人民至上是贯穿习近平新时代中国特色社会主义思想的一根红线，人民立场是习近平新时代中国特色社会主义思想的根本立场。这一思想坚持以人民为中心，坚持人民主体地位，把人民对美好生活的向往作为奋斗目标，把党的群众路线贯彻到治国理政全部活动之中，依靠人民创造历史伟业，彰显了全心全意为人民服务的根本宗旨，彰显了立党为公、执政为民的执政理念。这一部分内容可以结合西柏坡精神"一切为了人民、一切依靠人民"的"两个一切"内涵加以讲述，通过初心与使命的坚持，展现中国共产党全心全意为人民服务的性质和宗旨。

敢于斗争、敢于胜利，是中国共产党不可战胜的强大精神力量。党的十八大以来，习近平反复强调，中华民族伟大复兴绝不是轻轻松松、敲锣打鼓就能实现的，实现伟大梦想必须进行伟大斗争；必须安不忘危、存不忘亡、乐不忘忧，时刻保持警醒，不断振奋精神，勇于进行具有许多新的历史特点的伟大斗争；必须深刻认识错综复杂的国际环境带来的新矛盾新挑战，敢于斗争，善于斗争，逢山开道、遇水架桥，勇于战胜一切风险挑战。这一思想蕴含的斗争精神，为党领导人民栉风沐雨、砥砺前行，有效应对重大挑战、抵御重大风险、克服重大阻力、化解重大矛盾、解决重大问题提供了强大动能。这一部分内容也可以结合西柏坡精神"敢于斗争，敢于胜利"的"两个敢于"内涵加以讲述，阐释发扬斗争精神的必要性和重要性。

知识点8：第九章 第一节 实现中华民族伟大复兴的中国梦：奋力实现中国梦。

伟大的梦想，需要伟大的精神作支撑。实现中国梦，要求中华民族不仅在物质上强大起来，而且在精神上也要强大起来。实现中国梦必须弘扬中国精神。中国精神就是以爱国主义为核心的民族精神和以改革创新为核心的时代精神。爱国主义是中华民族的精神基因，维系着华夏大地上各个民族的团结统一，激励着一代又一代中华儿女为祖国发展繁荣而不懈奋斗。改革创新体现了中华民族最深沉的民族禀赋，反映了当代中国发展进步的要求，始终是鞭策我们在改革开放中与时俱进的精神力量。这一部分内容可以结合西柏坡精神的弘扬加以讲述，阐释弘扬西柏坡精神对于实现中国梦的重要意义。

知识点9：第十一章 第四节 全面从严治党：全面从严治党是伟大的自我革命，把全面从严治党引向深入。

打铁必须自身硬。办好中国的事情，关键在党，关键在坚持党要管党、全面从严治党。勇于自我革命，是我们党最鲜明的品格，也是我们党最大的优势。中国共产党作为马克思主义政党，党的性质决定了我们党除了国家、民族、人民的利益，没有任何自己的特殊利益。不谋私利才能谋根本、谋大利，才有资格、有底气敢于直面问题、勇于自我革命。党的建设是一项系统工程，新时代要把全面从严治党引向深入，就必须注重党的各方面建设的系统性整体性协同性，以党的政治建设为统领，持续抓好党的思想建设、组织建设、作风建设、纪律建设，强化制度的根本保障作用，巩固发展反腐败斗争压倒性胜利。这一部分内容也可以结合西柏坡精神"两个务必"的内涵加以讲述，体现中国共产党自警自励、坚持自我革命的历史经验与执政自觉。

第二章　社会主义革命与建设时期

第一节　抗美援朝精神

一、抗美援朝精神概述

（一）抗美援朝精神形成的背景

1950 年 6 月 25 日，朝鲜战争爆发。10 月 8 日，毛泽东在《组成中国人民志愿军的命令》中明确了志愿军入朝作战的目的，并进一步阐述了"抗美援朝，保家卫国"战略决策的基本含义。10 月，中国人民志愿军赴朝作战，拉开了抗美援朝战争的序幕。在抗美援朝战争中，志愿军得到了解放军全军和全国人民的全力支持，得到了以苏联为首的社会主义阵营的配合。1953 年 7 月，双方签订《朝鲜停战协定》，从此抗美援朝胜利结束。10 月 25 日为抗美援朝纪念日。

（二）抗美援朝精神的形成

伟大的抗美援朝精神，是中国共产党人和人民军队崇高风范的生动写照，是中华民族传统美德和民族品格的集中展示，是以爱国主义为核心的民族精神的具体体现。正是抗美援朝精神的感召和鼓舞，我们取得了抗美援朝战争的伟大胜利，向世人展示了中国人民不畏强权、敢于斗争的民族气节。

1. 根源于民族精神。抗美援朝精神源自于我国优秀传统民族精神。中华民族是崇尚精神的民族，在漫漫的历史进程中，中华民族不仅创造出光辉灿烂、享誉世界的中华文明，也塑造出独特的精神气质和精神品格。中华文化强调的

"民惟邦本，本固邦宁"的民本思想；"生于忧患，死于安乐"的危机意识；"天行健，君子以自强不息"的进取态度；"天下兴亡，匹夫有责"的家国情怀，"舍生取义，杀身成仁"的豪迈气概，这都是那些在民族危亡之际英勇献身的仁人志士们的精神支柱和力量之源。中华民族能够在五千多年的历史长河中生生不息、薪火相传，很重要的一个原因，就是拥有伟大的中国精神。中国精神是我们优秀的民族基因，融入我们的民族血脉，流淌在每一个中国人的血液中，培育了一代代优秀儿女，锻造了一批批民族脊梁。

2. 发端于毛泽东等领导人的家国情怀。以毛泽东为核心的第一代领导人，深受中国传统优秀文化的影响，坚持把马克思主义与中国实际相结合，具体问题具体分析。朝鲜战争爆发后，毛泽东也深知新生的中华人民共和国百废待兴、百业待举，生产需要恢复、军队需要休养、人民需要安居、中美双方国力相差悬殊。但是国家领土遭到侵犯、人民生命遭受威胁、国家政权面临颠覆，毛泽东夜不能寐，思虑再三，反复权衡，做出了一生中最艰难的决策。他说：如果我们对朝鲜问题置之不理，美国必然得寸进尺，走日本侵略中国的老路，甚至比日本搞得还凶。它要把三把尖刀插在中国的身上：从朝鲜一把刀插在我国的头上，从台湾一把刀插在我国的腰上，从越南一把刀插在我国的脚下。天下有变，它就从三个方向向我们进攻。那我们就被动了。所以，打得一拳开，免得百拳来。抗美援朝，就是保家卫国。因此，以毛泽东为核心的第一代领导人的家国情怀是抗美援朝精神形成的直接因素。

3. 孕育自国内抗美援朝运动。随着朝鲜战争的爆发，党和政府也很快在国内发动了一场声势浩大的全国人民抗美援朝运动。1950 年 7 月 10 日，"中国人民反对美国侵略台湾朝鲜运动委员会"成立，抗美援朝运动自此开始。1950 年 10 月 26 日，中国人民保卫世界和平反对美国侵略委员会（简称抗美援朝总会）在北京成立，负责领导全国人民的抗美援朝运动。11 月 4 日，中国共产党与各民主党派发表联合宣言，号召全国人民积极行动起来，支援抗美援朝战争。此后，抗美援朝宣传教育运动在全国范围内轰轰烈烈地展开。在"抗美援朝，保家卫国"的号召下，全国掀起参军、参战、支前的热潮。人民群众还广泛开展订立爱国公约的运动。与此同时，全国人民还积极开展捐献飞机大炮，增加生产、厉行节约及爱国丰产等运动，竭尽全力保障前线的物资供给。全国人民还掀起了慰问志愿军的热潮，筹集慰问品、慰问金，写慰问信慰问志愿军，以实际行动投入到前线中去，总之，抗美援朝运动的深入发展，激发了人民群众的爱国热情和工作积极性，促进了经济的发展，有力地支援了中国人民志愿军在战场上的作战，充分展示了中国人民万众一心的顽强品格！为实现朝鲜停战，为中朝人民军队最终取得胜利作出了重要贡献。

4. 形成于抗美援朝战争。抗美援朝战争参战国家之多、交战双方实力悬殊之大、战场环境之恶劣、战争过程之惨烈为世界局部战争史上所罕见。在这样极不对称、极为艰难的情况下，中国人民志愿军同朝鲜军民密切配合，凭借不屈的信念、非凡的勇气、顽强的斗志、高超的谋局、灵活的战术，连续进行 5 次战役，此后又构筑起铜墙铁壁般的纵深防御阵地，实施多次进攻战役，粉碎"绞杀战"、抵御"细菌战"、血战上甘岭，创造了威武雄壮的战争伟业，谱写了气吞山河的英雄壮歌，创造了人类战争史上以弱胜强的光辉典范。这一战，打出了国威军威，震动了世界，提高了新中国的国际形象，为中国人民赢得了自信、自尊和自豪，这一战，拼来了山河无恙、家国安宁，充分展示了中国人民不畏强暴的钢铁意志，锻造了烛照后人的伟大抗美援朝精神。抗美援朝战争的胜利粉碎了侵略者陈兵国门、进而将新中国扼杀在摇篮之中的图谋，抗美援朝战争的胜利彻底扫除了近代以来任人宰割、仰人鼻息的百年耻辱，彻底扔掉了"东亚病夫"的帽子。

（三）抗美援朝精神的科学内涵

抗美援朝精神是英雄的中国人民志愿军用生命书写的壮丽诗篇，也是中华民族万众一心、不畏强权、艰苦奋斗民族精神的彰显，习近平总书记在纪念中国人民志愿军抗美援朝出国作战 70 周年大会上的讲话高度概括了抗美援朝精神的内涵，揭示了抗美援朝的精神实质。

1. 爱国主义精神

爱国主义是中华民族的光荣传统。一部中华民族的发展史，就是一部中华儿女的爱国奋斗史。爱国主义是中华民族精神的根本所在，早已融入我们的血液，沉积于我们的基因中。抗美援朝战争，从出兵到胜利，自始至终高举着爱国主义旗帜，成为凝聚民族力量、创造战争奇迹的力量之源，在"祖国和人民利益高于一切、为了祖国和民族的尊严而奋不顾身的爱国主义精神"感召下，涌现了 30 多万名英雄功臣和近 6000 个功臣集体，铸就了爱国主义的精神丰碑。抗美援朝运动最大限度地把全国人民动员起来，投入到支援前方、恢复经济的伟大爱国运动之中，成为中国人民志愿军入朝作战的坚强后盾。这期间，仅山东省就有 28 万人参军；70 余万东北农民志愿组织骡马车队、担架队和民工队支援前线；从 1951 年 6 月到 1952 年 5 月全国人民共捐献人民币 55650 亿元（旧币），可购买战斗机 3710 架。同时，各行各业加快发展，综合国力迅速提升，为最终取得抗美援朝的全面胜利提供了坚强保障。

2. 革命英雄主义精神

革命英雄主义，就是在斗争中不怕艰难险阻，不怕流血牺牲，英勇战斗，忘我工作的品德。朱德指出：革命的英雄主义，是视革命的利益高于一切，对革命事业有高度的责任心和积极性，以革命之忧为忧，以革命之乐为乐，赤胆忠心，终身为革命事业奋斗，而不是斤斤于做个人打算；为了革命的利益和需要，不仅可以牺牲自己的某些利益，而且可以毫不犹豫地贡献出自己的生命。一部抗美援朝战争史，就是一部志愿军将士用血肉之躯写就的革命英雄主义精神史。英勇顽强、舍生忘死的革命英雄主义精神，是抗美援朝精神品质所在，它以一往无前的精神，指引着志愿兵将士战胜一切敌人、克服一切困难。240 万志愿军将士在朝鲜战场顽强地进行了五大战役，197653 名志愿军战士壮烈牺牲、捐躯异国，涌现了杨根思、黄继光、邱少云、罗盛教等 30 多万名英雄功臣，歼灭敌人 40 余万，谱写了一曲气吞山河的英雄赞歌。抵御了帝国主义侵略扩张，捍卫了新中国安全，保卫了中国人民和平生活，稳定了朝鲜半岛局势，维护了亚洲和世界和平。

3. 革命乐观主义精神

革命乐观主义是一种以苦为乐、无所畏惧、敢打必胜的心理状态和斗争精神。抗美援朝战争，是在交战双方力量极其悬殊条件下进行的一场现代化战争。一方是以发达资本主义美国为首的联合国军，一方是以新生的中华人民共和国为主的中朝部队，当时，中美两国国力相差巨大，军力更是无法相提并论。特别是志愿军是首次在境外作战，地理环境陌生，战斗环境恶劣，后勤保障不足，缺衣少粮；反观联合国军却装备一流、拥有先进的现代化武器、丰盈的物资供给。在这样极不对称、极为艰难的情况下，中国人民志愿军迎难而上，以不畏艰苦、始终保持高昂气势的革命乐观主义精神，冲锋陷阵，同美国为首的联合国军展开了殊死搏斗。1952 年冬的上甘岭战役，"联合国军"调集 6 万兵力，大炮 300 余门，坦克 170 多辆，出动飞机 3000 多架次，向约 3.7 平方公里的上甘岭阵地发起猛攻，在持续 43 天的战斗中，志愿军与"联合国军"反复争夺阵地达 59 次，志愿军共击退"联合国军"900 多次冲锋。最终志愿军守住了阵地，取得了胜利。

4. 革命忠诚精神

革命忠诚精神是一种心有信仰的担当精神、心底无私的奉献精神和矢志不渝的执着精神。革命忠诚精神是抗美援朝精神的底蕴，是支撑起志愿军将士革命英雄主义精神和革命乐观主义精神的深层次因素。正是中国人民志愿军秉承着对党的绝对忠诚，才会有不破楼兰终不还的作战气势，正是中国人民志愿军坚守对革命的绝对忠诚，才会有感天动地的英雄壮举。一个个视死如归的故事，让我们触摸到忠诚最本真的质性；一位位铮铮铁骨的英烈，让我们领悟到忠诚最触动人心的力量。长津湖战役中，一排排志愿军战士俯卧在零下 40 摄氏度的阵地上，手握钢枪、手榴弹，保持着整齐的战斗队形和战斗姿态；上甘岭战役中，志愿军战士一次次打退敌人的冲锋而无畏战场的血腥，守住了阵地，展现了军威。他们身上那种不辱使命的坚定理想信念、献身祖国的赤胆忠心，成为革命忠诚精神的生动写照，镌刻了革命忠诚精神的丰功伟碑，让中国人民志愿军的革命忠诚精神熠熠生辉。

5. 国际主义精神

国际主义是无产阶级在反对剥削制度、争取自身解放斗争中，在政治、经济、道义等方面互相支持，互相援助，坚持国际团结的思想和政治原则。它体现了无产阶级的民族观，是无产阶级处理民族问题的基本原则，也是无产阶级认识和处理各国无产阶级之间、各国无产阶级政党之间以及社会主义国家之间相互关系的行为准则。国际主义精神是抗美援朝精神的有机组成部分。中华民族历来秉持"亲仁善邻"的理念，中朝两国唇齿相依、睦邻友好、守望相助。抗美援朝，既从中国的安全和人民的利益出发，也符合朝鲜人民的民族解放事业，更有利于维护亚洲以及世界的和平。在这场正义之战中，志愿军将士前仆后继、舍生忘死，与朝鲜人民休戚与共、生死相依，用鲜血凝结成了伟大战斗友谊，展现了伟大的国际主义精神，也得到全世界爱好和平的国家和人民、友好组织和友好人士的有力支援、同情和支持。

（四）抗美援朝精神的重要价值

抗美援朝精神是中国人民共同谱写的一篇可歌可泣的壮丽史诗，是中国人民志愿军赤胆忠心的真实写照，是全人类为了正义事业不懈奋斗的光辉典范，不断鼓舞着华夏儿女奋勇向前。伟大抗美援朝精神跨越时空、历久弥新，必须永续传承、世代发扬，让抗美援朝精神在新时代征程中迸发新的力量。

1. 捍卫国家安全、维护民族尊严的精神支柱。抗美援朝战争，抵御了帝国主义侵略扩张，捍卫了新中国安全，维护了亚洲和世界和平。中国人民志愿军向全世界展示了中国军人不怕牺牲、敢于斗争的中国精神，拼来了山河无恙、家国安宁，打出了中国军队的威严，打出了中国人民的精气神，震动了全世界，彰显了新中国的大国地位，让全世界对中国刮目相看。当今世界正在经历百年未有之大变局，世界多极化、经济全球化、社会信息化、文化多样化深入发展，全球治理体系和国际秩序变革加速推进，新兴市场国家和发展中国家快速崛起，国际力量对比更趋均衡，同时不稳定性不确定性更加突出，人类面临许多共同挑战，各种矛盾风险挑战相互交织，中国共产党和中国人民应顺势而为，发扬不畏强敌、敢于奋斗的抗美援朝精神，战胜前进道路上的一切艰难险阻，坚定捍卫国家安全、维护民族尊严。

2. 实现中国梦的力量源泉。抗美援朝战争是新生的中华人民共和国在生产力低下、百废待兴、百业待举、武器装备落后、后勤保障不足、作战环境恶劣的情况下，取得的伟大胜利。历史的车轮进入新时代，我们远离了战火的硝烟，但我们的任务愈加艰巨，前进道路上依旧布满荆棘。实现"第二个百年"奋斗目标和中华民族伟大复兴的中国梦，是全党全国各族人民的共同心愿，是一项光荣而艰巨的事业，需要一代又一代中国人共同为之努力。必须弘扬中国精神，凝聚中国力量，依靠海内外中华儿女的每一份力量。在新时代传承和弘扬伟大的抗美援朝精神，我们必须要紧密团结，同心同德，不畏艰辛，为尽快实现国家富强、民族振兴、人民幸福的伟大愿景提供强有力的保证。

3. 实现强军梦的巨大动力。抗美援朝战争的胜利向世界宣告"西方侵略者几百年来只要在东方一个海岸上架起几尊大炮就可霸占一个国家的时代是一去不复返了"！人民军队在战争中学习战争，愈战愈勇，越打越强，取得了重要军事经验，实现了由单一军种向诸军兵种合成军队转变，极大促进了国防和军队现代化。在这场实力悬殊的战争中，中国人民志愿军所体现出的"一不怕苦、二不怕死"、不畏强权、勇于斗争的豪迈精神，为了祖国和人民利益高于一切、为了祖国和民族的尊严而奋不顾身的爱国主义精神，为了人类和平与正义事业而奋斗的国际主义精神等等，依然是新时代建设世界一流军队，实现新时代的强军目标，加强国防和军队现代化，实现强军梦的力量源泉。

4. 促进世界和平与发展的重大推力。抗美援朝战争打败了武装到牙齿的对手，打破了美国不可战胜的神话，提升了中国军队的威望和中国的国际地位。抗美援朝战争伟大胜利，是中国人民站起来后屹立于世界东方的宣言书，是中华民族走向伟大复兴的重要里程碑。当前，虽然和平与发展依然是世界的主题，但国际形势仍存在很多不稳定性、不确定性因素，形势更趋复杂严峻，大国博弈更趋复杂，竞合关系持续深化，国际安全形势日趋严峻，传统安全风险更加凸显。一些西方国家固守冷战思维，热衷于在国际社会制造矛盾和分歧，挑起军事对抗，传统安全压力和风险逐步上升。美国仍是威胁全球和平与地区安全的最大不稳定因素，美国霸权主义和强权政治愈加突出，在国际安全领域大搞对立对抗，美国的霸权行径严重破坏了全球安全体系，也加剧了大国安全竞争，维护世界和平与人类进步任重而道远。伟大的抗美援朝战争体现的国际主义精神，激励着世界各国人民加强国际合作，超越地区与民族的狭隘性，齐心协力，共同维护人类和平与正义事业。

二、典型案例

（一）杨根思

杨根思（1922—1950），男，汉族，江苏泰兴人，中共党员。1944 年入伍，生前系中国人民志愿军第 20 军 58 师 172 团 3 连连长。新中国第一位特等功臣和特级战斗英雄。

1950 年 10 月，杨根思参加中国人民志愿军随部队赴朝作战。11 月 25 日，中朝军队发起了第二次战役，志愿军第 9 兵团在朝鲜战场东线担任作战任务，发起对进至长津湖地区的美海军陆战第 1 师、步兵第 7 师的分割围歼战。11 月 28 日，杨根思奉命率本连第 3 排战士执行攻占并坚守咸镜南道长津郡下碣隅里外围 1031 高地东南——小高岭阵地的任务。11 月 29 日，战斗持续一天一夜，杨根思率领全排接连击退美军 8 次进攻，当美军第 9 次发起进攻时，杨根思毅然抱起仅有的 1 包炸药，拉燃导火索，冲向密集的敌群。随着震天动地的巨响，他与四十多个敌人同归于尽，年仅 28 岁。战后，朝鲜民主主义人民共和国授予杨根思英雄称号和金星奖章、一级国旗勋章。1951 年 5 月 9 日，中国人民志愿军总部给杨根思同志追记特等功，授予他"特级英雄"称号，1951 年 12 月 11 日命名其生前所在连为"杨根思连"。

（二）罗盛教

罗盛教（1931—1952），男，汉族，湖南省新化县人，中共党员。1949 年入伍，生前系中国人民志愿军第 47 军 141 师侦察队文书。

罗盛教随部队参加抗美援朝作战。1952 年 1 月 2 日，朝鲜北部成川都石田里村少年崔莹在冰河上滑冰时，不慎压碎冰块跌进 3 米深的冰窟里。正在冰河上练习投弹的罗盛教听到求救声后，边跑边脱下棉衣，跳进冰窟实施救助，反复几次将崔莹推出水面，因冰层太薄都失败了，最后他潜入水下，使尽全身力气用头成功将崔莹顶出水面，救出崔莹，但自己却因体力耗尽壮烈牺牲，年仅21岁。1952年，他被中国人民志愿军政治部追记特等功，并被授予"一级爱民模范"荣誉称号。朝鲜民主主义人民共和国授予他一级国旗勋章和一级战士荣誉勋章。朝鲜人民军最高司令官金日成将军亲自为罗盛教烈士纪念碑题词："罗盛教烈士的国际主义精神与朝鲜人民永远共存。"

（三）邱少云

邱少云（1926—1952），男，汉族，四川省铜梁区人，中共党员。1949年入伍，生前系中国人民志愿军第15军87团9连战士。

1952年10月中旬，在抗美援朝一次战斗中，邱少云所在营奉命担负潜伏任务。执行任务中，邱少云在距敌前沿阵地60多米的草丛中潜伏时，敌人突然向潜伏区逼近，为了掩护潜伏部队，指挥所命令炮兵对敌进行打击。敌人遭到打击后出动飞机侦察，并盲目发射侦察燃烧弹，一颗燃烧弹正好落在邱少云身边，飞溅的火星溅落在他的左腿上，烧着了他的棉衣、头发和皮肉。他身旁就是水沟，只要往水沟里一滚，就可以把火扑灭。但为了不暴露潜伏部队，他严守纪律，咬紧牙关，双手深深插进泥土中，以惊人的毅力忍受着剧痛，一声不吭、一动不动，直至壮烈牺牲，年仅26岁。上级党委追认他为中国共产党党员。他被中国人民志愿军总部授予"一级英雄"荣誉称号，并追记特等功一次。朝鲜民主主义人民共和国追授他英雄称号和金星奖章、一级国旗勋章。

（四）黄继光

黄继光（1931—1952），四川省中江县人，中国人民志愿军第15军45师135团2营通讯员。

1951年3月参加中国人民志愿军。在上甘岭战役中，黄继光所在营与美军激战4昼夜后，于1952年10月19日晚夜奉命夺取上甘岭西侧597.9高地。志愿军受阻于零号阵地，如不能迅速消灭这个火力点，夺取零号主峰阵地，将贻误整个战机。关键时刻，黄继光挺身而出，担任爆破任务，黄继光带领战友冲了上去，连续摧毁敌人几个火力点。黄继光也多处负伤，昏迷过去，但在部队发起冲锋时，美军火力点内残存的机枪又响起来，向志愿军冲锋部队疯狂扫射，部队攻击再次受阻。枪声中黄继光醒过来，但他没有弹药，便忍着重伤剧痛，艰难地爬到地堡射孔，毅然跃身而起，张开双臂，向火力点直扑上去，用胸膛堵住美军正在扫射的枪口，以自己年轻的生命，为部队冲锋扫清了道路而壮烈牺牲。在黄继光英勇精神鼓舞下，部队迅速攻占了上甘岭高地，全歼守卫的美军两个营约 1200 多人。中国人民志愿军给他追记特等功，追授"特级英雄"称号；所在部队追认他为中国共产党党员；朝鲜民主主义人民共和国追授他"朝鲜民主主义人民共和国英雄"称号、金星奖章和一级国旗勋章。

（五）长津湖战役

1950 年以美军为首的联合国军疯狂北犯，11 月底进到长津湖一带，志愿军第九兵团冒着零下 40 摄氏度的严寒设置伏击圈，11 月 27 日九兵团发起全线攻击，当时被包围的美国陆战一师约有四个团一万多人，到 28 日拂晓志愿军包围新兴里之敌，美国则凶猛地反扑，其中 80 师伤亡及冻饿减员十分严重，每团仅余数百人，故 81 师加入新兴里战斗，随着包围圈越来越小，美军突围一次比一次疯狂。当晚气温继续下降，美国全力向 241 团阵地发起冲击，其中 241 团 3 营 8 连战斗到仅剩最后一人，美军侥幸得以突围，志愿军分路截击，南逃美军在 1221 高地受到阻击分散而逃，至 12 月 2 日只有 200 多美军逃入柳潭里，至此美军 31 团，32 团 1 营及第 57 炮兵营被 27 军基本歼灭。27 军 80 师和 81 师也付出了巨大代价，伤亡及非战斗减员高达 10000 人，全军冻伤高达 22%。

（六）上甘岭战役

美韩为首的"联合国军"为争夺朝鲜中线门户于 1952 年 10 月 14 日向守卫的志愿军 15 军 45 师发起上甘岭战役，至 20 日仅一个星期 45 师伤亡 50% 以上，21 个步兵连无一完整。联合国军 17 个营，伤亡达 7000 人以上，至 11 月 25 日联合国军无力再战，上甘岭战役宣告结束。志愿军伤亡 20000 人左右，"联合国军"伤亡 10000 人以上，3.8 平方公里的土地完全被削平，被鲜血浸透。

美军共发射 190 多万发炮弹，5000 多枚航弹，志愿军发射 40 多万发炮弹。志愿军涌现了邱少云、孙占元、黄继光、孙占元等战斗英雄，激烈战斗中与敌同归于尽者比比皆是，在持续 43 天的战斗中，志愿军与"联合国军"反复争夺阵地达 59 次，志愿军共击退"联合国军"900 多次冲锋。最终志愿军守住了阵地，取得了胜利。

（七）横城反击战

1951 年 1 月 31 日，东线"联合国军"开始向横城、砥平里方向发起进攻，志愿军以第 42 军和第 66 军第 198 师节节阻击,诱敌深入,决心集中兵力,采取两翼突击与正面攻击相结合的战法,歼灭南朝鲜军第 8 师和美军第 2 师一部。

正月 11 日 17 时,经短促火力急袭后,志愿军突然发起进攻。经一夜战斗,志愿军对南朝鲜军第 8 师完成分割包围,并歼其一部。12 日 8 时,南朝鲜军第 8 师余部和美军第 2 师第 9 团一部在航空兵掩护下,向横城方向撤逃。志愿军第 117 师在第 118 师配合下,击退北援之敌,将企图突围之敌阻于鹤谷里、夏日之间,予以歼灭。

2 月 13 日晨,横城地区反击作战胜利结束。志愿军和人民军第 3、第 5 军团经过 35 个小时激战,歼灭南朝鲜军第 8 师 3 个团全部及第 3、第 5 师和美军第 2 师各一部,共 1.2 万余人,给"联合国军"以沉重打击。

三、经典论述

1. 如果我们对朝鲜问题置之不理,美国必然得寸进尺,走日本侵略中国的老路,甚至比日本搞得还凶。它要把三把尖刀插在中国的身上:从朝鲜一把刀插在我国的头上,从台湾一把刀插在我国的腰上,从越南一把刀插在我国的脚下。天下有变,它就从三个方向向我们进攻。那我们就被动了。所以,打得一拳开,免得百拳来。抗美援朝,就是保家卫国①。

2. 在党中央和毛泽东同志的英明领导下,志愿军充分发挥政治优势和我军的光荣传统,与朝鲜人民军一道,面对世界上最强大的敌人,在极为艰难的条件下,扬长避短,以灵活机动的战略战术和一往无前的英雄气概,进行了艰苦卓绝的作战。志愿军指战员始终发扬祖国和人民利益高于一切、为了祖国和民族的尊严而奋不顾身的爱国主义精神,英勇顽强、舍生忘死的革命英雄主义精神,不畏艰难困苦、始终保持高昂士气的革命乐观主义精神,为完成祖国和人民赋予的使命、慷慨奉献自己一切的革命忠诚精神,以及为了人类和平与正义事业而奋斗的国际主义精神,这也就是伟大的抗美援朝精神。这种精神永远是中国人民的宝贵财富②。

3. 伟大的抗美援朝战争,是保卫和平、反抗侵略的正义之战,抗美援朝战争的伟大胜利,是中朝两国人民和军队团结战斗的伟大胜利,是维护世界和平

---

① 《打得一拳开,免得百拳来》,http://news.cnr.cn/native/gd/20201022/t20201022525306354.shtml(访问时间:2020 年 10 月 22 日)。

② 江泽民:《在首都各界纪念中国人民志愿军抗美援朝出国作战五十周年大会上的讲话》,载《人民日报》,2000 年 10 月 25 日,第 1 版。

与人类进步事业的伟大胜利①。

4. 在波澜壮阔的抗美援朝战争中，英雄的中国人民志愿军始终发扬祖国和人民利益高于一切、为了祖国和民族的尊严而奋不顾身的爱国主义精神，英勇顽强、舍生忘死的革命英雄主义精神，不畏艰难困苦、始终保持高昂士气的革命乐观主义精神，为完成祖国和人民赋予的使命、慷慨奉献自己一切的革命忠诚精神，为了人类和平与正义事业而奋斗的国际主义精神，锻造了伟大抗美援朝精神。

伟大抗美援朝精神跨越时空、历久弥新，必须永续传承、世代发扬。

伟大的抗美援朝战争，抵御了帝国主义侵略扩张，捍卫了新中国安全，保卫了中国人民和平生活，稳定了朝鲜半岛局势，维护了亚洲和世界和平。

抗美援朝战争伟大胜利，是中国人民站起来后屹立于世界东方的宣言书，是中华民族走向伟大复兴的重要里程碑，对中国和世界都有着重大而深远的意义②。

四、教学应用

知识点 1：第一章 第二节 毛泽东思想的主要内容：革命军队建设和军事战略的理论。

毛泽东解决了如何建设一支无产阶级性质的、具有严格纪律的、同人民群众保持亲密联系的新型人民军队的问题。他规定了全心全意为人民服务是人民军队的唯一宗旨，系统地提出了建设人民军队的思想。这部分内容可以结合抗美援朝精神的内涵和抗美援朝运动来进一步讲授关于人民军队的思想。

知识点 2：第一章 第二节 毛泽东思想活的灵魂：实事求是、群众路线、独立自主。

可以结合抗美援朝精神的内涵以及抗美援朝故事来阐述，比如可以引用抗美援朝运动来阐述人民群众在伟大抗美援朝战争中的重要作用。

知识点 3：第五章 第二节 邓小平理论基本问题和主要内容："两手抓，两手都要硬。"

邓小平强调，物质文明和精神文明都搞好，才是中国特色的社会主义。一

---

① 习近平：《在纪念中国人民志愿军抗美援朝出国作战 60 周年座谈会上讲话》，载《人民日报》，2010 年 10 月 26 日，第 3 版。

② 习近平：《在纪念中国人民志愿军抗美援朝出国作战 60 周年座谈会上讲话》，载《人民日报》，2010 年 10 月 26 日，第 3 版。

手抓物质文明，一手抓精神文明，"两手抓，两手都要硬"，这是我国社会主义现代化建设的一个根本方针。这部分内容可以结合抗美援朝精神的内涵和故事、歌曲及影视频进行阐释。

知识点4：第六章　第二节　"三个代表"重要思想核心观点和主要内容："三个代表"重要思想的核心观点。

始终代表中国先进文化的前进方向，必须大力发展社会主义先进文化，建设社会主义精神文明。江泽民指出，加强文化建设，必须"以科学的理论武装人，以正确的舆论引导人，以高尚的精神塑造人，以优秀的作品鼓舞人"。可以引用抗美援朝影视频或歌曲以及抗美援朝故事来丰富授课内容。

知识点5：第七章　第二节　科学发展观的科学内涵和主要内容：推进社会主义文化强国建设。

胡锦涛指出，国家富强、民族振兴、人民生活幸福安康，需要强大的经济力量，也需要强大的文化力量。物质贫乏不是社会主义，精神空虚也不是社会主义。没有社会主义文化繁荣发展，就没有社会主义现代化。可以结合抗美援朝精神来阐述文化自信、社会主义核心价值观的构建和提高文化软实力；引用抗美援朝电影、故事、歌曲、视频报刊等媒体阐释繁荣社会主义文化的主渠道。

知识点6：第十章　第三节　推动社会主义文化繁荣兴盛：培育和践行社会主义核心价值观。

必须立足中华优秀传统文化和革命文化，革命文化是中国革命和建设光荣历史的见证，渗透着中国共产党人的崇高理想，凝聚着广大人民群众的高尚道德和优良品质，包含了体现社会主义、共产主义价值目标的精神形态，要大力予以传承和弘扬。抗美援朝精神是中国革命文化的典型代表，是马克思主义与中华民族精神相结合的产物，也是二者的集中体现，弘扬抗美援朝精神就是坚持马克思主义、就是宣扬以爱国主义为核心的民族精神、就是培育和践行社会主义核心价值观。

知识点7：第十章　第三节　推动社会主义文化繁荣兴盛：坚定文化自信，建设社会主义文化强国。

必须培养高度的文化自信，必须提高国家文化软实力。首先要努力弘扬中华文化，推进中华文化创新发展，展示中华文化魅力，夯实国家文化软实力的根基；其次要讲好中国故事，传播好中国声音，阐释好中国特色。弘扬抗美援朝精神、讲好红色抗美援朝故事、播放抗美援朝组歌就是培养高度的文化自信，提高国家文化软实力的有力措施。

知识点 8：第十二章　第二节　加快国防和军队现代化：坚持习近平的强军思想。

习近平强军思想深刻回答了"新时代建设一支什么样的强大人民军队、怎样建设强大人民军队"的时代课题，其主要内容中的关于强国必须强军、强军目标是建设一支听党指挥、能打胜仗、作风优良的人民军队；关于党对军队绝对领导是人民军队建军之本、强军之魂；关于军队是要准备打仗的，必须聚焦能打仗、打胜仗；关于作风优良是我军鲜明特色和政治优势，必须加强作风建设、纪律建设；关于推进强军事业必须坚持政治建军等方面都可以引用抗美援朝精神的科学内涵和抗美援朝故事来论述。此外，关于构建一体化的国家战略体系和能力，也可以引用抗美援朝故事来阐述军民团结的鱼水之情。

第二节　"两弹一星"精神

一、"两弹一星"精神概述

（一）"两弹一星"精神的提出

"两弹一星"是新中国国防尖端科学技术的代表成果。二十世纪五六十年代，面对严峻的国际形势为了抵御帝国主义的武力威胁和打破大国的核垄断、核讹诈，尽快增强国防实力，保卫国家安全，维护世界和平，中共中央作出研制"两弹一星"的战略决策。1956 年，研制原子弹和导弹列入我国 12 年科学技术发展远景规划。1962 年 11 月，中央成立以周恩来为主任的"中央十五人专门委员会"，加强对我国原子能工业建设和加速核武器研制、试验工作以及核科学技术工作的领导。中央专委制定了一系列重大方针、原则和政策措施，有力地推动了"两弹一星"的研制进程。在中央统一领导下，全国"一盘棋"，集中攻关，取得了历史性突破。1964 年 10 月 16 日，我国第一颗原子弹在罗布泊试验场爆炸成功。1966 年 10 月 27 日，我国第一颗装有核弹头的地地导弹爆炸成功。1967 年 6 月 17 日，我国第一颗氢弹空爆试验成功。1979 年 4 月 24 日，我国用"长征一号"运载火箭成功发射第一颗人造地球卫星"东方红一号"。"两弹一星"是在我国物质技术基础十分薄弱的条件下，通过自力更生、自主创新取得的伟大成就，进一步增强了我国的科技实力特别是国防实力,提高了我国在国际舞台上的重要地位。"热爱祖国、无私奉献,自力更生、艰苦奋斗,大力协同、勇于登攀"的"两弹一星"精神,是彰显中国精神的一面鲜红旗帜。

(二)"两弹一星"精神的科学内涵

"两弹一星"精神是具有特定内涵的精神品质,它体现的是在极为困难的条件下,中华民族自力更生、艰苦奋斗,集中力量进行科学探索,创造"科学奇迹"的精神特质。江泽民同志曾将"两弹一星"精神概括为:热爱祖国、无私奉献,自力更生、艰苦奋斗,大力协同、勇于登攀。

1. 热爱祖国、无私奉献精神

在"两弹一星"精神中,爱国主义无疑是最重要、最核心的内容。热爱祖国,是中华民族自古以来共同的价值观,是凝聚全国各族人民的最好向心力,也是"两弹一星"事业中最伟大的精神支撑。爱国主义既是对"两弹一星"研发人员崇高精神的最好概括,也是传承发扬"两弹一星"精神的深厚基础。

"回国不需要理由,不回国才需要理由"。在参加"两弹一星"工程的科学家中,许多人原本在国外学习、工作,生活和科研条件非常优厚,不少人已功成名就,但当他们看到新中国成立后政治上迎来翻天覆地的变化而在科学技术方面还十分落后,当他们听到中央政府真诚希望海外游子回国参加建设的召唤,便满怀拳拳爱国之心义无反顾地回到中国。从20世纪50年代起,钱学森、王淦昌、彭桓武、邓稼先、朱光亚、程开甲、赵忠尧、赵九章、郭永怀、姚桐斌、王承书、张文裕等数以千计的海外科学家纷纷回国参加工作。正是出于这样一种爱国情怀,他们冲破艰难险阻,回到祖国怀抱,为"两弹一星"工程作出了突出贡献。爱国主义这面旗帜将散布于五湖四海的科学家们凝聚起来,显示出巨大的感召力和感染力。

隐姓埋名、默默奉献。在"两弹一星"研制过程中,工作环境和科研条件都异常艰苦,长期在人迹罕至、环境恶劣的困难条件下工作和生活,因为"两弹一星"属国家最高机密,很多科研人员需要隐姓埋名,甚至与家人都不能有通信往来。但为了国家需要,所有科技工作者都咬紧牙关,克服困难,忠于职守,无私奉献。他们明白,国家利益高于一切,只有将个人理想与国家命运紧紧联系在一起,个人价值才能得到最大程度的体现。默默奉献、刻苦钻研的精神,是"两弹一星"科学家的群体特征。这一特征贯穿在"两弹一星"研制工作的整个过程中，是"两弹一星"研制队伍持久而有力的精神支柱。正是凭借着国家利益至上的坚定信念，广大科技工作者克服了种种不利条件，在短时间内实现了"两弹一星"从无到有的重大突破。

扬眉吐气、振奋中华。鸦片战争后，中国的大门被西方列强的坚船利炮轰然打开，古老中国遭受了巨大屈辱，中华民族深陷亡国灭种的危险。中华人民共和国的成立，开启了中国历史上的新纪元，"两弹一星"研发成功向全世界宣告：中华民族任人欺凌的时代一去不复返了！正是从这一刻起，我国在国防尖端科技方面，拉近了同世界的距离，极大地振奋了中国人民的民族自信和民族自豪感。"两弹一星"精神所蕴含的民族自豪感，必将长久地震撼一代又一代中国人的心灵，鼓舞全国人民在社会主义建设的新时期奋勇前进。

2. 自力更生、艰苦奋斗精神

在"两弹一星"工程中，中国共产党始终坚持以自力更生为主、争取外援为辅这一根本方针，广大科技工作者也把每一项研究立足于自己刻苦钻研、积极探索的基础上。所以，中国人可以自豪地说，"两弹一星"伟业是中国人智慧和力量的结晶。

破除迷信，相信和依靠中国人民的智慧。独立自主是中国共产党的优良传统。从中苏合作伊始，毛泽东在要求尊重苏联同志的同时，就非常强调破除迷信，自力更生。广大科学工作者靠自强自立的民族风骨和国家意志，咬紧牙关，战胜一个又一个难以想象的困难，创造出令国人无比自豪、令世界刮目相看的科学成就。"两弹一星"事业和精神是无数科研人员用汗水、心血和生命浇灌和培育出来的，是中国人民艰苦创业的典范。

自主创新，靠自己的力量创造辉煌。"两弹一星"的研制，是我们在一无外援、二无贮备的情况下进行的，没有现成的教科书，也没有可靠的实验数据，科研人员凭着自力更生、艰苦奋斗的精神，凭着对科学原理的基本认知不断发展和完善主观条件，创造性地运用现有的设备和实验手段，不断探索属于自己的技术方案，从而攻克了一个又一个技术难关。事实上，从新中国成立开始，广大科技工作者就形成了良好的自主创新的风气，即使是在中苏关系的蜜月期，我国科技工作者就开始了自己的创新，并没有对苏联式的科学体系全面照抄、照搬，这一方面有效避免了苏联单方面撤走专家后对我国科研体系的影响，另一方面也促成了我们自己的科研指导思路和方法的形成。正是凭着这种自信、自强、自立，中国的"两弹一星"事业实现了从无到有，以至达到了比肩世界水平的高度。

3. 大力协同、勇于登攀精神

"两弹一星"工程取得的尖端科学技术成就，除了因为我们有一支满腔爱国热情、自强自立、刻苦钻研、积极进取、勇于探索、默默奉献的科学家队伍外，关键在于我们的国家体制能够形成"全国一盘棋"，协调各方力量共同奋斗。原子弹能够制造出来，绝不只是一群特殊的人干了一件特殊的事，也绝不仅仅是受到表彰的那一部分人搞出来的。做一次核试验，牵涉的人上千万，没有正确的决策干不成，没有人的爱国热情也干不成，没有大力协同，更干不成。

通力合作，共同攻关。"两弹一星"作为新中国成立后规模空前的科技工程，几乎涉及所有科学领域和国民经济部门。就科学技术而言，它是集现代核物理、化学、空气动力学等高精尖技术于一体的大规模的科技工程，如此多的学科交叉、高度综合的国防战略工程，需要汇集各类专家、学者、研究人员等高素质科技人才。再加之当时中国经济发展水平低，科技基础落后，这既需要大力创新，又需要中央加强统一领导，还要依靠全国各方力量的高度协同。

自主创新，攻克难关。钱学森曾多次谈到"科学精神最重要的就是创新"。"两弹一星"研制过程处处体现出我国科学工作者的自主创新意识，并因此攻克一个个难题，突破一道道障碍。在"两弹一星"的研制过程中，每一个工程的完成，每一个成就的取得都离不开自强、自立、自信和勇于探索、勇于创新精神的支撑。可以说，中国人依靠自己的智慧和力量铸就了"两弹一星"的科学传奇。

（三）"两弹一星"精神的重要价值

"两弹一星"伟业，是新中国建设成就的重要见证，是中国人民在攀登现代科技高峰的征途中创造的非凡的人间奇迹，是中华民族的荣耀与骄傲。这一壮举所依靠和展现的是一种非凡的伟大精神——"两弹一星"精神。它是中国共产党人宝贵的精神财富，在建设中国特色社会主义的历史进程中，大力传承和发扬"两弹一星"精神，将激励全国人民在全面深化改革、推进现代化建设道路上坚定理想信念，勤奋工作，甘于奉献，勇于创新。

1. 中华民族自信、自立、自强精神的传承和丰富。广大"两弹一星"研制工作者高举爱国主义旗帜，胸怀强烈的报国之志，自觉把个人的理想与祖国的命运紧紧联系在一起，把个人的志向与民族的振兴紧紧联系在一起。许多功成名就、才华横溢的科学家放弃国外优厚的条件，义无反顾地回到祖国。许多研制工作者甘当无名英雄，隐姓埋名，默默奉献，有的甚至献出了宝贵的生命。他们用热血和生命谱写了一部为祖国、为人民鞠躬尽瘁、死而后已的动人诗篇。广大"两弹一星"研制工作者在茫茫无际的戈壁荒原，在人烟稀少的深山峡谷，风餐露宿，不辞辛劳，克服了各种难以想象的艰难险阻，经受住了生命极限的考验。他们运用有限的科研和试验设备，依靠科学，顽强拼搏，发奋图强，锐意创新，突破了一个个技术难关，取得了"两弹一星"事业的伟大胜利。他们所具有的惊人毅力和勇气，显示了中华民族在自力更生的基础上自立于世界民族之林的坚强决心和强大能力。在研制"两弹一星"的不凡历程中，来自全国各地区、各部门成千上万的科学技术人员、工程技术人员、后勤保障人员团结协作、群策群力，汇成了向现代科技高峰进军的浩浩荡荡的队伍。他们求真务实、大胆创新，突破了一系列关键技术，使我国的科研能力实现了质的飞跃。他们用自己的辉煌业绩，为中华民族文明创造史增添了光彩夺目的一页。

2. 发展国防和科学事业的重要法宝。在"两弹一星"事业的起步阶段，国家经济基础薄弱，人才奇缺，物资匮乏。在极端艰苦的环境和条件下，科技人员和干部群众发扬艰苦奋斗精神，以昂扬的斗志战胜各种困难，创造出令世界瞩目的巨大成就。"两弹一星"的成功，进一步昭示了艰苦奋斗永远是我们战胜一切困难、夺取事业胜利的重要法宝。与研制"两弹一星"所处的时代相比，今天我国具有了较为雄厚的经济与科技实力，国防科研生产条件获得很大改善，艰苦奋斗也有了新的时代内涵。但要清醒地认识到，我国仍处于并将长期处于社会主义初级阶段，改革发展的任务依然十分艰巨。我们必须充分估计前进道路上可能遇到的种种挑战，牢固树立长期艰苦奋斗的思想，任何时候都不能丢掉这一宝贵的传统和精神。"两弹一星"事业技术密集，系统复杂，综合性强。广大研制工作者秉持科学精神和科学态度，广泛运用现代管理理论与方法，建立协调、高效的组织指挥和调度系统，从而提高了整体效益，走出了一条投入少、效益高的发展尖端科技的路子。在国家大力提倡科学发展的今天，我们必须充分认识加快转变经济发展方式、推动产业结构优化升级的重要性、紧迫性和艰巨性，自觉坚持科学精神、树立科学观点、运用科学方法，加快转变经济发展方式，不断提高经济发展的质量和效益。就国防科技工业而言，战线长、摊子大，发展中不平衡、不协调、不可持续的问题仍比较突出。建设先进的国防科技工业，要求我们把思想统一到中央对形势的科学判断上来，把行动统一到中央的决策部署上来，以科学发展为主题、以加快转变经济发展方式为主线，围绕调结构、强能力、上水平，转变军工发展方式，努力推动国防科技工业转型升级。

3. 实现中华民族伟大复兴中国梦的精神动力。"两弹一星"作为新中国高科技的宏大工程，在党中央的统一领导下，全国"一盘棋"，大力协同，集体攻关，把有限的人力、物力、财力集中起来，形成了干事创业的强大合力。"两弹一星"及后来的载人航天、探月工程等重大工程的组织实施表明，建设具有战略意义的国家重大经济、科技项目，必须加强党的统一领导，充分发挥我国社会主义制度能够集中力量办大事的政治优势。在建设先进的国防科技工业的过程中，仍然需要发挥大力协同、相互支持的社会主义政治优势，广泛凝聚各方面的智慧和力量，最大限度地集中人力和社会资源，群策群力，众志成城，将方方面面的积极性、主动性、创造性激发出来，形成统一的决心、统一的意志、统一的目标和统一的行动。2012 年 11 月 29 日，习近平总书记在参观《复兴之路》展览时的讲话中说，"回首过去，我们全党的同志要牢记，落后就会挨打，发展才能自强"。同时他还指出，"全党的同志也必须牢记，把蓝图变成现实，我们还将走很长的路，我们必须为之付出长期艰苦的努力"。"我们为实现中华民族伟大复兴去奋斗的历史任务光荣而艰巨，是需要我们一代又一代的中国人不懈地为之共同努力。"① 中国今天虽然已经日益强大起来，但我们全面实现现代化的目标还未实现，中国现代化进程中还有许多复杂的课题等待我们去探索，还有无数的高峰等待我们去攀登。一个民族，没有振奋的精神和高尚的品格，不可能自立于世界民族之林；一个民族，没有时代精神，就不会有进步。"两弹一星"精神不仅在"两弹一星"的研制过程中发挥了巨大的凝聚人心、振奋人心的作用，在探索中国特色社会主义道路，实现现代化宏伟目标的今天，仍是我们的精神动力，鼓舞着我们勇于创新，开拓进取，自信、自立、自强，为实现中华民族伟大复兴的中国梦努力奋斗。

---

① 吕章申：《弘扬中华优秀文化，为实现"中国梦"贡献力量——纪念习近平总书记参观"复兴之路"提出"中国梦"三周年》，载《中国国家博物馆期刊》，2015 年第 12 期，第 8—10 页。

二、典型案例

（一）彭桓武

著名物理学家彭桓武在英国留学期间，师从爱丁堡大学著名物理学家、诺贝尔奖获得者马克斯·波恩。波恩是美国"原子弹之父"奥本海默的老师，他曾称赞彭桓武"比其他学生聪明能干，好像什么都懂，什么都会"。1945 年，彭桓武获爱丁堡大学科学博士学位，并在科学领域获得了一定地位。但彭桓武始终心系祖国，希望"回国后联合志同道合的人干一场，让祖国借助原子弹时代的科学技术强盛起来'。曾有记者问他当年为什么回国，彭桓武激动地说："你这个问题的提法不对！你应该说为什么不回国。回国不需要理由，不回国才需要理由！学成归国是每一个海外学子应该做的，学成而不回国报效国家才需要说说为什么不回来！""我有责任，利用自己的所学之长，来关心祖国，建设祖国使她强盛起来，不再受人欺负。"

（二）杨承宗

著名化学家杨承宗，1947 赴法国进修，其导师是巴黎大学的居里夫人。20世纪 50 年代初，杨承宗响应国家号召，积极准备回国参加建设。居里先生问他回国原因时，杨承宗坦率地说："我出国是为了祖国，回去也是为了祖国。"杨承宗放弃了法国国家科学研究中心的优厚待遇，带着十分珍贵的 10 克碳酸钡镭标准源以及一台 100 进位的进位器回到中国。这对中国的研究工作来说十分珍贵。回国后，杨承宗参与了原子弹研制工作，还培养出了一批高级科技人才和十余名博士研究生。曾参与核武器研制的周光召后来说："我们靠的是一批从国外回来的有高度爱国心的科学家，又靠他们带出一批年轻的科学家，他们靠的是一种崇高的精神，一种为了祖国富强而献身的精神，他们是'两弹一星'的真正功臣。"

（三）程开甲

著名核武器技术专家程开甲，在英国求学时获得爱丁堡大学哲学博士学位，成为英国皇家化学研究所的一名研究员。当他从友人信中得知中国发展蒸蒸日上的消息，便萌生了回国念头。英国同学出于好意劝他留下来，甚至历数中国的种种落后，程开甲对英国同学说："中国穷，中国落后，中国没饭吃，比不上英国，但你们要知道这是今天，要看就看今后。"程开甲回国后参与了核武器的研制。有人问功成名就后的程开甲：如果不回国，学术上会不会有更大成就。他感慨地说："如果不回来，在学术上可能有更大的成就，但绝不会有现在这样幸福，因为我现在做的一切都和祖国紧紧联系在一起。""我是一个中国人……我只能喊中国万岁，我这辈子的最大心愿就是国家强起来，国防强起来。"

（四）邓稼先

被誉为"中国的奥本海默"的邓稼先始终将国家利益置于最高地位。1958年8月，钱三强找到当时在原子能研究所工作的邓稼先说："稼先同志，国家要放一个大炮仗，调你去做这项工作，怎么样？"邓稼先立刻明白，这是要他去搞原子弹。而他非常清楚，搞原子弹不仅有很高的危险性，而且连自己的身份都不能公开，从此必须隐姓埋名，不能发表学术论文，不能做公开报告，不能出国，就是与亲朋好友间的交往也要受到限制。他沉思了一下，坚定地说："国家的利益高于一切，为了中华民族的崛起，我坚决无条件地服从组织的决定！"回家后邓稼先对妻子说，"我今后恐怕顾不了这个家，这些全靠你了"。"我的生命就献给未来的工作了，做好了这件事，我这一生就过得很有意义，就是为它死了也值得"。他将个人前途与国家命运紧密联系在一起，为了国家的至高利益，他甘愿付出自己的一切甚至生命，无怨无悔。

（五）郭永怀

"两弹一星"元勋郭永怀曾经是世界上最优秀的力学家之一，1946年就成为美国康奈尔大学航空研究院的三位主持人之一。这样一位已经获得国际学术声誉的科学家，却在1956年毅然放弃在国外已经取得的一切，冲破重重阻碍回到祖国怀抱。熟悉郭永怀的人都认为，他的选择并不让人意外。在美国留学、工作期间，他始终不愿意加入美国国籍。在美国政府的一张调查表中，有一个问题："你为什么要到美国来？"郭永怀这样回答："到美国来，是为了有一天能回去报效祖国。"回到北京后，领导问郭永怀："有什么要求和想法？"他这样回答："我只想尽快投入工作。"从此，郭永怀在公众的视野中消失了。在科技战场上，他的功业永载史册——在中国原子弹、氢弹和卫星的研制工作中，郭永怀都作出了巨大贡献。

1968年10月，就在中国第一颗导弹热核武器发射之前，郭永怀从青海乘飞机返回北京。飞机降落前突然失去平衡坠毁，继而起火。扑灭大火之后，人们在飞机残骸中发现两具抱在一起的遗骸，经过辨认，是郭永怀和他的警卫员牟方东。人们费力地分开两具遗骸，中间是一个装着绝密文件的公文包，里面是研制导弹的机密资料。在生命的最后一刻，郭永怀选择用血肉之躯，保护得来不易的研究数据。中国科学院力学研究所研究员郑哲敏院士曾与郭永怀共事。他在《郭永怀传》的序言中这样写道："他要把自己全部的身心献于祖国，他不论什么事，只要祖国需要，便全心全意地去做好；他把自己当作铺路石子，以培养下一代作为自己的使命。国家的前途就是他自己的前途，别无他求。"

三、经典论述

1. 我们要不要搞原子弹啊，我的意见是中国也要搞，但是我们不先进攻别人。别人要欺负我们，进攻我们，我们要防御，我们要反击。因为我们一向的方针是积极防御的战略方针，不是消极防御的。

2. 我们现在还没有原子弹。但是，过去我们也没有飞机和大炮，我们是用小米加步枪打败了日本帝国主义和蒋介石的。我们现在已经比过去强，以后还要比现在强，不但要有更多的飞机和大炮，而且还要有原子弹。在今天的世界上，我们要不受人家欺负，就不能没有这个东西①。

3. 如果 60 年代以来中国没有原子弹、氢弹、没有发射卫星，中国就不能叫有重要影响的大国，就没有现在这样的国际地位。这些东西反映一个民族的能力，也是一个民族、一个国家兴旺发达的标志②。

4. 50 年前，"东方红一号"卫星发射成功，我在陕北梁家河听到这一消息十分激动。当年，你们发愤图强、埋头苦干，创造了令全国各族人民自豪的非凡成就，彰显了中华民族自强不息的伟大精神。老一代航天人的功勋已经牢牢铭刻在新中国史册上。不管条件如何变化，自力更生、艰苦奋斗的志气不能丢。新时代的航天工作者要以老一代航天人为榜样，大力弘扬"两弹一星"精神，敢于战胜一切艰难险阻，勇于攀登航天科技高峰，让中国人探索太空的脚步迈得更稳更远，早日实现建设航天强国的伟大梦想③。

---

① 中共中央文献研究室编：《建国以来重要文献选编》（第八册），北京：中央文献出版社 1994 年版，第 247 页。

② 邓小平：《邓小平文选》（第三卷），北京：人民出版社 1993 年版，第 279 页。

③ 习近平：《敢于战胜一切艰难险阻　勇于攀登航天科技高峰》，载《人民日报》，2020 年 4 月 25 日，第 1 版。

5. 建造空间站、建成国家太空实验室，是实现我国载人航天工程"三步走"战略的重要目标，是建设科技强国、航天强国的重要引领性工程。天和核心舱发射成功，标志着我国空间站建造进入全面实施阶段，为后续任务展开奠定了坚实基础。希望你们大力弘扬"两弹一星"精神和载人航天精神，自立自强、创新超越，夺取空间站建造任务全面胜利，为全面建设社会主义现代化国家作出新的更大的贡献①！

6. 建设航天强国要靠一代代人接续奋斗。希望广大航天青年弘扬"两弹一星"精神、载人航天精神，勇于创新突破，在逐梦太空的征途上发出青春的夺目光彩，为我国航天科技实现高水平自立自强再立新功②。

四、教学应用

知识点 1：第一章　第二节　毛泽东思想及其历史地位：毛泽东思想活的灵魂。

"两弹一星"精神坚持科技自立自强，是推动国家科技进步的强大引擎。科技自立自强与自力更生、自主创新一脉相承，是中国特色自主创新道路与时俱进的最新要求。必须坚持创新驱动，把科技自立自强作为航天事业发展的战略支撑，面向世界科技前沿、面向经济主战场、面向国家重大需求、面向人民生命健康，加速战略性前沿性颠覆性技术发展，抢占未来技术的制高点，敢下先手棋，善打主动仗，掌握一批具有重要影响力的原创技术，确保始终成为高水平科技自立自强的国家战略科技力量。要以航天重大工程、重大专项为着力点，带动实现一系列前沿科技创新和重大工程突破，努力实现关键核心技术和产品的自主可控，牢牢掌握高水平科技自立自强的创新主动权和发展主动权。要坚持开放协同，突出强强联合、利益共享，打造航天领域的国家战略科技力量，参与全球科技治理，强化创新生态赋能，勇当原创技术的"策源地"、现代产业链的"链长"，推动形成国家发展新优势，为高水平科技自立自强营造良好的创新生态环境。

知识点 2：第十二章　第二节　实现中华民族伟大复兴的重要保障：加快国防和军队现代化。

---

① 习近平：《中国空间站天和核心舱发射任务成功》，载《人民日报》，2021 年 4 月 30 日，第 1版。

② 习近平：《弘扬"两弹一星"精神载人航天精神　为航天科技实现高水平自立自强再立新功》，载《人民日报》，2022 年 5 月 4 日，第 1 版。

"两弹一星"精神坚持国家战略引领，筑牢维护国家安全的坚强基石。新时代，必须落实习近平强军思想，坚决履行强军首责，深刻认识国防现代化建设的战略意义，准确判断国际战略格局和国家安全形势，把握新时代武器装备建设历史方位，聚焦"能打仗、打胜仗"，抓好科技创新成果转化运用，构建武器装备现代化管理体系，推进导弹武器装备的实战化、体系化、智能化发展，实现航天型号产品和导弹武器装备的高水平创新、高质量研制、高效率生产交付，加速推动航天强国建设，以实际行动筑牢国防安全基石。注重发挥社会主义市场经济条件下新型举国体制优势，激发各方面科技力量创新活力，确保在复杂形势和激烈竞争中赢得主动、赢得优势、赢得未来。

知识点3：第六章 第二节 "三个代表"重要思想的核心观点和主要内容。

"两弹一星"精神坚持人才强国战略，构建高水平人才中心和创新高地。建设世界科技强国，关键是要建设一支规模宏大、结构合理、素质优良的创新人才队伍，激发各类人才创新活力和创造潜力。要以航天重大工程为牵引，以型号研制为平台，大力实施人才成长计划，在实践中加速人才成长，努力建设一支爱党报国、敬业奉献、具有突出技术创新能力、善于解决复杂工程问题的科技人才队伍。深化人才发展体制机制改革，积极实行以增加知识价值为导向的激励政策，建立健全全方位培养、引进、使用人才的机制，完善人才管理制度，让事业激励人才，让人才成就事业。

知识点4：第十四章 第二节 坚持和加强党的领导：坚持党对一切工作的领导。

举国一心、高度协同的全国大协作，是"两弹一星"最终成功不可或缺的重要原因，充分体现了社会主义制度能够集中力量办大事的优越性。发挥党在国家政治体系中的统领作用，能够做到"全国一盘棋""集中力量办大事"。

在党的强有力的组织和领导下，全国范围内形成了科研攻关协作网。中国科学院、国防科研机构、工业部门、高等院校和地方的科研力量等"五个方面军"发挥各自技术特长和优势，分工协作，互相支援。在中央专委领导下，先后有中国科学院、冶金部、化工部、机械工业部等26个部委，20个省市、自治区和包括九百多家工厂、科研机构、大专院校参加攻关会战。"两弹一星"的研制队伍，本身就是一座群星闪耀的星系。有在国外成名已久的科学前辈，也有在科学发现的道路上崭露头角的学术中坚，更有在大学里接受了严格的学科教育后就马上投身到"两弹一星"事业中的年轻人。

第三节　雷锋精神

一、雷锋精神概述

（一）雷锋精神的提出

雷锋是伟大的共产主义战士，是全心全意为人民服务的典范，是实践社会主义、共产主义思想道德的楷模。他的名字享誉中华、传遍神州，他的事迹家喻户晓、代代传颂，他的精神历久弥新、熠熠生辉。

雷锋，原名雷正兴，1940 年 12 月出生在湖南省望城区简家塘一个贫苦农民家庭。7 岁沦为孤儿，生活无着，饱尝了旧社会的苦难。新中国成立后，雷锋在党和政府关怀下幸福成长。1956 年高小毕业，参加革命工作，当过乡政府通讯员、望城县委公务员，参与根治沩水工程、团山湖农场和鞍钢工业建设，多次被评为红旗手、劳动模范、先进生产者和社会主义建设积极分子。1957 年加入中国新民主主义青年团。1960 年应征入伍，同年 11 月加入中国共产党。在部队，荣立二等功一次，三等功三次，被誉为"毛主席的好战士"。1961 年当选为抚顺市人大代表。1962 年 8 月 15 日不幸因公殉职，年仅 22 岁。

雷锋以短暂的生命铸就了辉煌的人生，以平凡的事迹彰显了崇高的精神，以高尚的品格树起了道德的丰碑。党中央历来对学雷锋活动、弘扬雷锋精神高度重视。1963 年 3 月，毛泽东亲笔题词，发出"向雷锋同志学习"的号召。许多老一辈无产阶级革命家、党和国家领导人也相继为雷锋同志题词。五十年来，学雷锋活动在全国各地蓬勃兴起、长盛不衰，亿万人民群众热烈响应、广泛参与，雷锋精神不断得到弘扬、得到光大。雷锋这个响亮的名字和以他的名字命名的雷锋精神，深深镌刻在一代又一代中国人的心中，哺育和激励了一代又一代中华儿女成长，是一面永不褪色、永放光芒的旗帜。

（二）雷锋精神的科学内涵

雷锋精神是以雷锋的名字命名、并通过雷锋的言行事迹表现出来的，以雷锋的先进思想、高尚品德和崇高追求为基本内涵的一种伟大精神。雷锋精神体现了中华民族的传统美德，顺应了社会进步的时代潮流，彰显了我们党的先进本色，内涵十分丰富，意蕴十分深刻，是一面永不褪色、永放光芒的旗帜。自1963 年全国开展学雷锋活动以来，人们对雷锋精神的认识一直伴随时代发展而不断深化。中共中央办公厅 2012 年 2 月下发了《关于深入开展学雷锋活动的意见》，《意见》中指出：“要大力弘扬雷锋热爱党、热爱祖国、热爱社会主义的崇高理想和坚定信念，弘扬雷锋服务人民、助人为乐的奉献精神，弘扬雷锋干一行爱一行、专一行精一行的敬业精神，弘扬雷锋锐意进取、自强不息的创新精神，弘扬雷锋艰苦奋斗、勤俭节约的创业精神。”这是党中央对雷锋精神最新、最具权威的概括。

1. 热爱党、热爱祖国、热爱社会主义的理想信念

理想信念是人的精神内核，是决定人的思想和行为的核心价值观念。雷锋精神的核心内容，就是其崇高而坚定的理想信念，表现为雷锋对党的无比忠诚，对祖国和社会主义的无比热爱。

一个人一旦拥有了崇高理想和坚定信念，便拥有了强大的精神力量，一个国家的共同信仰足以释放无穷能量。雷锋说：“我就是长着一个心眼，我一心向着党，向着社会主义，向着共产主义。”这是雷锋的崇高理想和坚定信念的鲜明表达。雷锋一辈子为党和人民奋斗，没有崇高理想、坚定信念是做不到的。新时代学习雷锋热爱党、热爱祖国、热爱社会主义的崇高理想和坚定信念，就是要做真学真懂真信真用马克思主义的表率，用习近平新时代中国特色社会主义思想筑牢信仰之基、补足精神之钙，淬炼思想、涵养正气、升华境界、指导实践，不断增强道路自信、理论自信、制度自信、文化自信，把共产主义远大理想与中国特色社会主义共同理想统一起来，自觉地把个人的追求和奋斗同党的事业、国家的命运、民族的前途联系起来，为国家的繁荣发展贡献自己的智慧和力量。

2. 服务人民、助人为乐的奉献精神

雷锋以服务人民为最大的幸福，以帮助他人为最大快乐，把有限的生命投入到无限的为人民服务中，每当国家利益遭到损失，他总是忧心如焚、挺身而出；每当人民群众遇到困难，他总是伸出援手倾力相助，用真情和行动履行着一个公民的神圣责任，实践着一名共产党员的庄严诺言。服务人民、助人为乐，使雷锋精神有了感动人心的道德力量、温暖社会的道德温度。

雷锋一生始终坚持人民利益至上，以服务人民为最大幸福，以帮助他人为最大快乐，这种服务人民、助人为乐的奉献精神是为人民服务人生观的重要体现。雷锋在日记中写道：“人的生命是有限的，可是，为人民服务是无限的，我

要把有限的生命，投入到无限的为人民服务之中去。"雷锋正是用一件件平凡的小事成就了不平凡的人生，用矢志不渝的坚守筑起了中华民族的道德坐标，至今温暖着我们，感动着我们。服务人民、助人为乐是一种公认的崇高品质，它涤荡人们心中的私心杂念和沉渣污垢，培养人的浩然正气，体现了崇高的价值取向和人生追求。新时代学习雷锋服务人民、助人为乐的奉献精神，就是要始终牢记人民是历史的创造者，群众是真正的英雄，任何时候都不能忘记"我是谁、为了谁、依靠谁"，真正把人民放在心中最高位置，真正与人民结合在一起。在秉持以人民为中心的发展思想方面身体力行，与人民风雨同舟、血脉相通、生死与共，服务人民、助人为乐，做一个有益于人民的人。广泛深入开展学雷锋志愿服务，是新时代把学习雷锋的奉献精神转化为具体行动的制度安排和有效途径。习近平总书记指出："要倡导社会文明新风，带头学雷锋，积极参加志愿服务，主动承担社会责任，热诚关爱他人，多做扶贫济困、扶弱助残的实事好事，以实际行动促进社会进步。"

3. 干一行爱一行、专一行精一行的敬业精神

雷锋有一句著名誓言："在伟大的革命事业中做个永不生锈的螺丝钉。"这句誓言，生动地道出了雷锋干一行爱一行、专一行精一行的敬业精神。雷锋是爱岗敬业的典范，自觉服从社会主义建设的需要，立足本职，忠于职守，兢兢业业、精益求精，以高度的敬业精神、出色的工作业绩，赢得了人们的交口赞誉和无限崇敬。

雷锋在多个岗位上奋斗过，先后当过通讯员、拖拉机手、推土机手、汽车兵，但不论做什么工作他总是干一行热爱一行、干一行精通一行，这种工匠精神和职业品德无论在任何时代都是必要的。他说："我一定要更好地听从党的教导，党叫我干什么，我就干什么，决不讲价钱。"这是雷锋敬业精神最形象的表达。新时代学习雷锋的敬业精神，就是要学习这种"螺丝钉精神"，把它转化为爱岗敬业的原动力，立足本职、忠于职守、兢兢业业、精益求精，努力以钉子的"挤"劲和"钻"劲，在岗位上脚踏实地为中国特色社会主义事业添砖加瓦。如果14亿中国人、9100多万党员、400多万党组织都能弘扬这种"螺丝钉"精神，都能在自己的岗位上做一颗永不生锈的螺丝钉，必将形成无比强大的凝聚力、战斗力，中国特色社会主义事业必将无往不胜。

4. 锐意进取、自强不息的创新精神

"我愿做高山岩石之松，不做湖岸河旁之柳。我愿在暴风雨中——艰苦的斗争中锻炼自己，不愿在平平静静的日子里度过自己的一生。"这是雷锋豪情满怀

立下的庄严誓言，也是雷锋一生的真实写照。雷锋身上始终澎湃着创新的激情与活力，始终保持积极向上的人生态度、勇往直前的奋进意志，在学习中永不停步、永不满足；在工作中追求完美、从不懈怠；在成绩和荣誉面前谦虚谦逊、不骄不躁；在困难和挑战面前愈挫愈奋、开拓进取，以富于创新的精神和富于创造的劳动，升华自己的人生价值，实现自己的理想抱负。

无论是在工作中还是在生活口，雷锋总有一种无穷的动力，就是要钻进去、吃透它，通过学习钻研，不断地三富和提升自己。雷锋只有小学文化程度，但是在 22 年的短暂生命中却做出了那么大的成绩，成为全国人民学习的楷模，靠的就是锐意进取、自强不息的创新精神，积极向上的人生态度和百折不挠、勇往直前的奋进意志。新时代学习雷锋锐意进取、自强不息的创新精神，就是要紧跟时代步伐，自觉致力于经济社会发展各领域创新，就是要坦然面对困难，欣然接受挑战，以顽强的意志、不懈的努力，敢于压倒一切困难而决不被任何困难所压倒的气概，攻坚克难、施展才华，为中国特色社会主义事业作出力所能及的贡献。

5. 艰苦奋斗、勤俭节约的创业精神

雷锋说："我们是国家的主人，应该处处为国家着想，事事要精打细算，不能今朝有酒今朝醉，明日愁来明日忧。我们要奋发图强，自力更生，克服当前存在的暂时困难，坚决反对大吃大喝，力戒浪费。"这是雷锋对待困难态度的生动彰显，也是雷锋始终奉行的生活准则。雷锋的一生是艰苦奋斗的一生，是勤俭节约的一生。他在苦难环境中砥炼意志，在艰苦条件下砥砺品行，以苦为荣、以苦为乐、发愤图强、奋发有为，继承发扬了中华民族艰苦奋斗、勤俭节约的传统美德，以实际行动为这一传统美德注入了新的内涵。

在雷锋的身上，鲜明地体现了艰苦奋斗和勤俭节约的中华传统美德和中国共产党的优良传统。艰苦奋斗、勤俭节约作为一种传统美德、时代精神、文明行为，应该成为人们推崇、追求的思想境界和行为方式。新时代学习雷锋艰苦奋斗、勤俭节约的创业精神，就是要本着这种精神来从事新时代中国特色社会主义建设。习近平总书记指出："不论我们国家发展到什么水平，不论人民生活改善到什么地步，艰苦奋斗、勤俭节约的思想永远不能丢。艰苦奋斗、勤俭节约，不仅是我们一路走来、发展壮大的重要保证，也是我们继往开来、再创辉煌的重要保证。"习近平总书记作出重要指示，他强调："要进一步加强宣传教育，切实培养节约习惯，在全社会营造浪费可耻、节约为荣的氛围。"艰苦奋斗、勤俭节约的创业精神，是中国特色社会主义事业不断发展壮大的重要法宝，也是实现中华民族伟大复兴征程中不断攻坚克难、勇往直前的锐利武器①。

（三）雷锋精神的重要价值

雷锋精神像熊熊燃烧的火炬照亮人们的心灵，像高高飘扬的旗帜引领社会前进的方向。雷锋精神具有穿越时空的永恒魅力，不管时代如何变迁、环境如何变化，不但不会过时，而且在时代发展中不断被赋予新的内涵、注入新的活力，越来越显示出引领文明风尚、推动社会进步的强大力量。新形势下弘扬雷锋精神，是改革开放时代的强烈呼唤，是中国特色社会主义事业发展的迫切要求，是广大人民过上更加幸福美满新生活的热切期盼。

1. 弘扬雷锋精神，是建设社会主义核心价值体系、巩固全党全国各族人民团结奋斗共同思想道德基础的需要。雷锋一生坚守马克思主义的根本立场，胸怀社会主义和共产主义的远大理想，恪守为人民服务的价值取向，永葆一往无前的革命斗志，是社会主义核心价值体系的模范实践者。实践证明，雷锋精神与社会主流价值相一致，与时代进步节律相衔接，是构建社会主义核心价值体系的内在元素，是社会主义核心价值体系的生动展现。弘扬雷锋精神的过程，本质上是社会主义核心价值体系建设的生动过程。大力弘扬雷锋精神，充分发挥先进模范的榜样引领作用，充分发挥时代楷模的示范激励作用，把我们社会所倡导的科学理论、理想信念、主流价值和道德追求传递给人们，有助于增强社会主义核心价值体系学习教育的吸引力和感染力，增强人们对主流价值观念的认同感和践行力，不断夯实社会主义核心价值体系建设的社会基础。

2. 弘扬雷锋精神，是传承中华传统美德、培育社会主义道德的需要。雷锋一生深受中华传统美德的浸润，深受社会主义道德的熏陶，他所具备的忠诚奉献、助人为乐、勤俭节约、谦虚好学、自强不息等优秀品德，是中华传统美德的生动体现，是社会主义道德的模范彰显。雷锋精神蕴涵着中华传统美德的丰富元素，闪烁着社会主义道德的夺目光辉，具有引领人们崇德尚义、向上向善的独特魅力，具有感召人们道义自许、践履践行的强大伟力。大力弘扬雷锋精神，有助于增强人们对中华传统美德的自豪感、礼敬感，增强人们对社会主义道德的认同感、归属感，激发人们的道德建设热情，引导人们自觉传承中华传

---

① 戴木才：《新时代仍然需要大力弘扬雷锋精神》，载《雷锋》，2022 年第 2 期。

统美德、践行社会主义道德规范，树立与现代社会相适应的文明意识，提高与小康社会相匹配的文明程度。

3. 弘扬雷锋精神，是市场经济条件下加强社会主义精神文明建设、提升全社会文明程度的需要。雷锋一生遵纪守法、诚实守信，与人为善、宽厚包容，爱岗敬业、无私奉献，以自己的实际行动，推动了社会主义新型人际关系和良好社会风尚的形成。雷锋精神凝结着社会主义精神文明的基本要求，内含着真善美的自觉追求，是社会主义精神文明建设的宝贵成果，为社会主义精神文明深入发展提供了精神样本和宝贵资源。大力弘扬雷锋精神，有助于引导干部群众礼敬高尚道德、贬斥失德行为，踊跃投身社会主义精神文明建设，打造市场经济条件下的精神高地，为实现全面建成小康社会、加快推进社会主义现代化宏伟目标凝聚起强大精神力量。

4. 弘扬雷锋精神，是保持党的先进性和纯洁性、夯实党执政的群众基础和社会基础的需要。雷锋一生矢志不渝地用党的先进理论武装自己，用党的纪律要求自己，用党的理想激励自己，讲党性、重品行、做表率，生动诠释了党的先进性和纯洁性的丰富内涵，极大彰显了共产党人的宝贵品质和本色风采。雷锋精神以先进理论为导引，以全心全意为人民服务为内核，以发挥党员模范带头作用为己任，赢得了社会的广泛认同，赢得了世人的高度礼赞，赢得了历史的长久景仰，是新形势下开展党的先进性和纯洁性建设的鲜活教材。大力弘扬雷锋精神，有助于引导广大党员特别是党员领导干部自觉以雷锋为榜样，坚定理想信念、坚守共产党人精神追求，自觉加强党性修养和作风建设，不断增强完善自我、提升自我的能力，牢固树立正确的权力观、地位观、利益观和政绩观，做雷锋式的好党员、好干部。

二、典型案例

（一）王杰

王杰，1942 年出生，山东省金乡人。1961 年 8 月，王杰放弃了读高中的机会应征入伍，被分配到原济南军区装甲师某部工兵营 1 连。入伍后，王杰很快加入了共青团，并连续 3 年被评为"五好战士"，两次荣立三等功。当兵 4 年，王杰写下了 23 本、总计超 10 万字的心得日记。雷锋的事迹在祖国大地到处传颂后，王杰在雷锋精神的感召下奋发向上、忘我奉献，成为学雷锋的先进典型。

1965 年 7 月，王杰在组织民兵训练时突遇炸药包意外爆炸。危急关头，年仅 23 岁的王杰为保护在场的另外 12 名民兵，用身体扑向炸药包，挽救了其他人的生命，而他自己以身殉职，壮烈牺牲。王杰"一不怕苦、二不怕死"的"两不怕"革命精神被广为传颂。为了更好地传承和发扬王杰精神，当地政府于 1968 年将王杰的出生地华埽村改名为王杰村。如今，王杰广场、王杰中学、王杰班、王杰少先队、王杰示范岗，无论在军营还是在地方，处处都能看到王杰精神的发扬光大。

2009 年，王杰被评为"100 位新中国成立以来感动中国人物"。2019 年 9 月 25 日，王杰被评为新中国"最美奋斗者"。

（二）刘英俊

刘英俊是中国人民解放军涌现出的雷锋式的伟大战士。1945 年出生，吉林长春人。1962 年应征入伍。他参军的第二年，正值毛泽东等老一辈无产阶级革命家发出向雷锋同志学习的伟大号召。刘英俊积极响应，时时处处以雷锋为榜样，决心做一名雷锋式的好战士。他在日记中写道："一个人无论是活多长时间，他的死，只要是献给党的壮丽的共产主义事业，那就是无限光荣的，有价值的。雷锋能，我也能。"

刘英俊学雷锋最大的特点就是言行一致，从点滴做起，从身边做起。在连队，他是"业余修理员"。出差途中，他是"义务勤务员"。在部队驻地，他是附近小学校的"校外辅导员"。他像雷锋那样闲不住，有空就为群众做好事，也像雷锋那样，做好事不留姓名。

1966 年 3 月 15 日，刘英俊所在炮连执行任务路过市区时，一辆炮车的辕马受惊径直朝人群冲去，情况十分危急。担任炮车驭手的刘英俊不顾个人危险用肩膀猛抵惊马的脖子，惊马被迫拐上公路左侧的小道冲向不远处有 6 名儿童。在这千钧一发的时刻，刘英俊不顾个人危险，用力将缰绳在胳膊上猛缠几道，然后猛力一拉，使惊马前蹄腾空而起，接着双脚伸向马的后腿，使尽全身力气踢倒惊马。6 名儿童安然脱险，他却被压在翻倒的车底，英勇牺牲。刘英俊所在部队党委给他追记一等功，追认他为中国共产党正式党员。中国人民解放军原总政治部向全军发出向刘英俊学习的号召。佳木斯市修建了刘英俊烈士陵墓。

（三）赖宁

1973 年，赖宁出生于四川雅安市石棉县。石棉是火险区，每当发生山火，他和伙伴们都会主动上山去帮助大人灭火。1988 年 3 月 13 日下午 3 时左右，山上突然起火，县城周边的森林、卫星接收站和油库都面临巨大危险。赖宁得知火情后，为了不让母亲担心，就和生病在家的妈妈说了声："我下楼走一走。"之后，就带领着伙伴们飞快地直奔火场。大家找了一些松枝灭火，但火势非常凶猛，赖宁和小伙伴们一次次地冲向火海……在众人的努力下，火被扑灭，但赖宁却不见了。当人们第二天上午发现他时，已没有了呼吸。

赖宁为保护国家财产勇敢救火英勇牺牲的事迹被广泛传扬。1988 年 5 月，四川省人民政府批准赖宁为革命烈士；1989 年 5 月，共青团中央、国家教育委员会授予赖宁"英雄少年"的光荣称号，并号召全国各族少先队员向赖宁学习。

每逢节假日，来石棉赖宁纪念馆瞻仰的人络绎不绝。馆内陈列的赖宁照片上，他的脸孔虽带着稚气，但神情坚毅，令人肃然起敬。

（四）郭明义

郭明义，1958 年 12 月出生，1977 年 1 月入伍，先后荣获全国优秀共产党员、"改革先锋"、全国五一劳动奖章、全国道德模范等近百项荣誉称号。被中央文明委授予"当代雷锋"荣誉称号。

从 1990 年至 2010 年的 20 年时间里，郭明义无偿献血的量累计达到了 6 万毫升，相当于自身总血量的 10 倍。从 1994 年至 2010 年，郭明义先后资助了 180 多名特困学生，他捐给特困学生和贫困家庭的钱数超过了 12 万元，这比他参加工作以来所用有工资收入的一半还要多。从 1996 年到 2010 年，每天坚持提前上班，相当于多干了 5 年的工作量。

三、经典论述

1. 向雷锋同志学习①。

2. 学雷锋不是学他哪一两件先进事迹，也不只是学他的某一方面的优点，而是要学他的好思想、好作风、好品德；学习他长期一贯地做好事，而不做坏事；学习他一切从人民的利益出发，全心全意为人民服务的精神。当然，学雷锋要实事求是，扎扎实实，讲究实效，不要搞形式主义。不但普通干部、群众学雷锋，领导干部要带头学，才能形成好风气②。

---

① 中共中央文献研究室：《建国以来重要文献选编》（第十六册），北京：中央文献出版社 1997 年版，第 188 页。

② 中共中央文献研究室：《毛泽东年谱（1949—1976）》（第五卷），北京：中央文献出版社 2013 年，第 201 页。

3. 向雷锋同志学习，憎爱分明的阶级立场，言行一致的革命精神，公而忘私的共产主义风格，奋不顾身的无产阶级斗志①。

4. 谁愿当一个真正的共产主义者，就应该向雷锋同志的品德和风格学习②。

5. 雷锋精神，人人可学；奉献爱心，处处可为。积小善为大善，善莫大焉。当有人需要帮助时，大家搭把手、出份力，社会将变得更加美好。我国工人阶级应该为全社会学雷锋、树新风作出榜样，让学习雷锋精神在祖国大地蔚然成风。希望你们努力践行社会主义核心价值观，积极向上向善，从"赠人玫瑰、手有余香"中感受善的力量，以实际行动书写新时代的雷锋故事，为实现中国梦有一分热发一分光③。

四、教学应用

知识点 1：第五章　第三节　"两手抓，两手都要硬"。

社会主义市场经济体制的建立，在焕发全社会创造活力，激发人们竞争意识、效率意识、创新意识，促进经济快速发展的同时，也暴露出自身的弱点和缺陷，并反映到人们的精神生活中来，引发了社会精神领域和道德领域的一些新情况新问题。随着市场经济的深入推进，人们对加强人际关爱、构建和谐人际关系的呼唤十分强烈，对治理道德领域突出问题、形成良好道德生态的愿望十分迫切，对抵制不良风气、提升文明风尚的要求十分期待。建设与我国经济社会发展相适应、与物质文明相协调的社会主义精神文明，需要做大量艰苦细致的工作。

知识点 2：第六章　第二节　推进党的建设新的伟大工程。

中国共产党是中国工人阶级的先锋队，同时是中国人民和中华民族的先锋队。中国共产党之所以能够不断发展壮大，团结带领全国各族人民夺取革命、建设、改革的重大胜利，赢得人民群众的爱戴和拥护，成为领导中国人民不断开创事业发展新局面的坚强核心，归根结底就在于始终坚持了全心全意为人民服务的宗旨，始终坚守了立党为公、执政为民的理念，始终保持了马克思主义政党的先进性和纯洁性。

知识点 3：第八章　第三节　"五位一体"总体布局：坚定文化自信，繁荣

---

① 中共中央文献研究室：《建国以来重要文献选编》（第十六册），北京：中央文献出版社 1997 年版，第 189 页。

② 中共中央文献研究室：《建国以来重要文献选编》（第十六册），北京：中央文献出版社 1997 年版，第 189 页。

③ 《习近平给"郭明义爱心团队"回信》，载《人民日报》，2014 年 3 月 5 日，第 1 版。

发展社会主义文化。

中华民族在长期发展历史进程中形成的传统美德，是中华优秀传统文化的精华，是中国当代文明的根基，千百年来一直滋润着中华民族共有精神家园。社会主义道德是党领导人民在社会主义革命、建设、改革中所形成的崇高革命气概、优秀精神品质和高尚道德情操的集中体现，是中华传统美德在新的时代条件下的传承和升华，是全面建成小康社会、夺取中国特色社会主义事业新胜利的强大精神动力。

知识点4：第九章　第二节　推进社会主义文化强国建设：培育和践行社会主义核心价值观。

党的十八大强调，推动学雷锋活动、学习宣传道德模范常态化。这是党中央科学分析思想道德建设新形势、适应时代发展新要求、顺应人民群众新期待提出的一项重要任务，是推进社会主义核心价值体系建设的重大举措，是全面提高公民道德素质的有效抓手。要深入开展学雷锋活动，大力弘扬雷锋精神，激发人们思想道德建设热情，倡导文明新风，匡正道德失范，矫正诚信缺失，提升社会道德水平，引导人们自觉做中华民族传统美德的传承者、社会主义道德规范的实践者、良好社会风尚的建设者，形成全民族奋发向上、攻坚克难、开拓前进的强大力量，汇聚实现中华民族伟大复兴"中国梦"的强大力量。

第四节　焦裕禄精神

一、焦裕禄精神概述

（一）焦裕禄精神形成过程

1962年12月，焦裕禄肩负着党和人民的重托来到河南省兰考县担任县委书记。到兰考后，他面对困难，带领全县群众战天斗地，顽强拼搏，同严重的自然灾害作坚苦卓绝的斗争，奋力改变兰考的贫困面貌。他为民爱民，视群众利益高于一切；重视科学，坚持办法要从实践中来，从群众中找，走遍了全县80%以上生产大队，摸清了"三害"发生演变特点和趋势，闯出了工程治理和生态治理相结合的新路子；注重实干，身体力行，亲自到治理"三害"的现场；无私奉献，经常带病坚持工作，直到生命的最后一刻，想的仍然是人民群众的幸福安康和党交给的任务。1964 年 5 月，焦裕禄因肝病医治无效不幸逝世，年仅 42 岁。他虽在兰考只工作了 475 天，却用实际行动铸就了感天动地的焦裕禄精神。

1. 焦裕禄精神的提出（改革开放前）

1964 年 5 月下旬，焦裕禄刚刚去世不久，河南省召开了一个全省性的沙区造林工作会议。时任兰考县委副书记张钦礼在会上发言时，对如何"沙区造林"越讲越少，而对带领人们进行"沙区造林"的焦裕禄事迹越讲越多，把"沙区造林"经验交流会讲成了焦裕禄事迹报告会。全场 400 多人都听得泣不成声，主持会议的王维祥副省长宣布当天下午全体讨论焦裕禄事迹。会议结束后，河南省委做出向优秀共产党员焦裕禄同志学习的决定。11 月 20 日，《人民日报》刊登了题为《焦裕禄同志为党为人民忠心耿耿》的报道，这是有关焦裕禄事迹最早的一篇报道。时隔一年多后，1966 年 2 月 7 日，《人民日报》发表了由新华社采写的长篇通讯《县委书记的榜样——焦裕禄》，并配发了《向毛泽东同志的好学生——焦裕禄同志学习》的社论，这两篇文章一经发表便引起巨大反响，掀起了学习宣传焦裕禄的高潮。随后，解放军原总政治部、全国总工会、团中央、各省市县委也相继号召人民向焦裕禄学习。2 月 15 日，《人民日报》刊载了时任四川汉源县委书记阎桂芳和县委副书记苏文忠撰写的《用焦裕禄精神改造汉源》一文，这是在权威官方媒体上首次提出"焦裕禄精神"。

从 1966 年首次提出到改革开放前，媒体对焦裕禄精神宣传主要涉及以下几方面。第一，为人民服务。焦裕禄是为人民服务的典范，时刻牵挂的是广大人民。"学习焦裕禄同志不为名，不为利，不怕苦，不怕死，完全彻底为人民服务的高贵品德。"① "焦裕禄同志是一个全心全意为人民服务的彻底革命者……焦裕禄同志每时每刻不忘工作，是同他每时每刻都在关心群众的根本利益拧在一起的。"② 第二，活学活用毛泽东思想。新中国成立后，中国共产党加强了自身的思想建设，号召全体党员以及人民群众学习毛泽东思想。相关媒体宣传"焦裕禄同志活学活用毛泽东思想的立场、观点和方法，是永远值得我们学习的榜样"③，"像焦裕禄同志学习，最根本的是要学习他怎样活学活用毛泽东思想"④。

---

① 王宝泉：《学习焦裕禄一心为人民》，载《中国民族》，1966 年第 4 期，第 23 页。

② 赵玉清：《象焦裕禄同志那样走在群众的前头》，载《前线》，1966 年第 4 期，第 23 页。

③ 本报评论员：《向毛泽东同志的好学生——焦裕禄同志学习》，载《人民日报》，1966 年 2 月 7 日，第 1 版。

④ 《红旗杂志》评论员：《焦裕禄同志是活学活用毛泽东思想的好榜样》，载《江汉学报》，1966 年第 7 期，第 1 版。

焦裕禄被树立为"毛泽东同志的好学生""活学活用毛泽东思想的榜样"，焦裕禄精神可贵之处就在于他能以毛泽东思想为指针，改造思想，指导行动。第三，大无畏的革命精神。为了彻底改变兰考的面貌，在严重困难面前，焦裕禄没有退缩，而是忍受着疾病的折磨，奋不顾身地带领全县干部群众同自然灾害进行了顽强斗争。他敢于革命，敢于胜利，充分发扬了无产阶级的大无畏革命精神，为党为人民做出了不朽的业绩。第四，深厚的阶级感情。焦裕禄痛恨压迫、剥削，他的心始终是和人民群众、无产阶级在一起的。他在担任领导职务后，并没有忘记自己的出身。他下乡蹲点、访贫问苦，与农民一起在田间劳动，总是在最困难的时候出现在群众面前。

2. 焦裕禄精神的丰富（改革开放至20世纪末）

20世纪80—90年代，《县委书记的榜样——焦裕禄》一文又陆续被各地的报纸、杂志重新进行刊登。1990年7月8日，新华社发表了穆青、冯建和周原的《人民呼唤焦裕禄》一文，文中提到，虽然时代不同了，但人民群众并没有忘记焦裕禄，焦裕禄精神早已深入人心，人民希望党的优良传统能够继续传承发扬下去，希望能够出现更多的焦裕禄式的好干部。此文发表立刻在社会产生强烈反响，又一次在全国掀起学习焦裕禄精神的高潮。1991年2月9日，江泽民到兰考视察，向焦裕禄陵墓敬献花圈，并对在场干部群众说："为官一任，就要造福一方。"① 1994年5月，胡锦涛视察兰考，并为"焦裕禄同志纪念馆"落成剪彩暨焦裕禄铜像揭幕，号召广大干部向焦裕禄学习。

20世纪80—90年代，政治、经济、社会领域发生了巨大变化，焦裕禄精神宣传结合新形势，有新的内容和侧重点。第一，密切联系群众。焦裕禄时刻关心群众的疾苦，把群众的利益作为自己所思所为的根本出发点和落脚点。他深入群众、密切联系群众的精神，在实行改革开放、发展市场经济的过程中需要大力发扬。只有获得群众的信任和支持，才能战胜困难。第二，无私奉献。焦裕禄来到兰考后，时刻想的是如何战胜自然灾害，如何带领全县人民过上幸福生活。政府发放救济款时，家庭生活非常困难又身为领导的他没有接受救济，而是把名额让给了其他更加需要帮助的群众。他无私奉献精神，既是救治那些损公肥私、以权谋利、贪污腐败、违法乱纪的领导干部的良药，也是扭转不良社会风气的净化剂。第三，清正廉洁。焦裕禄一生克己奉公，从没有搞过特殊化，利用自己手中的权力谋求私利。他一心为公、两袖清风的清正廉洁精神，

① 吴宏亮：《焦裕禄精神》，北京：中共党史出版社2018年版，第3页。

对改革开放初期，广大党员干部面对金钱、美女、权力、地位的诱惑，如何抵制"糖衣炮弹"的攻击有着重要的示范作用。第四，艰苦创业。焦裕禄面对困难时，没有畏惧，深入实际、调查走访，几乎跑遍了兰考县所有的村镇，掌握了一套切实有效的治理"三害"的方法；鼓励干部群众，使人们在困难中重拾信心、看到希望，全县人民在他的带领下同自然灾害顽强斗争并取得了明显成效。

3. 焦裕禄精神的发展（21世纪以来）

习近平总书记一直十分崇敬焦裕禄，视为人生榜样。2009年4月1日，时任中共中央政治局常委、国家副主席的习近平专程到兰考，致敬忠魂。在干部群众座谈会上，他对焦裕禄精神内涵进行概括总结，并认为焦裕禄精神永不过时，永远代表共产党人亲民爱民、为民服务的宗旨。2009年9月，焦裕禄被评为"100位新中国成立以来感动中国人物"。2014年3月，习近平再次来到兰考考察时，指出："焦裕禄精神同井冈山精神、延安精神、雷锋精神等革命传统和伟大精神一样，过去是、现在是、将来仍然是我们党的宝贵精神财富，我们要永远向他学习。"① 2021年，焦裕禄精神被正式纳入中国共产党精神谱系。

（二）焦裕禄精神科学内涵

1. 焦裕禄精神基本内涵

2009年4月1日，习近平在兰考召开的干部群众座谈会上，把焦裕禄精神概括为"亲民爱民、艰苦奋斗、科学求实、迎难而上、无私奉献"二十个字。

第一，"亲民爱民"是焦裕禄精神的出发点和落脚点。作为兰考县委书记，焦裕禄处理一切问题的出发点和落脚点都是兰考群众。他一直把自己当作"人民的儿子"②，在风沙最严重的时候，他迎着漫天黄沙查风口；在大雨倾盆的时候，他顺着洪水查流向；在大雪纷飞的夜晚，他带领村干部一家一户地查看群众的住房。他遇事总是把群众放在第一位，心里一直装着群众，直到病逝前，还记挂着张庄的沙丘有没有封住、赵垛楼的庄稼淹没淹、秦寨的麦子长没长、老韩陵的泡桐栽了多少，而对于自己身上的病痛，却暗暗咬牙坚持。兰考人都说："我们的好书记，你是活活地为俺兰考人民累死的呀！""他心里装着老百

---

① 习近平：《大力学习弘扬焦裕禄精神　继续推动教育实践活动取得实效》，载《人民日报》，2014年3月19日，第1版。

② 任彦芳：《我眼中的焦裕禄：1965-1966年采访手记》，广州：广东人民出版社2011年版，第22页。

姓,唯独没有他自己。"① 这就是焦裕禄亲民爱民的真实写照。人民性是焦裕禄精神的历史烙印和时代标志。

第二,"艰苦奋斗"是焦裕禄精神的底色。艰苦奋斗精神是我党在长期革命、建设中形成的最为优良的作风与传统,也是我党在执政过程中的本色要求。艰苦奋斗意味着每一个共产党员要坚守准则、坚持理念、保持作风、维护精神,将共产主义事业的实现作为崇高的目标。在苦难面前,每一个共产党员都要坚定自己的思想与意志。由于当时兰考自然灾害极其严重,在很多干部都失去建设兰考信心时,焦裕禄则号召兰考每个党员和群众,在灾难里寻找胜利的曙光,在困难中觅求胜利的希望。在他带领下,兰考县从党员到群众一改往日束手无策、畏难退缩的局面,站直了腰板,艰苦奋斗,永不言退,终于从灾难中走了出来。他的衣服裤子总是缝了又补,一辆自行车陪他走遍了整个兰考大地。他防沙治水、访贫问苦,清廉作风一直伴随左右,执着精神一直是他工作的基础要求。焦裕禄艰苦奋斗精神是我党艰苦奋斗优良品质的完美体现。

第三,"科学求实"是焦裕禄精神的重要特征。一切从实际出发,实事求是,从群众中来,到群众中去,是我们党处理问题的正确路线和科学方法。20世纪60年代,兰考县面临"穷"和"灾"两大问题。而贫穷的根源还是灾害,所以,兰考问题的切入点就是要解决内涝、盐碱、风沙这三大自然灾害。焦裕禄在兰考"除三害",靠的正是实事求是、从群众中来到群众中去的根本方法。他初到兰考就亲自摸风口、探水情、尝碱土,经常到群众中去,听取群众的意见,找专家商量对策,认真做好笔记,这些都是他深入实际调查的明证、正确决策的依据。譬如,治沙工作,焦裕禄深知"沙区没有林,有地不养人""有林就有粮,没林饿断肠"②,治沙关键还是要植树造林,防风固沙,把沙丘固定住了,就可以在地里种粮食,群众就有了收入来源。但植树造林,该种什么树?他走访群众,得知以前的兰考县就是种泡桐的,于是,他就与农林大学毕业的大学生商量方案,讨论到底种泡桐可不可行、种多少、间距多少最可行等问题。在他的努力下,兰考大地长满了泡桐,风沙也被固定住了。他坚持一切从实际出发、实事求是的科学研究方法为他解决工作难题提供了利器。

第四,"迎难而上"是焦裕禄精神的重要体现。焦裕禄在工作和生活中都始

① 穆青、冯建、周原:《县委书记的榜样——焦裕禄》,载《人民日报》,1966 年 2 月 7 日,第 1版。
② 周长安、赵永祥、吴玉清:《焦裕禄在兰考的日日夜夜》,河南:河南人民出版社 1990 年版,第 130 页。

终体现出勤俭、奋斗与执着的精神。他曾说，兰考是灾难县，这里生产生活极其困难，如果作为党员的我们在面对困难时都没有一种舍我其谁的决心，那么就根本没法将兰考县的灾难现状改变。焦裕禄的言语代表了他的工作态度，为了改变兰考县贫困的现状，他与当地群众一起劳动、生活，有甘共尝，有难同当。在严峻困难面前，他兑现了他的诺言，永不退缩，以一种"困难面前逞英雄"的进取姿态，带领全县群众父老勇敢地与自然灾害做斗争，一往直前，不畏艰险。凭借焦裕禄坚韧顽强、执着不懈的拼搏精神，他终于带领兰考人民战胜了严峻的自然灾害，一举改善了兰考落后的面貌。

第五，"无私奉献"是焦裕禄精神的突出品质。无私奉献是共产党员应有的精神追求，是共产党员先进性纯洁性的重要体现。焦裕禄在工作实践中，带头做到了以身作则和无私奉献。他对家人严格要求，焦母几次从山东老家千里迢迢来兰考看望她日夜思念的儿子，每次到家都看不到他，有时直至半夜他才下班回来。而焦母也不怪焦裕禄，她深知儿子是为人民做事的干部，工作很忙。焦裕禄也会懊恼没有时间陪自己的老母亲，但兰考的百姓更需要他，他是"公家的人"。面对自己的女儿焦守凤升学，他也绝不假公济私、徇私舞弊，一些部门把招生表送到家里，他都一一退了回去①。无情未必真豪杰，怜子如何不丈夫！但焦裕禄心中有党、有民、有责、有戒，他把自己是人民的公仆这个角色看得更重些，把以身作则、无私奉献体现在工作的方方面面。

2. 焦裕禄精神科学内涵新阐释

2014 年 3 月，习近平在兰考考察时，对焦裕禄精神又做了具体表述，即"心中装着全体人民、唯独没有他自己"的公仆情怀，凡事探求就里、"吃别人嚼过的馍没味道"的求实作风，"敢叫日月换新天""革命者要在困难面前逞英雄"的奋斗精神，艰苦朴素、廉洁奉公、"任何时候都不搞特殊化"的道德情操②。这是新时代对焦裕禄精神内涵的重新阐释。

第一，公仆情怀。公仆情怀是党的宗旨的具体体现，是焦裕禄精神的核心。焦裕禄之所以时隔 50 多年之久依然被世人传颂，是因为他始终与人民心相连、情相依，与群众同呼吸、共命运。焦裕禄要求领导干部要带头到最需要帮助的基层中去，与群众同甘共苦，为群众做出榜样。他身为县委书记，却丝毫没有县委书记的架子，没有令群众反感的官气，与人民群众始终保持着一种血肉联

---

① 焦裕禄干部学院：《跟焦裕禄学做县委书记》，北京：人民出版社 2015 年版，第 121–122 页。

② 习近平：《大力学习弘扬焦裕禄精神　继续推动教育实践活动取得实效》，载《人民日报》，2014 年 3 月 19 日，第 1 版。

系，正是这种公仆情怀、群众意识，使他找准了自己的位置，一心为民着想，全力为民服务。

第二，求实作风。求实作风即实事求是的工作作风，是焦裕禄精神的灵魂。焦裕禄的实干不是蛮干瞎干，而是艰苦奋斗、勤政为民，创造性地为人民干实事、办好事，使人民获得实实在在的利益。他一生在多个领域、多个岗位工作过，从通讯员、宣传干事、团委副书记、车间主任一直到县委书记，总是能很快适应，出色地完成工作任务，根本原因就在于他每到一处都从实际出发、深入调查、勤于学习、善于总结。为促进兰考发展，对任何工作焦裕禄都事必躬亲、深入了解，确保自己对兰考的情况熟烂于心，从不只做表面文章、应付了事。正是因为他团结干部带领群众雷厉风行，夜以继日查灾情、找办法、定规划，在短短一年多的时间里为兰考人民开拓出了一条希望之路。

第三，奋斗精神。艰苦奋斗、自力更生是中华民族的光荣传统，是中国共产党的政治本色，也是焦裕禄精神的精髓。焦裕禄身上体现了一个革命者一往无前改造旧世界、建立新世界的顽强拼搏的坚定信念，体现了一个共产党人不畏困难、不惧风险、勤俭朴素、开拓进取的奋斗精神。面对重重困难，焦裕禄坚信只要敢于拼搏就一定能够战胜它们。他鼓舞干部群众的士气，激发他们战胜困难的斗志。他身先士卒，深入实际摸查灾情，与群众一起栽种泡桐树，请教总结治理"三害"的经验，总是哪里困难最多、风险最大就出现在哪里，用自己的言行来调动群众的积极性。面对困难，焦裕禄同志没有伸手向国家要补助，而是带领干部群众自力更生、艰苦奋斗、开拓进取，制定出了一套实用、易行且符合规律的方案，终于改变了兰考贫困落后的面貌。

第四，高尚道德情操。艰苦朴素、清正廉洁是共产党人先进性和纯洁性的重要体现，是党一贯的优良作风，也是焦裕禄精神的鲜明特征。焦裕禄同志以其廉洁奉公、无私奉献、勤政爱民、严于律己的实际行动，展现了共产党人和党的领导干部的高尚情操与道德风范，一直为世人所称赞。当年祖父给他起名"裕禄"就是希望他能够仕途平坦、生活富足，但他一生都没有追求自己的官位与财富，而是不计个人名利得失，为了人民幸福和党的事业，清正廉洁、无私奉献了自己的一生。焦裕禄生活极为简朴，从不讲究吃穿，且还总以艰苦朴素的"土气"和严于律己、坚持党的原则的正气，来反对那种贪图享受、脱离群众的思想作风。

（三）焦裕禄精神的重要价值

1. 焦裕禄精神的公仆情怀有利于坚持人民主体地位，汇集中国力量。焦裕禄一生奉行"我们都是人民的勤务员"的公仆精神，忠实地践行了"共产党员要在群众最困难的时候，出现在群众面前，在群众最需要帮助的时候，去关心群众，帮助群众"的人生信条。学习焦裕禄精神的公仆情怀对坚持人民主体地位，汇集中国力量，同心同德实现中国梦具有重要意义。

2. 焦裕禄精神的求是作风有利于坚持实干兴邦，践行"三严三实"。焦裕禄在兰考的一年多时间里，注重深入调查研究，和广大人民群众同吃同住同劳动，深入群众，倾听群众呼声。他亲自走访、调查过全县 149 个生产大队中的120 多个。焦裕禄"打破砂锅问到底"、敢为人先的求实作风是深刻领会焦裕禄精神的方法论基础，深入学习焦裕禄精神就要深入学习他坚持实事求是、一切从实际出发的求是作风。习近平明确指出："实事求是作为党的思想路线，它始终是马克思主义中国化理论成果的精髓与灵魂。"① 焦裕禄精神的求是作风正是在广大党员干部身上的典型体现。因此，焦裕禄精神的求是作风对于践行"三严三实"，坚持实干兴邦具有重要的指导意义。

3. 焦裕禄精神的奋斗精神有利于传承民族精神，塑造时代精精神。敢为人先、敢为天下先的革命大无畏的奋斗精神是焦裕禄精神的重要内容。学习和弘扬焦裕禄精神的奋斗精神，对克服消极懈怠的危险、传承民族精神、塑造时代精神意义重大。民族精神是一个民族优秀文化的凝聚，是一个民族在崎岖的历史进程得以生存和发展的精神依托。焦裕禄精神与中华民族的民族精神是血脉相承的一个整体，特别是，其奋斗精神是中国共产党带领全国人民在新的时代实现民族伟大复兴中国梦的巨大精神推动力。

4. 焦裕禄精神的道德情操有利于改进党风，树立正确的价值导向。学习焦裕禄精神，要学习焦裕禄的高尚道德情操，即正己化人、一心为公的道德情操。焦裕禄一直坚持勤俭节约。他廉洁奉公，从不为自己及亲属谋取好处，起草并执行《干部十不准》，规定干部不能搞特殊。2014 年 5 月 9 日，习近平在指导兰考县委常委班子专题民主生活会时，强调作风建设是永恒课题。学习焦裕禄精神的道德情操有利于改进党风，树立正确的价值导向，对加强作风建设具有重要的现实意义。

---

① 习近平：《坚持实事求是的思想路线》，载《学习时报》，2012 年 5 月 28 日，第 1 版。

二、典型案例

（一）热心助人，一心为民

1963年12月11日，焦裕禄来到社员张传德家，看到张的爱人抱着一岁的男孩，不停地流泪，忙上前询问，问明孩子患了重病，在当地看了一个多月不见好转。他赶紧到大队给县医院院长高芳轩打了电话，要他们给孩子进行及时治疗。他还不放心，又写了一封信，让张传德带上到县医院去。孩子住院期间，焦裕禄曾3次电话询问病情。经过25天的治疗，小孩吃得白胖，病全好了。这个原名叫张徐州的小孩，在焦裕禄逝世后，为表示继承焦裕禄遗志，改名叫张继焦。

（二）永葆艰苦朴素作风

1964年2月7日，国家给兰考拨来一批救济棉花。救灾办公室的同志看到焦裕禄的棉袄很破，决定照顾他3斤棉花，让他换件新棉袄。同志们怕焦裕禄不要，就把3斤棉花票送到他家里。焦裕禄知道后，又让家属把棉花票退了回去。他对救灾办公室的同志说："救灾物资是给群众的，我们不能要。虽说我的棉衣破点，但还能穿，比起没有棉衣穿的群众强多了。"实际上，焦裕禄的许多衣物都该换了。一床被子用了几十年，被里烂了就翻过来用，衣服、鞋袜补了又补。爱人徐俊雅总想给他换件新的，而他却常常对家属说："现在兰考遭灾，群众生活很苦。跟群众相比，咱穿的就不错了。比我要饭时披麻包片，住房檐下避雪那会儿强多啦!"有一次，焦裕禄的一件已缝了许多补丁的衣服又破了，他又让爱人徐俊雅缝补。徐俊雅一看实在是破得不能再补了，就不愿意补。他又求岳母给缝补，他的岳母也说太破不能补了。于是，焦裕禄就自己动手缝补，还笑着说："补丁多了，穿着结实。"作为领导，焦裕禄时刻保持艰苦朴素的作风，生活上向低标准看齐。

（三）注重调查，求真务实

1963年11月19日至30日，焦裕禄组织"除三害"办公室、农业局、科委和各公社农机站等有关部门64人，对全县碱地面积、分布情况、地下水位进行全面丈量、调查。在普查期间，焦裕禄经常带着行李，拿着干粮，挎着水壶，和盐碱普查队的同志一块下去。为了弄清一块盐碱地情况，他们反复丈量，挖掘地下水，焦裕禄经常用嘴品尝是否含盐碱成分。他说："用舌头一舔，咸的是盐，凉的是硝，又骚、又辣、又苦的是马尿碱。"经过10多天的艰苦工作，焦裕禄与普查队一起掌握了第一手资料。他让大家把盐碱地按牛皮碱、马尿碱、瓦碱、卤碱、白不卤、其他碱6类进行分类统计，绘制出全县盐碱分布、分类图。他们通过对1963年全县35万亩积水地进行详细调查，进而分析得出结论：内涝是形成盐碱地的根本原因。

（四）用于探索，知难而进

1953年7月，焦裕禄到洛阳矿山机器厂工作。虽然只有4年小学文化程度，但他硬是通过刻苦学习弄懂了相关专业知识。1956年，焦裕禄被任命为车间主任。上任不久，厂党委决定试制重达108吨的大型卷扬机，当时国内尚属首次，攻关难度很大。身为车间主任的焦裕禄没有退缩，为解决生产中的一个个难题，他索性把铺盖搬进了车间，连吃饭也蹲在机器旁。工人们在他的拼搏精神的感召下，也纷纷夜以继日赶任务。经过合力奋战，直径4米的卷扬机终于试制成功。

1962年12月初，地委组织部同志在和焦裕禄谈话时，明确地告诉他，兰考是个最困难的县，要他在思想上有个充分准备。当时焦裕禄态度十分坚决地说："感谢党把我派到最困难的地方。越是困难越能锻炼人。请组织放心，不改变兰考面貌，我决不离开那里。"组织上要焦裕禄回去安置好家再去兰考报到，而他却立即到兰考报到去了。他说："兰考正在严重困难的时候，那里的群众正盼望党组织派来的人组织他们向困难做斗争。"

（五）严守党纪，清正廉洁

焦裕禄从未利用手中的职权谋取一丝好处。他的儿子焦国庆有一次看戏没有买票，他召开家庭会议批评了孩子并让其把票钱送回去，并起草了一个《干部十不准》文件，规定任何干部无论何时何地都不能搞特殊化。他的女儿焦守凤毕业后，焦裕禄没有给她安排体面的工作，而是叫她去供销社副食品加工厂，并且对厂长说一定要把她安排在最苦、最累、最脏的地方来促使她进步。焦裕禄为人为官刚正不阿、高风亮节，用自己高尚的德行和实际行动赢得了百姓对他的信任和拥护。

三、经典论述

1. 焦裕禄同志，你没有辜负党的希望，你出色地完成了党交给你的任务，兰考人民将永远忘不了你。你不愧为毛泽东思想哺育成长起来的好党员，不愧为党的好干部，不愧为人民的好儿子，你是千千万万在严重自然灾害面前，巍然屹立的共产党员和贫下中农革命英雄形象的代表。你没有死，你将永远活在千万人的心里①。

2. 兰考存三害，多年患未除，勇哉焦裕禄，受命困难摅……学毛有独到，自与常情殊。吾党悼焦君，模范孰能逾②？

3. 1991 年 2 月 9 日，江泽民来到兰考，向焦裕禄陵墓献了花圈。他对在场的干部群众说："我们各级领导干部学习焦裕禄同志，就要像他那样廉洁自律，克己奉公。既然居官在位，就要兢兢业业地为人民办实事。是'菩萨'就得'显灵'，为官一任，就要造福一方。"并题词："向焦裕禄同志学习，全心全意为人民服务。"③

4. 焦裕禄同志是全党同志和全国各族人民公认的中国共产党的好党员，人民的好公仆，县委书记和广大干部的好榜样。他的一生，是为党的事业、为人民利益鞠躬尽瘁的一生……在今天，认真学习和弘扬焦裕禄精神仍然是我们这个伟大时代的要求，是全国各族人民的呼唤，是加强党的建设、发展社会主义现代化事业的需要。……应该像焦裕禄那样全心全意为人民服务，密切联系群众，一切为了群众，事事相信和依靠群众；应该像焦裕禄那样坚持党的实事求是的思想路线，一切从实际出发，讲真话，办实事，大胆开拓，创造性地工作；应该像焦裕禄那样不怕困难，不畏艰险，顽强拼搏，艰苦创业；应该像焦裕禄那样廉洁奉公，勤政为民④。

5. 魂飞万里，盼归来，此水此山此地。百姓谁不爱好官？把泪焦桐成雨。生也沙丘，死也沙丘，父老生死系。暮雪朝霜，毋改英雄意气！依然月明如昔，思君夜夜，肝胆长如洗。路漫漫其修远矣，两袖清风来去。为官一任，造福一方，遂了平生意。绿我涓滴，会它千顷澄碧⑤。

6. 焦裕禄同志是人民的好公仆，是县委书记的榜样，也是全党的榜样。亲民爱民、艰苦奋斗、科学求实、迎难而上、无私奉献的焦裕禄精神，过去是、现在是、将来仍然是我们党的宝贵精神财富，永远不会过时。生命有限，很多

---

① 穆青、冯健、周原：《县委书记的榜样——焦裕禄》，载《人民日报》，1966 年 2 月 7 日，第 1 版。

② 董必武：《学焦裕禄同志》，1966 年 2 月 9 日。

③ 吴宏亮：《焦裕禄精神》，北京：中共党史出版社 2018 年版，第 3-4 页。

④ 胡锦涛：《在纪念焦裕禄同志逝世三十周年大会上的讲话》，载《人民日报》，1994 年 5 月 15 日，第 1 版。

⑤ 习近平：《念奴娇·追思焦裕禄》，载《福州晚报》，1990 年 7 月 16 日，第 1 版。

英雄模范人物崇高精神的形成过程也是有限的，但形成了一种宝贵精神财富，是一个永恒的定格。焦裕禄精神同井冈山精神、延安精神、雷锋精神等革命传统和伟大精神一样，过去是、现在是、将来仍然是我们党的宝贵精神财富，我们要永远向他学习①。

7. 焦裕禄同志始终是我的榜样②。

四、教学应用

知识点 1：第一章　第二节　毛泽东思想及其历史地位。

群众路线是党的生命线和"传家宝"，是我们开展各项工作的根本工作方法，是经过几十年革命与建设的考验流传下来的优良传统和作风。焦裕禄是坚持和践行群众路线的典范。清正廉洁、爱民为民是焦裕禄在长期践行党的群众路线过程中逐步培养成的优良作风。焦裕禄精神是新时期坚持群众路线的生动诠释。共产党人要贯彻落实群众路线，就要永远学习和弘扬焦裕禄精神。在关于毛泽东思想活的灵魂之一"群众路线"的教学中，融入焦裕禄精神，丰富群众路线内涵，有效诠释群众路线。

知识点 2：第七章　第二节　推进社会主义文化强国建设。

知识点 3：第十章　第三节　培育和践行社会主义核心价值观。

第七章第二节中"推进社会主义文化强国建设"突出强调要"社会主义核心价值体系是兴国之魂，决定着中国特色社会主义发展方向"；第十章第三节围绕推动社会主义文化繁荣兴盛展开，其中社会主义核心价值观是社会主义文化的核心内容，也是民族赖以维系的精神纽带。焦裕禄精神是新时代的民族精神，"允公""允能""不受"和"不污"是焦裕禄精神的主要闪光点。作为新时代民族精神的集中体现，弘扬焦裕禄精神中的公仆情怀，有利于坚持人民主体地位，汇聚中国力量。弘扬焦裕禄精神中的求实作风，有利于坚持实干兴邦，践行"三严三实"；弘扬焦裕禄精神中的奋斗精神，有利于传承民族精神，塑造时代精神，特别是对于凝聚中国精神力量，凝结民族"精气神"具有重要的价值。焦裕禄精神丰富和拓展了民族精神的内涵，理应内含于社会主义核心价值观中。建议第七章第二节和第十章第三节的教学要拓展社会主义核心价值观的内容，将焦裕禄精神的核心要义融入其中。

---

① 习近平：《大力学习弘扬焦裕禄精神　继续推动教育实践活动取得实效》，载《人民日报》，2014 年 3 月 19 日，第 1 版。

② 习近平：《做焦裕禄式的县委书记》，北京：中央文献出版社 2015 年版，第 3 页。

知识点 4：第十一章 第四节 全面从严治党。

全面从严治党一个重要内容需要"加强党的作风建设"，作风建设的核心是保持党同人民群众的血肉联系。党员干部的作风建设历来都是党的建设的一个重要组成部分，党风直接关系到人心向背和执政党的生死存亡，关系到党在新时期能否经受住各种考验，能否带领广大人民完成"两个一百年"的奋斗目标顺利实现中国梦。弘扬焦裕禄精神对当前党风建设极具意义。当前党员干部队伍在用人、用权、用钱、学风和生活作风等方面存在问题。党员干部在作风方面问题本质上是其党性出现了问题。学习焦裕禄精神，强化党性修养，要切实做到公私分明见境界，学习思考养心性，求真务实明宗旨，疾恶如仇扬正气。在"全面从严治党"教学内容中融入焦裕禄精神学习非常必要。

第五节 大庆精神

一、大庆精神概述

在社会主义革命与建设时期诞生的大庆精神，是中国共产党人精神谱系的重要组成部分。

（一）大庆精神的形成和发展

新中国成立初期，石油资源匮乏，严重制约着国家的发展。为解决社会主义建设急需用油的问题，党中央高度重视石油工业发展，成立专门机构，调集各方力量，在甘肃玉门建成新中国第一个石油工业基地，在全国范围内掀起油气生产建设的高潮。1959 年 9 月 26 日，新中国成立 10 周年前夕，大庆油田正式诞生，掀开了新中国石油工业崭新的一页，粉碎了国际敌对势力以石油为武器，对新中国进行政治孤立、经济封锁、军事威胁的企图。

1960 年 4 月，石油工业部机关党委作出《关于学习毛泽东同志所著〈实践论〉和〈矛盾论〉的决定》，号召全体会战队员用"两论"的立场、观点、方法来破解石油会战工作中的难题。通过学"两论"，会战队伍一致认识到，这困难，那困难，国家缺油是最大的困难；这矛盾，那矛盾，社会主义建设等油用，是最主要的矛盾。学习"两论"，为取得会战的最终胜利奠定了基础。

1960 年初，在党中央的领导下，几万名部队转业官兵、科技专家和石油工人从全国各地集结于东北松辽盆地，打响了一场气吞山河的石油大会战。到1963年底，大庆油田累计为新中国发展输送了1155万吨原油"血液"，我国石油实现基本自给，一举甩掉了中国"贫油"的帽子。

1964年，毛泽东同志发出"工业学大庆"的号召，把大庆精神、铁人精神推向了全国。60多年来，大庆油田累计生产原油24.3亿吨，装满60吨的油罐车可绕赤道14圈。滚滚黑色油流支援了国家建设，挺起了共和国工业的脊梁。

大庆油田的开发建设，创造了世界领先的陆相油田开发水平，建成了我国最大的石油生产基地，打造了一支敢打硬仗、勇创一流的优秀职工队伍，涌现了王进喜、王启民为代表的一大批先进模范人物，形成了团结凝聚百万石油人的强大精神动力，集中展现了我国工人阶级的崇高品质和精神风貌。大庆精神铁人精神，是在大庆油田长期开发建设实践中培育形成的，是社会主义核心价值体系的重要内容、典型体现和生动展示。铁人精神是对铁人王进喜的崇高思想和优秀品质的高度概括，是大庆精神的具体化、人格化。大庆精神、铁人精神无论在过去、现在和将来，都有着不朽的价值和永恒的生命力。

（二）大庆精神的科学内涵

历经60多年的风雨洗礼，以"爱国、创业、求实、奉献"为主要内涵的大庆精神、铁人精神，激励着一代又一代中华儿女不畏艰难、勇往直前。

1. 为国争光、为民族争气的爱国精神

爱国主义是真实的情感、具体的行动，是民族精神的核心，集中表现为民族自尊心和民族自信心，为保卫祖国和争取祖国的独立富强而献身的奋斗精神。大庆精神的核心是爱国主义精神。"爱国"就是心系祖国、奉献石油，高速度、高水平拿下大油田，开发好、建设好大油田，大长中国人的志气，挺起民族工业的脊梁。从此，中国甩掉了"贫油"的帽子，中国石油工业屹立在世界东方。在此过程中，以王进喜为代表的石油人，在极度艰苦的条件下，践行"三要"（一要甩掉中国石油落后的帽子，二要高速度、高水平拿下大油田，三要赶超世界先进水平、为国争光）、"十不"（不怕苦、不怕死、不为名、不为利、不讲工作条件好坏、不讲工作时间长短、不计报酬多少、不分职务高低、不分分内分外、不分前方后方）的誓言，拼命鏖战三年拿下大油田，并从1976年开始，连续27年实现5000万吨以上高产稳产。60多年来，大庆石油人始终坚定听党话、跟党走，坚持以保障国家能源安全为己任，创造了举世瞩目的历史成就。截至2020年末，大庆油田国内原油产量3001万吨、海外权益产量931万吨，生

产天然气 46.55 亿立方米，销售天然气 30.85 亿立方米，油气产量当量合计 4302.9 万吨，年产量继续保持稳产 4000 万吨以上，是名副其实的世界级大油田。

大庆精神、铁人精神充分体现了大庆石油人以振兴国家石油事业为己任的强烈爱国主义情怀和担当奋进作为，成为激励中华儿女为祖国争光、为民族争气的一面时代旗帜。以王进喜带领的 1205 钻井队为代表的大庆石油人，为了国家民族的利益奉献牺牲，用自己的忠诚担当和鲜血汗水实践着"我为祖国献石油"的爱国誓言。大庆精神、铁人精神不断被赋予新的时代内涵，切实把爱国主义精神体现在服务国家发展大局上。近年来，大庆油田不仅深化改革、提质增效，推动企业高质量发展，还积极参与"一带一路"建设，坚持"两种资源、两个市场"谋发展，海外业务项目已经覆盖 54 个国家和地区，拓展了可持续发展空间，在国际合作中继续弘扬大庆精神、铁人精神，以实际行动继续为国争光。

2. 自力更生、艰苦奋斗的创业精神

美国明尼苏达大学、斯坦福大学的学者，美孚石油公司调查团和日本的内野敏夫等曾经认为中国是贫油国家。我国科学家在大庆找到油田后，一些外国人又说，"大庆油田原油又黏又稠，离开他们，中国人不能开发这样大的油田"。大庆油田所在的松辽地区自然条件、生活条件相当恶劣，石油会战又赶上了 40 年不遇的连绵降雨。然而大庆人不服输、不信邪，坚持"有条件要上，没有条件创造条件也要上"，克服环境、气候、地质、饥荒等种种常人难以想象的艰难困苦，仅用一年零三个月就从打出第一口井喷油发展到探明长垣面积，只用 3 年就形成年产 600 万吨原油的生产能力，实现我国石油基本自给。大庆石油人之所以能取得这一令世人惊叹的成就，得益于他们在波澜壮阔的石油大会战中锻造形成的自力更生、艰苦奋斗精神——"六个传家宝"，即：人拉肩扛精神、干打垒精神、修旧利废精神、缝补厂精神、回收队精神、五把铁锹闹革命精神。这"六个传家宝"，铸就了自力更生、艰苦奋斗的鲜明精神标识。

"自力更生"是中国共产党和中国人民相信自己，依靠自己，战胜一切艰难险阻的斗争口号。习近平总书记反复强调，"不管条件如何变化，自力更生、艰苦奋斗的志气不能丢"。随着 2014 年国际油价断崖式下跌，油田陷入"历史上第一次整体性亏损"。面对困境，大庆石油人传承和弘扬大庆精神、铁人精神，从习近平总书记对大庆油田的重要指示精神中寻找破题答案："当好标杆旗帜，建设百年油田"。大庆油田领导班子深入基层一线密集调研，专题研究大庆油田可持续发展，制定《大庆油田振兴发展纲要》，以实际行动和业绩，向党和国家交上合格答卷。2017年，大庆油田一举扭亏为盈，生产经营指标全线飘红。2020年，大庆油田克服疫情影响，国内外原油产量双双超出计划，天然气产销量均创历史新高。大庆人打了一场漂亮的翻身仗，再次向世人证明，自力更生、艰苦奋斗是大庆精神、铁人精神永不褪色的鲜明特质。

3. 讲求科学、"三老四严"的求实精神

在大庆油田的开发建设过程中，遭遇了数不清的困难和挑战。如20世纪80年代，有人发出大庆油田即将走向全面衰退，成为第二个巴库油田的悲观论调。当大庆为了在高含水后期提升采收率，开始研发三元复合驱油技术时，有些国际权威勘查后断言大庆油田根本不适合这一技术。事实证明，这些外国专家只看到大庆油田难产的地质特征，却忽视了大庆人在油田开发建设中培养出来的对待技术难题百折不挠的坚强意志。

大庆科研工作者始终秉持务实创新的科学精神，坚持实践第一观点，把高昂的政治热情、爱国奉献精神和严谨求实的科学态度结合起来，攻克了一个又一个油田开采的科技难题，并在实践中形成了"三老四严""四个一个样""六股劲"的务实精神，创造了"两分法""三个面向""四勤四看""五到现场"等科学方法。正是以这种对事业、对工作科学认真、求实严谨的精神为动力，以科学严明的规则作保障，大庆人战胜了各种困难挫折和干扰，依靠自主创新攻克多项关键核心技术，让外国权威的唱衰言论不攻自破，闯出了一条中国人自己的油田开发之路，使大庆精神、铁人精神成为中国科技人员讲求科学、务实创新的实践指向。

在大庆油田60多年的发展历程中，以大庆"新铁人"王启民为代表的一批批科技工作者，以"挑战不可能、敢为天下先"的英雄魄力，不断向着一个又一个油田开采科技难题英勇冲锋。奋斗至今，他们不仅创新发展了一整套自主研发、系统配套、世界领先的勘探开发技术，而且建成了国家能源陆相砂岩老油田持续开采研发中心、大庆油田智慧指挥中心，把大庆油田的发展史，书写成了一部科技创新史和自强奋斗史。

4. 胸怀全局、为国分忧的奉献精神

大庆精神、铁人精神之所以能历久弥新，源于它深深植根于大庆石油工人高度的主人翁责任感，源于他们把个人价值和国家前途命运融合到一起的政治自觉，"奉献"是大庆精神、铁人精神的核心精髓。新中国成立初期，石油格外珍贵。因为缺油，公共汽车背上了煤气包，一些工厂被迫停产，许多拖拉机、飞机、坦克趴了窝。毛泽东在中南海召见地质部部长李四光时说："要进行建设，石油是不可缺少的，天上飞的，地上跑的，没有石油转不动。"肩负全国期待，铁人王进喜作为第一批大庆石油人的代表喊出了"宁肯少活 20 年，拼命也要拿下大油田"的铮铮誓言。无数像王进喜这样的共和国建设者们，自觉自愿地用青春、热血和生命践行了"为国分忧、为民奉献"的诺言，大庆精神、铁人精神中的奉献因子，就这样深深地刻印在一代又一代大庆石油人心中。

习近平总书记指出："追梦需要激情和理想，圆梦需要奋斗和奉献。"奉献是中华民族的传统美德，更是共产党人的重要精神特质。我们党对国家、对民族、对人民的赤诚奉献，既通过推动中国历史变革的伟大成就来体现，也通过一个个共产党员的先锋模范作用来展现。大庆油田的创业史和发展史，是对这种奉献精神最生动的时代诠释。这种奉献精神至今仍激励着一代代石油人不断书写为国、为民奉献的感人故事。

（三）大庆精神的重要价值

大庆精神、铁人精神是中国共产党人伟大精神在社会主义建设时期的开篇之作，彰显中国特色，反映民族精神，凝聚发展力量。站在新的历史起点上，我们要牢记习近平总书记的殷切嘱托，充分认识大庆精神、铁人精神的时代价值，不忘初心、牢记使命，大力弘扬大庆精神、铁人精神。

1. 大庆精神激励一代又一代石油人担当"为祖国加油"的崇高政治使命和重大历史责任，引领石油人不畏艰难、勇往直前，共同为社会主义现代化建设作出贡献。大庆精神在社会主义建设时期发挥了重要的精神引领作用，在改革开放和实现中华民族伟大复兴中国梦的伟大实践中依然具有重要的时代价值。

2. 大庆精神传承发扬了中华优秀传统文化中"天下为公"的无私奉献精神、"自强不息"的积极进取精神、"革故鼎新"的改革创新精神、"厚德载物"的宽厚包容精神和"居安思危"的民族忧患意识。大庆精神所蕴含的文化传统、思想品格、价值取向和道德规范，作为一种文化基因，深刻渗透到当代人生活的方方面面，在实践中产生了强大的凝聚力和生命力，大庆精神赓续传承、绵延不绝。

3. 大庆精神饱含着忠诚于党、产业报国的赤子情怀，传承不畏艰险、战天斗地的红色基因，体现着实事求是、求真务实的思想作风，代表着爱岗敬业、甘于奉献的崇高品格，蕴含着中华民族最深层次的精神追求，积淀着中国共产党和中国工人阶级的先进文化，有助于在新时代丰富发展社会主义先进文化。

因此，传承和弘扬大庆精神，是丰富社会主义先进文化的需要，是培育和践行社会主义核心价值观的需要，是实现中华民族伟大复兴的需要。大庆精神已经成为中华民族精神、中国共产党伟大精神的一面旗帜，载入了共和国辉煌史册，永远激励中华儿女不忘初心、砥砺前行。

二、典型案例

从铁人"王进喜"，到"新时期铁人"王启民，再到"大庆新铁人"李新民，三代铁人树立了石油人时代传承的风标。

（一）用生命为祖国献石油

王进喜是中国工人阶级的先锋战士、共产党人的楷模，"铁人精神"是忘我劳动、为国争光、自力更生、奋发图强精神的集中体现。

1923 年 10 月 8 日，王进喜出生于甘肃省玉门赤金堡一个贫苦的农民家庭。1950 年春，他通过操作考核成为新中国第一代钻井工人。1956 年，王进喜光荣加入中国共产党，带领贝乌 5 队在石油工业部组织的以"优质快速钻井"为中心的劳动竞赛中，创出了月进尺 5009.3 米的全国钻井最高纪录，贝乌 5 队被命名为"钢铁钻井队"，王进喜被誉为"钻井闯将"。

1959 年 9 月，我国石油战线传来喜讯——发现储量巨大的高台子油田。这一发现打破了中国贫油的谬论。随即，一场规模空前的石油大会战在大庆展开。1960 年 3 月 25 日，王进喜带领 1205 钻井队到达萨尔图车站，用"人拉肩扛"的办法把钻机卸下来，运到萨 55 井井场，仅用 4 天时间，把 40 米高的井架竖立在了茫茫荒原上。井架立起来后，靠人力取水保证了按时开钻。萨 55 井于 4 月 19 日胜利完钻，创 5 天 4 小时打一口深井最高纪录。

在王进喜的带领下，1205 钻井队坚持多打井、快打井，1958 年就实现钻井进尺"月上五千、年上双万"；1960 年 6 月 1 日，第一辆载有原油 600 吨的列车在众人夹道欢呼中缓缓驶出，首车原油的外运标志着大庆石油会战初战告捷。到 1963 年底，石油人通过三年的石油会战，结束了中国使用"洋油"的时代，实现基本自给。1964 年，毛泽东向全国发出"工业学大庆"的伟大号召。王进喜光荣出席了第三次全国人民代表大会，"铁人"的事迹传遍全国。

由于常年超负荷工作，铁人积劳成疾，1970 年 11 月 15 日 23 时 42 分，因医治无效不幸病逝，年仅 47 岁。曾经发出"宁肯少活 20 年，拼命也要拿下大油田"铿锵誓言的王进喜，把自己的一生毫无保留地献给了祖国的石油事业。

2009 年，王进喜被评为"100 位新中国成立以来感动中国人物"之一。

（二）闯出中国的油田开发之路

王启民坚持科学思维探索实践，直面业内争议和质疑，勇于挑战油田开发极限，为"铁人精神"赋予了新的时代内涵，被誉为科技战线的铁人、新时期的铁人。

王启民，1937 年 9 月出生，浙江湖州人。曾任大庆石油管理局勘探开发研究院院长，大庆油田有限责任公司总经理助理、副总地质师。1997 年获"新时期铁人"荣誉称号。2018 年，被党中央、国务院授予"改革先锋"称号，获评"科技兴油保稳产的大庆'新铁人'"。

1961 年 8 月，王启民从北京石油学院毕业，怀着献身祖国石油事业热情来到大庆石油会战工地。为了弄清楚地下油层的分布情况，王启民"把高度的革命精神和严格的科学态度相结合'，在科研的道路上"啃骨头、榨骨髓"，实现开发史上一次次创新突破。

20 世纪 60 年代，在油田早期注水开发实践中，王启民彻底破除了国外"温和注水、均衡开采"的技术定论，大胆采取"高效注水开采方法"，使大庆油田许多即将停产的"死油井"转而成为百吨高产井。

20 世纪 70 年代，王启民与他的团队创造出"分层开采，接替稳产"的模式，使大庆油田 1976—1985 年连续 10 年实现年产 5000 万吨稳产，还攀上了年产 5500 万吨高峰，跨入了世界特大型油田的行列。

20 世纪 80 年代，经过多年艰辛探索，通过对 1500 多口井的地质解剖、分析、研究，以及对 4 个试验区 45 口井采取试油、试采和注水开发等措施，使得油田增加地质储量 20 多亿吨，相当于为国家找到了一个新的大庆油田。

20 世纪 90 年代中期，王启民带领科研团队成功组织实施了"稳油控水"技术攻关，有效控制了产液量剧增的局面。这项技术让大庆油田拿下 1996 年度国家科学技术进步特等奖。

多年来，以王启民为代表的科研人员始终依靠科技，坚持自主创新、持续创新，培育和实践了高效的科技创新体系，创造了领先国际的油田开发技术。"超前 15 年研究，超前 10 年试验，超前 5 年配套"的科技研发战略，使大庆油田三次采油技术走在世界前沿，三次摘得国家科技进步特等奖。大庆油田勘探开发成果与"两弹一星"共同载入我国科技发展史册。

（三）走出国门为祖国献石油

李新民，1967 年 6 月出生，黑龙江泰来县人，中共党员。1990 年 6 月从大庆石油学校分配到 1205 钻井队工作，这是第一代"铁人"王进喜带过的队伍。进入 21 世纪，李新民成为 1205 钻井队第十八任队长。在他的带领下，1205 钻井队的铁人旗帜在海外市场高高飘扬，为祖国赢得了荣誉。2007 年被大庆油田评为"新时期五大标兵"之一，被命名为"铁人精神的传人"。2011 年 6 月 29 日，李新民被中国石油党组授予"大庆新铁人"称号，成为大庆油田第三代铁人。

为了保障国家能源安全，1993 年，中石油开始"走出去"，挺身进入激烈竞争的国际能源市场。2006 年，李新民率领 1205 钻井队出征苏丹，克服重重困难，按期完成在海外的第一口井。进入苏丹市场 5 年，1205 钻井队共创出当地的 23 项高指标、新纪录。2010 年，李新民被选派到伊拉克哈法亚。经过艰苦努力，1205 钻井队打开了伊拉克市场，成为在哈法亚拥有最多钻井订单的队伍。多年外闯市场，李新民获得了多方认可，积攒了丰富经验。

2017 年加入中东分公司后，李新民马不停蹄地带领市场部联系各甲方，与伊拉克、沙特、科威特等国家石油公司均搭建了畅通有效的沟通渠道，1 年内实现合同额同比增加 2 倍以上。

2022 年，面对新冠疫情、低油价、地缘危机等冲击，李新民带领中东分公司及时调整策略，锁定"稳拓展"目标，实现了逆势突围，新签合同额同比增加 3000 万美元。

在新时代，李新民践诺"在国际市场上，用铁人精神树立中国石油的良好形象。"用大庆精神、铁人精神与国际标准相结合，实现新业绩，用铁人精神打造响亮的中国名片。

三、经典论述

1. 工业学大庆！

2. 大庆贡献大，房子要盖得好一点，要盖楼房。要把大庆油田建设成美丽的油田①。

3. 大庆精神是"为国争光、为民族争气的爱国主义精神；独立自主、自力

---

① 邓小平：《要把大庆油田建设成美丽的油田》，载《共产党员网》，2014 年 9 月 24 日。

更生的艰苦创业精神；讲究科学、'三老四严'的求实精神；胸怀全局、为国分忧的奉献精神""在实现四化的过程中，要发扬大庆精神，自力更生，艰苦奋斗，为建设有中国特色的社会主义而努力"①。

4. "要珍惜大庆的光荣历史，再创大庆新的辉煌。"他强调大庆精神永远是激励我们不畏艰难、勇往直前的宝贵精神财富②！

5. 大庆油田的开发建设，铸就了以"爱国、创业、求实、奉献"为主要内涵的大庆精神和铁人精神，造就了一支敢打硬仗、勇创一流的优秀职工队伍，涌现了铁人王进喜、新时期铁人王启民等不少在全国很有影响的先进典型，形成了团结凝聚百万石油人的强大精神动力，集中展现了我国工人阶级的崇高品质和精神风貌，永远是激励中国人民不畏艰难、勇往直前的宝贵精神财富③。

6. 王进喜以"宁肯少活 20 年，拼命也要拿下大油田"的气概，带领石油工人为我国石油工业发展顽强拼搏，"铁人精神""大庆精神"成为激励各族人民意气风发投身社会主义建设的强大精神力量④。

7. 60 年来，几代大庆人艰苦创业、接力奋斗，在亘古荒原上建成我国最大的石油生产基地。他高度评价大庆精神、铁人精神："大庆油田的卓越贡献已经镌刻在伟大祖国的历史丰碑上，大庆精神、铁人精神已经成为中华民族伟大精神的重要组成部分。"站在新的历史起点上，希望大庆油田全体干部职工不忘初心、牢记使命，大力弘扬大庆精神、铁人精神，不断改革创新，推动高质量发展，肩负起当好标杆旗帜、建设百年油田的重大责任，为实现"两个一百年"奋斗目标、实现中华民族伟大复兴的中国梦作出新的更大的贡献⑤。

四、教学应用

知识点 1：第六章　第二节　"三个代表"重要思想核心观点和主要内容："三个代表"重要思想的核心观点——发展社会主义先进文化，必须弘扬民族精神。

大力发展社会主义先进文化，必须牢牢把握先进文化的前进方向，建设社会主义精神文明，不断满足人民群众日益增长的精神文化需求，不断丰富人民

---

① 江泽民：《发扬大庆精神，搞好二次创业》，载《共产党员网》，2014 年 9 月 24 日。
② 胡锦涛：《大庆油田为国家、为人民所做的历史贡献，党和人民永远不会忘记》，载《共产党员网》，2014 年 9 月 24 日。
③ 习近平：《结合新的实际大力弘扬大庆精神铁人精神》，载《新华社》，2009 年 9 月 22 日。
④ 习近平：《在同全国劳动模范代表座谈时的讲话》，载《新华社》，2013 年 4 月 28 日。
⑤ 习近平：《致大庆油田发现 60 周年的贺信》，载《新华社》，2019 年 9 月 26 日。

的精神世界，增强人民的精神力量。江泽民指出："社会主义精神文明，是我们进行改革开放和现代化建设的重要目标，也是搞好改革开放和现代化建设的重要保证。精神文明建设搞好了，人心凝聚，精神振奋，经济建设和其他各项事业就会全面兴盛。精神文明建设搞不好，人心涣散，精神颓废，经济建设和其他各项事业也难以搞好。"这部分内容可以结合大庆精神的内涵和影响力来进一步讲授社会主义先进文化的重要性。

发展社会主义先进文化，必须弘扬民族精神。在5000多年的发展中，中华民族形成了以爱国主义为核心的团结统一、爱好和平、勤劳勇敢、自强不息的伟大民族精神。面对世界范围各种思想文化的相互激荡，必须把弘扬和培育民族精神作为文化建设极为重要的任务，纳入国民教育全过程，纳入精神文明建设全过程，使全体人民始终保持昂扬向上的精神状态。这部分内容可以结合大庆精神的典型案例和经典论述来丰富讲授内容。

知识点2：第七章　第二节　科学发展观的科学内涵和主要内容：推进社会主义文化强国建设——社会主义核心价值体系是兴国之魂。

社会主义核心价值体系是兴国之魂，决定着中国特色社会主义发展方向。胡锦涛指出："社会主义核心价值体系是根源于民族优秀文化和社会主义先进文化并吸收人类文明成果发展起来的，适应了时代发展要求，集中反映着当代中国人民的理想信念和精神追求，是我国社会主义文化的引领和主导。"这部分内容可以结合大庆精神的内涵和影响力来丰富社会主义核心价值体系的内容。

马克思主义指导思想，中国特色社会主义共同理想，以爱国主义为核心的民族精神和以改革创新为核心的时代精神，社会主义荣辱观，构成社会主义核心价值体系的基本内容。它鲜明地回答了在新的历史条件下，我们党用什么样的精神旗帜团结带领全体人民开拓前进、中华民族以什么样的精神风貌屹立于世界民族之林的重大问题。这部分内容可以结合大庆精神的典型案例和经典论述来讲授以爱国主义为核心的民族精神。

知识点3：第八章　第一节　习近平新时代中国特色社会主义思想创立的社会历史条件：中华民族伟大复兴正处于关键时期——中华优秀传统文化是中华民族的根和魂。

中华优秀传统文化是中华民族的根和魂，是中国特色社会主义植根的文化沃土。中国共产党人是马克思主义的坚定信仰者和实践者，也是中华优秀传统文化的忠实传承者和弘扬者。以习近平同志为核心的党中央高度重视中华优秀传统文化，不断推进中华优秀传统文化的创造性转化、创新性发展，以新的时代内涵增强其生命力，使之成为治国理政的重要思想文化资源，彰显了中国特色社会主义的深厚文化底蕴，使中华文明再次迸发出强大精神力量。这部分内容可以结合大庆精神的科学内涵、经典案例来讲授中华优秀传统文化的重要性。

知识点4：第九章　第一节　实现中华民族伟大复兴的中国梦：中国梦的科学内涵——民族复兴。

中国梦是国家的梦、民族的梦，也是每一个中国人的梦。"得其大者可以兼其小。""宏大叙事"的国家梦，也是"具体而微"的个人梦。每个中国人都是"梦之队"的一员，都是中国梦的参与者、书写者，应当同舟共济、齐心协力、奋勇前行。当今时代是放飞梦想的时代，每个人都有自己的美好梦想。中国梦的广阔舞台，为个人梦想提供了蓬勃生长的空间；每个人向着梦想的不断努力，又都是实现伟大中国梦的一份力量。只要每个人都把人生理想融入国家和民族的伟大梦想之中，敢于有梦、勇于追梦、勤于圆梦，就会汇聚成实现中国梦的强大力量。这部分内容可以结合大庆精神内涵和经典案例来论述中国梦与个人梦是相通的。

知识点5：第十章　第三节　培育和践行社会主义核心价值观：爱国、敬业。

核心价值观是一个国家的重要稳定器，能否构建具有强大感召力的核心价值观，关系社会和谐稳定，关系国家长治久安。包含了国家、社会、公民三个层面，即：富强、民主、文明、和谐；自由、平等、公正、法治；爱国、敬业、诚信、友善。大庆精神传承弘扬的就是"为祖国争光，为民族争气"的崇高爱国主义，大庆精神的典型案例就是阐释和说明爱国主义的最好例证。

第六节　塞罕坝精神

一、塞罕坝精神概述

（一）塞罕坝精神的形成

20世纪50年代，塞罕坝已退化成荒山秃岭，为了抵挡直逼北京乃至华北的风沙，1962年初，塞罕坝机械林场正式组建。经过一代代塞罕坝人的艰苦奋斗，无私奉献，创造了塞罕坝的人间奇迹，铸就了牢记使命、艰苦创业、绿色发展的塞罕坝精神。

1. 形成基础

"塞罕坝精神"的形成历程就是三代塞罕坝人在恶劣的环境中坚持不懈、努力奋斗的过程，这一过程是在特定的历史条件和背景下产生的。其形成基础包含了两点：第一，从现实来看，人为原因导致生态环境受到破坏，并长期存在着错误的经营方式和不健康发展的社会生态，此外，塞罕坝的地理位置造成了其气候要比其他地区更加恶劣；第二，随着社会的进步，人们有了更高的生活要求，我国越来越看重生态文明的建设。

2. 形成过程

三代塞罕坝人在艰苦环境中不断奋斗、不断探索最终形成了具有独特魅力的"塞罕坝精神"。他们忠诚的政治信仰、久久为功的执着追求以及以苦为乐的高尚品质，都经由"塞罕坝精神"展现出来。该精神可以从三代来进行论述。

第一代塞罕坝精神。塞罕坝林场在新中国刚成立的阶段，其生态环境受到了严重的破坏，并带来了很严重的后果，随着时代的进步，中国共产党人逐渐认识到了这种后果的严重性。在 1956 年，"绿化祖国"的口号被毛泽东主席提出。在这之后，我国的领导人就对植树造林的活动给予了高度重视，这项活动也成了国家性质的行动。1962 年，塞罕坝的荒漠迎来了第一代塞罕坝人，他们由国家林业局领导，包含了多所院校成员。在林场，他们积极投身于建设工作，"先治坡、后置窝"，在这片荒漠上修复生态环境。他们在塞罕坝林场扎根，具有共同的信念，这便是第一代塞罕坝精神的形成根源。其最初是响应党的号召，塞罕坝人意识到生态破坏的负面影响极为深远。因而，塞罕坝人在不具备先进技术的时期，不放弃、不懈怠，而是团结协作、共同钻研，创新精神解决恶劣区域的绿化难题，向其他人展现出极具活力和时代特色鲜明的塞罕坝精神。这一精神也将爱国主义精神彰显了出来，在物资匮乏的时期，他们勇于拼搏，最终形成了"艰苦创业、勤俭建场、无私奉献、科学求实"的初代塞罕坝精神。

第二代塞罕坝精神。在初步建成林场之后，为了推动经济、生态的共同发展，开展了绿色产业发展模式。在 1983 年塞罕坝林场的工作进入了新的阶段，其重心转变为经营林场，修建林场成了辅助项目，并且在这个阶段塞罕坝人开始对经营方式进行新的探索，逐步发展森林旅游项目。在 2003 年之后，一些大学生带着专业的知识和推进森林事业发展的思想离开城市，来到了塞罕坝，投身于机械林场的建设工作，他们借助专业知识培育适应这片土地的树苗，研究防虫、防火的方法。由此看出，第二代塞罕坝人在将前辈的艰苦奋斗、科学求实的精神继承的基础上，拓宽了自身的思维，对现有的方法进行了创新，不断进行实践以构建出新型经营体系。他们将经济发展和生态建设进行了平衡，找出了一种新的发展模式。止此，第二代塞罕坝精神中又出现了"爱岗敬业、开拓创新"。

第三代塞罕坝精神。塞罕坝人在十八大以来，继承前辈的初心和使命，继续进行文明建设，并且始终弘扬其无私奉献、吃苦耐劳的精神。他们将习近平生态文明建设的思想和塞罕坝的生态建设进行了高度融合，坚持进行绿色发展。在荒原上，塞罕坝人建成了我国最大的人工林海，再结合其历史底蕴，形成了现在的国家一级旅游资源。在 2017 年，习近平总书记总结了新的塞罕坝精神"牢记使命、艰苦创业、绿色发展"。塞罕坝林场的最终建成，是几代塞罕坝人多年奋斗的成果。为我国的生态建设提供了模范，对于推动我国的绿色发展有着重大意义。

（二）塞罕坝精神的科学内涵

塞罕坝精神被确定为"牢记使命，艰苦创业，绿色发展"精神，体现了习近平生态文明思想，符合时代发展的迫切要求，具有丰富的内涵。

1. 牢记使命

塞罕坝人牢记在工作中要实事求是的思想。在 1961 年，风沙南侵成了当时的一个生态难题，为解决这一难题，共产党人结合了塞罕坝本身的生态问题，进行了无数次的论证，最终找出了解决方法：植树造林。在之后，更是通过人工种植建立了绿色屏障。初代塞罕坝人能够取得成功，是因为他们听从党的号召，为了修复塞罕坝的生态环境，保证人民的利益，始终坚持实事求是的工作路线。

2. 艰苦创业

艰苦奋斗本就是中华民族的传统美德，也是我们党自始至终的精神力量。在十八大之后，党中央大力弘扬艰苦奋斗的精神，并且随着经济的增长，生态环境的压力也不断增加，在十九大之后，生态文明建设被正式纳入总布局中。第一代塞罕坝人的平均年龄不到 24 岁，他们在恶劣的环境下，没有忘记自己的使命，建成了初期的林场，若是没有艰苦奋斗的精神支撑他们就不会顺利完成建设。而随着竞争的加剧，若是没有创业精神，我们就不能在国际竞争中胜出，塞罕坝人坚持创新创业，才使得我们的国家突出重围。塞罕坝人在刚进行种植时也遇到了很多挫折，没有经验、树苗不适应土地，这种情形下，因为他们有着艰苦创业的精神才能够在多次失败的打击下不放弃，最终找出科学的解决方法。艰苦创业的精神随着时代的发展不断得到完善，已经形成了克己奉公、同甘共苦、勤俭节约、艰苦朴素、积极进取、顽强拼搏的新时代精神。

3. 绿色发展

社会的经济建设带来了生态问题，这类问题只能在发展中进行解决，并且建设生态文明应该要可持续、全方位、高质量的发展。绿色发展在很大程度上改变了塞罕坝，真正形成了绿水青山，并且当地对旅游业很重视，切实带动了当地的经济发展。塞罕坝的成功建设，正是因为塞罕坝人一直在践行绿色发展的发展理念，实现了经济发展和保护环境的共同发展。此外，林场的建成也体现了我国对生态问题的重视以及保护环境的决心。

（三）塞罕坝精神的重要价值

塞罕坝精神形成于特定的历史条件下，它不仅在当时的环境下发挥了重要作用，同时还与时俱进，形成了以"牢记使命，艰苦创业，绿色发展"为主要内涵的塞罕坝精神，并且其内涵具有丰富的时代价值，在社会主义建设和改革的今天同样具有不可忽视的作用

1. 塞罕坝精神是对中华民族精神的发展和完善。塞罕坝精神诞生于140万亩的土地上，形成于无数建设者的艰苦奋斗和无私奉献当中。其本质是包含了团结一致、艰苦奋斗的中华民族精神。塞罕坝精神是在中华民族精神的基础之上形成的，同时，它的形成也赋予了民族精神时代内涵。该精神遵从党的领导，将人民和民族的利益放在首位。从实际来看，塞罕坝精神是不怕艰苦、实事求是、团结统一的建设塞罕坝，推动了民族精神的进一步发展，并弘扬了传统精神，另一方面，该精神是依托于中华民族精神而存在的，它们是不可分割的。

2. 塞罕坝精神推动马克思生态文明思想中国化的发展。塞罕坝精神的形成是符合我国的时代特征的，它充分继承了马克思生态文明思想以及我国的优秀文化，并进行了无数次的实践，表现出了理论和实践相结合的重要性。塞罕坝精神和生态文明建设相结合，补充并完善了马克思生态文明思想当中的生态和经济的部分，只有二者共同发展才能够推动社会的健康发展。此外，该精神还突出了绿色发展的精神，显示出了我国在进行生态治理方面的重视。现阶段我国已经将生态文明建设写入了战略布局当中，进一步推动了马克思主义的中国化，具有重要的意义。

3. 塞罕坝精神发展了中国的传统自然观。从我国的历史中可以发现，在每一个阶段都存在着人与自然的关系论述，这些论述深刻影响了我国对于生态文

明的建设脚步。塞罕坝精神的诞生将现代化的思想和传统的自然观都进行了融合，在此基础上，运用到了实际的建设当中。我国的传统自然观虽然不是现代提出的，但是依旧能够指导现代化的生态建设，此外，该精神在结合了传统思想的基础上，进行了弘扬，突出了传统思想对现代化生态建设的作用，极大地巩固了传统思想的地位。此外，现代化的很多观念冲击到了传统的思想，而塞罕坝精神的出现对传统自然观进行了结合，推动了其转型，使其更适应现代化的生态理念，能够长久的传承下去。

二、典型案例

（一）"尚海林"

1962 年，原林业部紧急从全国 18 个省市的 24 所大中专院校调配 127 名毕业生，和当地 242 名干部工人一起，组建塞罕坝林场，号令向沙地进军。"改变当地自然面貌，保持水土，为减少京津地带风沙危害创造条件。"原国家计委在批准建场方案时，以共和国的名义发出这 27 字号召。这 27 个字，是期许，更是方向。塞罕坝人铭刻于心，开始了感天动地的创业之旅。林场首任党委书记王尚海之前在承德市区工作。接到调令，他二话不说，毅然带领一家人上山，不给自己留任何后路。然而，第一年造林失败，成活率不足两成。"不是树的问题，而是人的问题！"在这片土地上打过游击的王尚海不信邪，重新搬出"集中优势兵力，各个歼灭敌人"的作战方针，第二年 4 月，率领精兵强将，在一个叫马蹄坑的地方连续奋战 3 天。天太冷了，气温在冰点以下，"每个人的雨衣外面都溅满了泥浆，冻成了冰甲，走起路来，咣咣直响，像一个威武的将军"。被窝成了"冰雪窝"，硬如铁，怎么睡？王尚海和同伴有的是办法：把砖头和石头扔到火堆里，烧一阵子，再搬进被窝。仅仅过去 20 天，马蹄坑"活"了过来，遍地一片嫩嫩的绿色。塞罕坝再度燃起了希望。王尚海来不及抹一把幸福的泪，又开始了新一轮的"战略部署"。如今，遵从他生前的意愿，马蹄坑成了他的长眠之地，一片茂密的"尚海林"镌刻着他的钢铁意志。王尚海成了塞罕坝的一面旗帜。

（二）"六女护坝"

1964 年，19 岁的陈彦娴马上要高中毕业了。当时最响亮的口号就是"一颗红心、两手准备"，"意思是如果能考上大学就继续深造，可以为祖国做出更大的贡献；如果考不上大学，就到祖国最需要、最艰苦的地方去锻炼。"那时，陈彦娴和其他 5 名女同学同住一个宿舍，每天晚自习结束回到宿舍后就开始热烈讨论毕业后选择走怎样的道路。听到新中国第一位女拖拉机手梁军的事迹，就有了为祖国的建设贡献自己的力量这个共同的想法。即将踏入考场前三四天，她们接到了塞罕坝林场回信，同意几个人过去工作。当时，我们 6 个人没有多想，毅然放弃了高考，选择了塞罕坝。结果，在极其艰苦的环境下，一待就是数十年，用自己的双手把塞罕坝变成了百万亩林海，把荒漠建成了绿洲，还得到了联合国的认可。"我们当年没有想过环境如何恶劣，生活怎么艰苦。无论领导还是工人，大家都一起朝着同一目标不断努力，也都真正融入艰苦奋斗的精神当中。我们相信在普通的工作岗位上，只要努力有所担当，认真负责地完成工作，就是英雄，一生也不会后悔。"这种无悔的力量，也是塞罕坝的力量。

（三）从"望火楼"到"望海楼"

在塞罕坝的 115 万亩林海中，挺立着 9 座望火楼，18 名瞭望员肩负着林场的火情监测任务，望火楼也因此被称为"塞罕坝的眼睛"。防火期内，从早晨 6 点到晚上 9 点这 15 个小时里，瞭望员们以每 15 分钟一次的频率向林场防火指挥部通报林区情况，其余的时间里则需要每隔 1 小时报告一次。

如今，望火楼已被人们改叫"望海楼"，意为"眺望林海"。伴随着名字的变化，望火楼的瞭望条件也逐步得到改善。第一代望火楼只是简易的窝棚，第二代是平房，第三代是三层小楼，第四代有的已经是五层楼了。而在瞭望员们日复一日、年复一年的观察报告中，林场的幼苗也逐步长成了参天大树。如今，望海楼里安装了供热锅炉、通了网络、挖了深水井、配备了电视冰箱洗衣机等电器，同时还安装了先进的自动化红外监控设备和通信设备。但再好的设备也不能取代人的作用，更不能取代瞭望员的责任心。

三、经典论述

1. 河北塞罕坝林场的建设者们用实际行动诠释了"绿水青山就是金山银山"的理念，铸就了牢记使命、艰苦创业、绿色发展的塞罕坝精神。

55 年来，河北塞罕坝林场的建设者们听从党的召唤，在"黄沙遮天日，飞鸟无栖树"的荒漠沙地上艰苦奋斗、甘于奉献，创造了荒原变林海的人间奇迹，用实际行动诠释了绿水青山就是金山银山的理念，铸就了牢记使命、艰苦创业、绿色发展的塞罕坝精神。他们的事迹感人至深，是推进生态文明建设的一个生动范例。

全党全社会要坚持绿色发展理念，弘扬塞罕坝精神，持之以恒推进生态文明建设，一代接着一代干，驰而不息，久久为功，努力形成人与自然和谐发展新格局，把我们伟大的祖国建设得更加美丽，为子孙后代留下天更蓝、山更绿、水更清的优美环境①。

2. 习近平在河北承德考察时强调，要全面落实党中央决策部署，坚持稳中求进工作总基调，完整、准确、全面贯彻新发展理念，弘扬塞罕坝精神，切实抓好统筹疫情防控和经济社会发展各项工作，更好统筹发展和安全，推动高质量发展，努力完成全年经济社会发展主要目标任务，实现"十四五"良好开局。同时讲到，塞罕坝林场建设史是一部可歌可泣的艰苦奋斗史。你们用实际行动铸就了牢记使命、艰苦创业、绿色发展的塞罕坝精神，这对全国生态文明建设具有重要示范意义。抓生态文明建设，既要靠物质，也要靠精神。要传承好塞罕坝精神，深刻理解和落实生态文明理念，再接再厉、二次创业，在实现第二个百年奋斗目标新征程上再建功立业②。

3. 植绿护绿、关爱自然是中华民族的传统美德。要弘扬塞罕坝精神，继续推进全民义务植树工作，创新方式方法，加强宣传教育，科学、节俭、务实组织开展义务植树活动。各级领导干部要抓好国土绿化和生态文明建设各项工作，让锦绣河山造福人民③。

四、教学应用

知识点 1：第一章 第二节 毛泽东思想活的灵魂：实事求是。

实事求是是中国共产党人世界观、方法论的基石，是贯穿党的全部实践、全部理论的基本线索。实事求是，是马克思主义的根本观点，是中国共产党人认识世界、改造世界的根本要求，是党在开展工作中始终坚持的基本思想方法、工作方法和领导方法，更是党带领人民进行革命、建设和改革的奋进的历程。保持实事求是的作风，是干事创业的基本态度。塞罕坝林场建设过程中也曾因为不清楚当地环境、不了解生态规律、不熟悉造林技术而遇到困境甚至损失。但广大林场建设者秉持实事求是的工作态度，认真考察调研、总结经验，不断

---

① 习近平：《习近平谈治国理政》（第二卷），北京：外文出版社 2017 年版，第 397 页。
② 习近平：《要传承好塞罕坝精神》，http：//www. qstheory. cn/zhuanqu/2021 - 08/30/c_1127810013. htm（访问时间：2022 年 2 月 1 日）。
③ 习近平：《全社会都做生态文明建设的实践者推动者 让祖国天更蓝山更绿水更清生态环境更美好》，载《人民日报》，2022 年 3 月 31 日，第 1 版。

探索新技术新方法，彻底解决了在培育造林过程中遇到的困境，几代塞罕坝人凭借愈挫弥坚、永不言败的精神，终于打赢了生态建设攻坚战。

知识点 2：第六章 第二节 "三个代表"重要思想核心观点：发展社会主义先进文化，必须弘扬民族精神。

大力发展社会主义先进文化，必须牢牢把握先进文化的前进方向，建设社会主义先进文明，不断满足人民群众日益增长的精神文化需求，不断丰富人民的精神世界，增强人民的精神力量。发展社会主义先进文化，就是建设社会主义精神文明。江泽民指出，社会主义精神文明，是我们进行改革开放和现代化建设的重要目标，也是搞好改革开放和现代化建设的重要保证。精神文明建设搞好了，人心凝聚，精神振奋，经济建设和其他各项事业就会全面兴盛。精神文明建设搞不好，人心涣散，精神颓废，经济建设和其他各项事业也难以搞好。

发展社会主义先进文化，必须弘扬民族精神。在 5000 多年的发展中，中华民族形成了以爱国主义为核心的团结统一、爱好和平、勤劳勇敢、自强不息的伟大民族精神。这个民族精神，博大精深，源远流长，是中华民族生命机体中不可分割的重要成分。这个民族精神，同我们党领导人民在长期革命、建设和改革中形成的优良传统和时代精神结合在一起，是中华民族生生不息、发展壮大的强大精神动力。面对世界范围各种思想文化的相互激荡，必须把弘扬和培育民族精神作为文化建设极为重要的任务，纳入国民教育全过程，纳入精神文明建设全过程，使全体人民始终保持昂扬向上的精神状态。

知识点 3：第七章 第二节 科学发展观主要内容：推进生态文明建设。

建设生态文明，是关系人民福祉、关乎民族未来的长远大计。胡锦涛指出："自然界是包括人类在内的一切生物的摇篮，是人类赖以生存和发展的基本条件。保护自然就是保护人类，建设自然就是造福人类。"我们党提出建设生态文明的重大战略部署，并把它纳入中国特色社会主义事业五位一体总体布局，这是对自然规律及人与自然关系再认识的重要成果，是破解我国经济社会发展面临的资源环境瓶颈制约的必然选择，是深入贯彻落实科学发展观、实现可持续发展的内在要求。必须树立尊重自然、顺应自然、保护自然的生态文明理念，把生态文明建设放在突出地位，融入经济建设、政治建设、文化建设、社会建设各方面和全过程，努力建设美丽中国，实现中华民族永续发展。保护生态环境、生态文明理念的重要意义以及生态环境的改善对经济发展的重要作用。

知识点 4：第九章 第一节 实现中华民族伟大复兴的中国梦奋力实现中国梦：实现中国梦必须弘扬中国精神。

实现中国梦必须弘扬中国精神，这就是以爱国主义为核心的民族精神和以改革创新为核心的时代精神。伟大的梦想，需要伟大的精神作支撑。没有振奋的精神、高尚的品格、坚定的志向，一个民族不可能自立于世界民族之林。实现中国梦，要求中华民族不仅在物质上强大起来，而且在精神上强大起来。中国精神是凝心聚力的兴国之魂、强国之魂。爱国主义维系着华夏大地上各个民族的团结统一，激励着一代代中华儿女为祖国发展繁荣不懈奋斗；改革创新体现中华民族最深沉的民族禀赋，反映当代中国发展进步的要求，始终是鞭策中华儿女与时俱进的精神力量。必须弘扬中国精神，不断振奋全民族的精气神，不断增强团结一心的精神纽带、自强不息的精神动力。

知识点 5：第十章 第五节 坚持习近平生态文明思想。

人与自然是生命共同体。生态环境没有替代品，用之不觉，失之难存。当人类合理利用、友好保护自然时，自然的回报常常是慷慨的；当人类无序开发、粗暴掠夺自然时，自然的惩罚必然是无情的。人类对大自然的伤害最终会伤及人类自身，这是无法抗拒的规律。在整个发展过程中，我们都要坚持节约优先、保护优先、自然恢复为主的方针，要像保护眼睛一样保护生态环境，像对待生命一样对待生态环境，让群众望得见山、看得见水、记得住乡愁，让自然生态美景永驻人间，还自然以宁静、和谐、美丽。

知识点 6：第十章 第五节 建设美丽中国 生态文明建设纳入国家发展总体布局。

十九大报告明确指出，到 21 世纪中叶要把我国建设成为富强民主文明和谐美丽的社会主义现代化强国。所谓"美丽"，就是生态环境得到根本好转，美丽中国的目标基本实现。为此，要牢固树立"生态兴则文明兴，生态衰则文明衰"的生态文明理念，将生态文明建设纳入国家发展总体布局当中，弘扬塞罕坝精神，把大力推进生态文明建设提升到人类命运共同体理念的高度，使建设美丽中国和实现中国梦融为一体，并以此推动人类文明迈向新高度。形成坚持绿色发展理念的良好氛围

知识点 7：第十四章 第一节 新时代中国共产党的历史使命。

新时代，广大林场干部职工继续丰富着塞罕坝精神的时代内涵。他们听从党的召唤，忠于党的事业，扎根荒漠，辛苦耕耘，用拼搏和汗水铸就了对党和人民的忠诚。他们发扬前人栽树，后人乘凉的崇高品格，正确处理环境治理与生产生活的关系，在极为恶劣艰苦的条件下，以持之以恒、久久为功的决心，终于绘成了一幅生态文明建设的美丽蓝图，为后代留下了青山绿水，留下了金

山银山。塞罕坝精神，正是塞罕坝人自觉把生态建设与社会主义现代化建设的伟大结合，正是共产党人的初心和使命与"四个伟大"紧密联系的生动写照。

知识点 8：第十四章 第一节 坚持中国共产党的领导是中国特色社会主义最本质的特征。

历史证明，没有中国共产党的领导，就没有中国人民的一切。塞罕坝林场建设也深刻地印证了这个道理。新中国成立初期，塞罕坝森林荡然无存，到处是"风沙遮天日，飞鸟无栖树"的破败景象。为改善生态环境，阻断风沙逼近首都，从 1962 年开始，一批批党员干部带领群众在这片荒无人烟的沙漠里辛勤耕耘。林场首任党委书记王尚海与广大职工扎根荒漠，坚守高寒地带，书写了生态建设史上的神话。"生是塞罕坝人，死是塞罕坝魂"是广大像王尚海一样的共产党员为建设塞罕坝的最动人的话语。没有党的领导，没有广大党员舍身忘我和无私奉献的行动，塞罕坝造林是难以成功的。

第三章 改革开放和社会主义现代化建设新时期

第一节 改革开放精神

一、改革开放精神概述

（一）改革开放精神形成过程

1. 改革开放精神的萌发

1978 年 12 月，党的十一届三中全会胜利召开，拉开了改革开放的大幕。从那时起，党领导全国各族人民以一往无前的奋斗精神开启了波澜壮阔的创新实践。面对不少人思想仍旧处于僵化和半僵化状态的状况，邓小平反复强调，真正坚持实事求是，必须首先要解放思想，只有思想解放了，才能解决过去的遗留问题和新出现的问题。在这一思想的指导下，党的十一届三中全会确定了解放思想、实事求是、团结一致向前看的指导方针，实事求是思想路线得以恢复并重新确立。在实事求是思想路线的指引下，党中央正确总结了新中国成立以来党的历史经验，科学评价了毛泽东及毛泽东思想的历史地位，极大团结了全党全国人民的思想，带领人民开启了改革开放的新征程。面对改革开放过程中遇到的一个又一个崭新问题，需要我们从传统观念的束缚中解放出来，从那些被实践证明为不合乎中国实际、不合乎时代进步、不合乎经济社会发展客观规律的条条框框中解放出来。"看准了的，就大胆地试，大胆地闯。""没有一点闯的精神，没有一点'冒'的精神，没有一股气呀、劲呀，就走不出一条好路，走不出一条新路，就干不出新的事业。"① 在判断改革开放一切工作是非成败的根本标准问题上，邓小平始终强调人民利益标准。实行改革开放最根本的目的就是要使人民的物质文化生活不断改善，各项工作都要以是否有助于人民的富裕幸福，是否有助于国家的兴旺发达，作为衡量做得对或不对的标准。

2. 改革开放精神的发展

20 世纪 90 年代，世界社会主义发展遭受严重挫折，以江泽民同志为核心的党的第三代领导集体带领人民，捍卫了中国特色社会主义，开创全面改革开放新局面，成功把中国特色社会主义推向 21 世纪。一方面，继续秉承邓小平提出的解放思想、实事求是，强调要不断增强解放思想、实事求是的坚定性和自觉性。另一方面，面对新的历史条件下遇到的新任务新课题，提出大力弘扬与时俱进的精神。江泽民指出："我们必须与时俱进，继续丰富和发展马克思主义。如果因循守旧、停滞前行，我们就会落伍，我们党就有丧失先进性和领导资格的危险。"② 与时俱进是马克思主义重要的理论品质，通过理论创新推动制度创新、科技创新等其他各方面的创新，这是新世纪推进改革开放的重要精神力量。同时，江泽民提出，党要始终代表最广大人民群众的根本利益，充分发挥人民群众的积极性、主动性和创造性，使人民群众不断获得切实的经济、政治、文化利益。与时俱进、开拓创新、扎根人民，这些精神品质进一步丰富了改革开放精神的内涵，为党抵御风险、推动改革开放顺利进行提供了宝贵的群众基础和力量源泉。党的十六大以来，以胡锦涛同志为总书记的党中央在领导人民群众推进改革开放进程中，始终强调必须大力弘扬求真务实精神，大兴求真务实之风，提出在新的历史时期要"坚持解放思想、实事求是、与时俱进，勇于变革、勇于创新，永不僵化、永不停滞，不为任何风险所惧，不被任何干扰所惑，使中国特色社会主义道路越走越宽广"③。面对改革攻坚的深层次矛盾和问题，提出要树立以人为本、全面协调可持续的科学发展观。求真务实、科学发展、以人为本，充分彰显了改革开放精神的时代特色。

3. 改革开放精神的正式形成

党的十八大以来，以习近平同志为核心的党中央领导人民全面深化改革，着力增强改革系统性、整体性、协同性，推动党和国家事业发生历史性变革、取得历史性成就，中国特色社会主义进入了新时代。在改革实践中，习近平总

① 邓小平：《邓小平文选》（第三卷），北京：人民出版社 1993 年版，第 372 页。
② 江泽民：《江泽民文选》（第三卷），北京：人民出版社 2006 年版，第 335 页。
③ 胡锦涛：《胡锦涛文选》（第二卷），北京：人民出版社 2016 年版，第 621 页。

书记进一步赋予了实事求是新的时代内涵，强调在全面深化改革的新的历史时期，冲破旧有观念的束缚，突破利益固化的藩篱，需要继续解放思想，增强实事求是的本领，把实事求是牢记于心，付诸行动；强调以人民为中心的根本立场，把广大人民群众对美好生活的向往作为党的奋斗目标；强调新时代是奋斗者的时代；强调担当精神，对民族命运的担当，对人民幸福的担当，对美好世界的担当。这些精神体现了新时代党和人民的风貌。2018 年 12 月，在纪念改革开放四十周年大会的讲话中，习近平总书记回顾了改革开放四十年风雨历程，用改革开放精神这一概念诠释了改革开放伟大实践中形成的伟大精神财富，并对其地位进行论述，这标志改革开放精神正式形成。2021 年，改革开放精神被正式纳入中国共产党精神谱系。

改革开放精神是党领导人民群众在 40 多年改革开放和社会主义现代化建设的伟大实践中，在不断突破思想和体制束缚、开拓创新、砥砺奋进的艰辛历程中形成和发展起来的。

（二）改革开放精神的科学内涵

改革开放精神深刻体现在人们的思想观念、行为方式、心理结构、价值取向等诸多方面，集中展现了中华民族的当代精神品格，内涵十分丰富。

1. 以人民为中心是改革开放精神的价值准则

人民是家国社会的根本，以百姓福祉为根基才能上下一心而社稷久安。为中国人民谋幸福，为中华民族谋复兴是中国共产党人的初心和使命，激励着中国共产党人不断前进。在庆祝改革开放 40 周年大会上，习近平总书记强调了中国共产党做出实行改革开放的历史性决策，是基于对党和国家前途命运的深刻把握，是基于对社会主义革命和建设实践的深刻总结，是基于对时代潮流的深刻洞察，是基于对人民群众期盼和需要的深刻体悟。作为对改革开放 40 年宝贵经验的总结，他提出了"九个必须坚持"。其中，"必须坚持以人民为中心，不断实现人民对美好生活的向往"①，明确了新时代改革开放的价值取向，顺应了人民群众对改革开放的殷殷期盼。坚持以人民为中心体现了改革开放的价值旨归，它时刻提醒我们要坚持人民利益至上，新时代改革开放要始终围绕发展和保障人民利益。

---

① 习近平：《在庆祝改革开放 40 周年大会上的讲话》，载《人民日报》，2018 年 12 月 19 日，第 2 版。

2. 实事求是是改革开放精神的精髓

邓小平指出:"过去我们搞革命所取得的一切胜利,是靠实事求是;现在我们要实现四个现代化,同样要靠实事求是。"① 实事求是是改革开放精神的精髓,是我们党带领人民推动中国革命、建设、改革事业不断取得胜利的重要法宝,是我们适应新形势、认识新事物、完成新任务的根本思想武器。改革开放的成功经验证明,坚持实事求是,必须要与解放思想统一起来,正确处理好解放思想与实事求是的关系。只有不断解放思想,大胆实践,才能把改革不断推向深入。但同时,解放思想是在实事求是基础上的解放思想,必须要从我们的具体实际出发想问题、办事情,唯有如此,才能从纷繁复杂的事物表象中把准改革脉搏,把握全面深化改革的内在规律。

3. 开拓创新是改革开放精神的核心

习近平总书记指出:"几千年前,中华民族的先民们就秉持'周虽旧邦,其命维新'的精神,开启了缔造中华文明的伟大实践。"② 他引用这句经典,阐述变革和开放总体上是中国的历史常态。《礼记·大学》中也提到"苟日新,日日新,又日新"。其中"新"又包含了两层含义:一是在世界观层面,即认为世界是不断发展进步的,世间万物也是处在不停变化之中的;二是在方法论层面,即认为人们当适应自然、社会的规律,顺应其发展趋势,只有不断开拓创新、与时俱进,才不会被时代抛弃。从实行家庭联产承包责任制到农村土地"三权分置",从兴办经济特区到设立自由贸易区,没有现成的经验可循,只有靠党带领人民大胆地试、勇敢地改,才闯出了一片新天地。改革开放事业就是在不断开拓创新中从无到有发展起来的。开拓创新是改革开放精神的核心,我们要以思想创新推动理论创新、制度创新、科技创新、文化创新以及其他各方面创新,披荆斩棘、攻坚克难,推动新时代中国特色社会主义事业全面发展。

4. 海纳百川是改革开放精神的重要内容

我国历来有海纳百川、寻求合作的胸怀和传统。《尚书·尧典》中"协和万邦"主张人民和谐相处,国家友好往来;《礼记·礼运》中"天下大同",展现的是人人友爱互助、家家安居乐业、没有战争的生活状态,体现着人们对未来社会的美好憧憬,更体现着中华优秀传统文化的深刻内涵。"协和万邦""天下

---

① 中共中央文献研究室:《十八大以来重要文献选编》(上),北京:中央文献出版社 2014 年版,第 143 页。

② 习近平:《在庆祝改革开放 40 周年大会上的讲话》,载《人民日报》,2018 年 12 月 19 日,第 2 版。

大同"是习近平总书记一贯的主张，在不同场合，他多次向世界传递人类命运共同体的理念，提议构建新型国际关系，让各个国家都能够相互尊重、相互合作、共同发展，实现共赢共享。我国改革开放取得的发展成就，离不开世界先进经验的汲取，离不开日益密切的国际交往。改革开放40多年以来，中国坚持对外开放基本国策，打开国门搞建设，逐步形成全方位多层次宽领域的对外开放格局。今天日益强大的中国成为多边主义的最重要支柱，成为维护世界和平发展的重要力量。中国正以实际行动践行着负责任大国的庄严承诺。在庆祝改革开放40周年大会上，习近平总书记再次明确指出，我们要坚持扩大开放，不断推动共建人类命运共同体①。新时代中国特色社会主义事业的发展，必将继续坚定开放之路，求同存异、聚同化异，为世界发展提供更多中国智慧和中国方案。

（三）改革开放精神的重要价值

改革开放精神是在改革开放的伟大实践中凝结而成的精神样态。它来源于实践，发展于实践，是时代精神的概括提升，内在的具有与时代特征相结合的品质。

1. 改革开放精神为实现中华民族伟大复兴中国梦提供强有力的精神支撑

改革开放精神蕴含着"创新"精神。创新是一个国家和民族向前发展的不竭动力。习近平总书记指出，抓住了创新，就等于抓住了经济社会发展全局的"牛鼻子"。改革本身就是一种创新，创新精神是改革开放精神的鲜明特色，它贯穿改革开放的始终，为民族复兴提供了精神动力。改革开放精神蕴含着"实事求是"的精神。坚持实事求是，就要清醒认识和正确把握我国仍处于并将长期处于社会主义初级阶段这个基本国情，正确把握我国社会主要矛盾已经转化为人们日益增长的美好生活需要和不平衡不充分的发展之间的矛盾等。实践证明，任何落后于实际、无视深刻变化着的客观事实而因循守旧、故步自封的观念和做法都将导致失败。新时代坚持和发展中国特色社会主义，有效应对前进道路上可以预见和难以预见的各种困难与风险，都会提出新的课题，迫切需要我们始终坚持实事求是，一切从实际出发，理论联系实际，推动中国特色社会主义伟大事业向前发展。

---

① 习近平：《在庆祝改革开放40周年大会上的讲话》，载《人民日报》，2018年12月19日，第2版。

2. 改革开放精神是全面深化改革的精神动力

当前，改革开放进入深水区，面临全新的机遇和挑战。中央一再强调，能否把握机遇、应对挑战，关键取决于我们的思想认识，取决于我们推进改革发展的步伐。身处利益主体多元、思想观念多样、社会发展多变的复杂环境，执政者推进改革开放事业，既需要智慧和审慎，更要有勇气与担当。如何摆脱"不愿改"思维？如何战胜"不敢改"顾虑？这些都需要改革开放精神引领前进的步伐，助推改革开放不断向前。一是解放思想是贯彻改革开放始终的总钥匙，面对"不愿改"的困局，可以解放思想、实事求是的求实精神打开思想上的困惑，将改革进行到底。二是要发扬改革开放精神中敢于破旧立新，发扬敢闯敢试的创新精神，面对"不敢改"，有一股闯劲、干劲，敢于在实践中创新创造，以理论创新助推实践创新，以实践创新带动制度创新，在新时代创造改革开放新的路子。

3. 改革开放精神是推动马克思主义中国化时代化大众化的必然要求

一方面，弘扬改革开放精神有利于推动马克思主义时代化进程。改革开放精神产生于中国特色社会主义建设的新时期，是对改革开放以来时代精神的概括总结，时代性是改革开放精神的鲜明特征。改革开放40余年来，从计划到市场，从封闭到开放，从积极入世到构建人类命运共同体，改革开放的实践本身就是与时偕行的过程，改革开放精神蕴含了与时俱进、与时偕行的精神品质，它是改革开放精神的灵魂和精神，也是马克思主义时代化的基本要求。另一方面，改革开放精神是马克思主义大众化的载体。所谓大众化就是运用中国人民喜闻乐见的话语传播马克思主义，使其富有中国精神和中国气派。改革开放精神是马克思主义与中国改革的实际相结合的产物。坚持和弘扬改革开放精神，讲好改革开放进程中的感人故事，努力传播改革开放历程中的英雄人物、典型事迹，用弘扬改革开放精神的方式推进马克思主义的大众化。让广大人民群众以更加喜闻乐见、容易接受的方式做马克思主义的坚守着和传播者，持续推进马克思主义大众化进程。

二、典型案例

（一）小岗村包产到户

"文革"结束后，全国农业生产有了一定程度的恢复，但农村工作仍受"左"倾思想影响，农民生活仍然比较困难。为了解放农村生产力，解决农民生计和生存问题，一些地方开始从自身实际出发，对农村政策进行了调整。1978年11月，凤阳小岗村18户村民开会，决定将全村土地按照人口承包到户，国家和大队的摊派任务分包到户完成，剩余全归个人，即"交够国家的，留足集体的，剩下都是自己的"。为此，村民们都签订了"生死状"并按下了红手印。"我们分田到户，每户户主签字盖章，如以后能干，每户保证完成每户的全面上交和公粮，不再向国家伸手要钱要粮，如不成，我们干部坐牢杀头也甘心，大家社员也保证把我们的小孩养活到十八岁。"这是当时的真实写照，小岗村民冒"天下之大不韪"，签下"生死状"，创造了奇迹。

在"文革"刚刚结束的两年徘徊时期，"左"倾思想在党和国家各方面的工作中仍然处于统治地位，社会主义就是公有制，私有制就是资本主义，"宁要社会主义的草，不要资本主义的苗"等思想观念在人们心中根深蒂固。但就是在这种大环境下，小岗村村民却敢于突破常规，敢于挣脱思想的束缚，敢于创新，用实际行动践行着解放思想、实事求是的精神，用巨大的勇气和责任担当诠释着破旧立新、敢闯敢试的创新精神。

（二）设立经济特区

1979年1月，中共中央、国务院批准在广东蛇口建立全国第一个对外开放工业区——蛇口工业区，这是经济特区的雏形。1980年，国家批准在深圳、珠海、汕头、厦门划出一定地区，建立经济特区。经济特区成为我国对外开放的窗口，是技术的窗口，管理的窗口，知识的窗口，也是政策的窗口，此后，进一步成为中国建立和完善社会主义市场经济的窗口。通过特区人民的努力奋斗，短短几年时间，特区建设取得了重要成就。深圳这个昔日的边陲小镇迅速发展成为初具规模的现代化城市，成为国内外关注的改革开放热土。珠海、厦门、汕头也有很大的发展。随着改革的深入，我国又相继开放14个沿海城市，在长三角、珠三角、闽东南、环渤海地区开辟经济开放区。1988年，在海南正式设立经济特区，1990年，中央正式批准开发开放浦东，在浦东实行经济技术开发区和某些经济特区的政策。在特区的建设过程中，党和人民用实践创造了"敢闯敢试、敢为人先、埋头苦干"的精神。设立经济特区是改革开放过程中党和人民的伟大创造，是改革创新的具体体现，它更是中国共产党、中国人民、中华民族的智慧的体现。

（三）飞天逐梦，问鼎苍穹

飞天逐梦，问鼎苍穹一直以来都是中华民族的梦想。1970年，中国第一颗人造卫星"东方红1号"成功升空。这成为中国航天发展史上的第一个里程碑，开启了中国人民的航天梦。1987年8月，中国返回式卫星为法国搭载试验装置。这是中国打入世界航天市场的首次尝试。1992年9月，党中央作出了实施中国载人航天工程的重大战略决策，载人航天事业迎来了新的曙光。1998年1月5日，在中国北京航天城，中国第一批14名航天员面对五星红旗庄严宣誓："祖国的载人航天事业高于一切！"航天战士喊出了身为航天员的责任与担当。2003年，航天英雄杨利伟乘坐神舟五号飞船平安返回，千年梦想一朝梦圆。2007年10月，随着嫦娥一号的成功奔月，嫦娥工程顺利完成了一期工程。此后，神舟九号与天宫一号相继发射并成功对接，中国迎来了探月时代。改革开放的伟大征程上，有大刀阔斧的改革，有全方位的对外开放，更有各行各业的人们砥砺奋进、无私奉献展现出来的高尚品质，它们共同构成了"求实、创新、和合"的改革开放精神。

三、经典论述

1. 改革开放是一场根本改变我国经济和技术落后面貌，进一步巩固无产阶级专政的伟大革命。这场革命既要大幅度地改变目前落后的生产力，就必然要多方面地改变生产关系，改变上层建筑，改变工农业企业的管理方式和国家对工农业企业的管理方式，使之适应于现代化大经济的需要①。

2. 如果现在再不实行改革，我们的现代化事业和社会主义事业就会被葬送②。

3. 贫穷不是社会主义，社会主义要消灭贫穷。不发展生产力，不提高人民的生活水平，不能说是符合社会主义要求的③。

4. 革命是解放生产力，改革也是解放生产力……社会主义基本制度确立以后，还要从根本上改变束缚生产力发展的经济体制，建立起充满生机和活力的社会主义经济体制，促进生产力的发展，这是改革，所以改革也是解放生产力……不坚持社会主义，不改革开放，不发展经济，不改善人民生活，只能是死路一条……改革开放胆子要大一些，敢于试验，不能像小脚女人一样。看准了的，就大胆地试，大胆地闯④。

---

① 邓小平：《邓小平文选》（第二卷），北京：人民出版社1994年版，第135页。
② 邓小平：《邓小平文选》（第二卷），北京：人民出版社1994年版，第150页。
③ 邓小平：《邓小平文选》（第二卷），北京：人民出版社1994年版，第116页。
④ 邓小平：《邓小平文选》（第二卷），北京：人民出版社1994年版，第372页。

5. 历史的事实已充分说明，中国的发展离不开世界，关起门来搞建设是不能成功的。实行对外开放，是符合当今时代特征和世界经济技术发展规律要求的、加快我国现代化建设的必然选择，是我们必须长期坚持的一项基本国策①。

6. 改革开放是党在新的时代条件下带领人民进行的新的伟大革命，目的就是要解放和发展社会生产力，实现国家现代化，让中国人民富裕起来，振兴伟大的中华民族；就是要推动我国社会主义制度自我完善和发展，赋予社会主义新的生机活力，建设和发展中国特色社会主义；就是要在引领当代中国发展进步中加强和改进党的建设，保持和发展党的先进性，确保党始终走在时代前列……坚持对外开放的基本国策，把"引进来"和"走出去"更好结合起来，扩大开放领域，优化开放结构，提高开放质量，完善内外联动、互利共赢、安全高效的开放型经济体系，形成经济全球化条件下参与国际经济合作和竞争新优势②。

7. 改革开放是我们党的一次伟大觉醒，正是这个伟大觉醒孕育了我们党从理论到实践的伟大创造。改革开放是中国人民和中华民族发展史上一次伟大革命，正是这个伟大革命推动了中国特色社会主义事业的伟大飞跃……改革开放铸就的伟大改革开放精神，极大丰富了民族精神内涵，成为当代中国人民最鲜明的精神标识……改革开放是党和人民大踏步赶上时代的重要法宝，是坚持和发展中国特色社会主义的必由之路，是决定当代中国命运的关键一招，也是决定实现"两个一百年"奋斗目标、实现中华民族伟大复兴的关键一招③。

8. 中国共产党和中国人民以英勇顽强的奋斗向世界庄严宣告，改革开放是决定当代中国前途命运的关键一招，中国大踏步赶上了时代④!

四、教学应用

知识点 1：第五章　邓小平理论。

第五章围绕邓小平理论的形成、基本问题、主要内容和历史地位来展开，

---

① 江泽民：《在纪念党的十一届三中全会召开二十周年大会上的讲话》，https：//news. fznews. com. cn/zt/2008/ggkf30/tbgz/2008812ke8re+kyba165846_ 4. shtml（访问时间：2022 年 2 月 3 日）。

② 胡锦涛：《在中国共产党第十七次全国代表大会上的报告》，https：//cpc. people. com. cn/GB/64162/64168/106155/106156/6430009. html（访问时间：2022 年 3 月 2 日）。

③ 习近平：《在庆祝改革开放 40 周年大会上的讲话》，载《人民日报》，2018 年 12 月 19 日，第 2 版。

④ 本书编写组：《中共中央关于党的百年奋斗重大成就和历史经验的决议辅导读本》，北京：人民出版社 2021 年版，第 35 页。

可以说，改革开放精神贯穿于邓小平理论的全部。在教学安排上，建议要将伟大改革开放精神与邓小平理论的专题教学高度融合起来。

知识点2：第七章 第二节 推进社会主义文化强国建设。

知识点3：第十章 第三节 培育和践行社会主义核心价值观。

第七章第二节科学发展观主要内容中涉及"推进社会主义文化强国建设"，突出强调"社会主义核心价值体系是兴国之魂，决定着中国特色社会主义发展方向"；第十章第三节围绕推动社会主义文化繁荣兴盛展开，其中社会主义核心价值观是社会主义文化的核心内容，也是民族赖以维系的精神纽带。伟大改革开放精神丰富和拓展了民族精神的内涵，理应内含于社会主义核心价值观中。建议第七章第二节和第十章第三节的教学要拓展社会主义核心价值观的内容，将伟大改革开放精神核心要义融入其中。

知识点4：第十一章 第二节 全面深化改革。

第十一章第二节教学内容以改革开放为主题，展现我们党对改革开放大政策的坚持和坚守，以及在新时代将改革开放引向深入、攻坚克难的总体部署，彰显了对伟大改革开放精神的弘扬。建议在这一节教学中，应将伟大改革开放精神的核心要义融入其中。

知识点5：第十三章 第三节 推动构建人类命运共同体。

第十三章第三节教学内容以推动构建人类命运共同体为主题，展现党建设持久和平、共同繁荣、开放包容的世界的愿望，这是改革开放中海纳百川精神的重要体现。建议该节教学可将伟大改革开放精神核心要义融入其中。

第二节 特区精神

一、特区精神概述

（一）特区精神的提出与发展

经济特区是我国区域经济发展的重要形式，狭义上的特区指的是早期设立的深圳、珠海、汕头、厦门、海南五大特区，以及2010年5月批准设立的喀什、霍尔果斯经济特区。广义上的特区则囊括1992年后陆续设立的上海浦东等国家级新区以及其他各类综合配套改革试验区。任何一种精神的产生是特定的时代背景、历史发展和特殊的理论指导、实践发展等多重因素共同综合作用的结果，是各种社会因素相互激荡的产物。

特区精神形成于中国改革开放这一时代背景，在特区发展的历史演进中逐步完善、成型。党的十一届三中全会作出改革开放的伟大决策，开启了"一场广泛、深刻的革命"，打响了中国迎头赶上的"发令枪"。在改革开放风口诞生的经济特区成为改革开放的试验田、先行地和窗口。不同于一般的试验和探索，经济特区在未来的发展中充满了不确定因素和难以预测的困难，必然面临新旧观念的挑战。特区每前行一步，都会感受到因人们对马克思主义教条化的理解而带来的巨大压力①。因此，经济特区要探索中国特色社会主义道路。于是，产生于改革开放这一伟大时代的经济特区，要想完成时代赋予的历史使命，成为时代先锋，亟需一种硬核的精神力量支撑前行，于是特区精神应运而生。

特区精神的产生不是一蹴而就，而是在经济特区的发展历程中逐渐形成的。经济特区40年，变得是时代风貌，不变的是"特区精神"。各特区自诞生伊始，就高度重视思想政治建设，一直把精神文明建设作为系统工程来抓，取得了可喜的成果，积累了不少经验。深圳特区表现最为突出，以敢闯敢试创风气之先，引领特区的精神文明建设。蛇口一声炮响产生了"时间就是金钱、效率就是生命"的口号，催生了特区人的竞争意识和开拓创新意识。1979年，两万名基建工程兵在深圳打响了特区建设的第一枪，官兵们在深圳艰苦创业，用劈山开路、移土填海的实际行动诠释了"拓荒牛"精神。1987年6月，深圳特区第一次思想政治工作会议决定用"开拓、创新、献身"6个字概括特区精神，集中展现了特区与特区人民崭新的精神面貌。1990年，深圳市委常委会通过讨论决定对特区精神加以补充、完善，把特区精神提炼为"开拓、创新、团结、奉献"八个字，并将"特区精神"改为深圳精神，以增强特区人的向心力和凝聚力。2002年，在时任深圳市委主要领导的倡议下，深圳市基于中国加入世界贸易组织后城市国际化建设的现实需要，开展了"深圳精神如何与时俱进"的大讨论，最终确定将深圳精神概括为"开拓创新、诚信守法、务实高效、团结奉献"16个字，这一表述沿用至今，体现了深圳建设者居安思危、务实图进的精神风貌。其他特区在发展中围绕传承和弘扬特区精神，结合本地实际先后提炼、总结出了"椰树精神""厦门精神""红头船精神""珠海城市精神"等。

新世纪后，深圳市委为适应新变革、新发展的需要，曾先后两次对特区精

---

① 陈雷刚：《论特区精神的生成逻辑、基本内涵与时代价值》，载《深圳社会科学》，2020年第5期，第127-128页。

神进行了系统的总结概括。2000 年 11 月，在深圳经济特区建立 20 周年之际，深圳将"特区精神"总结为十大方面，包括敢闯、敢冒、敢试、敢为天下先的改革精神；奋发有为、只争朝夕的创业精神；自立、自强、自信的拼搏精神；团结友爱、扶贫济困的互助精神；诚实守信、廉洁奉公的奉献精神；爱岗敬业、健康文明的人文精神；公正严明、规范有序的法治精神；崇尚知识，完善自我的学习精神；公开透明的民主精神；面向世界的开放精神。2010 年 5 月，深圳市五次党代会报告将"特区精神"归纳为 7 个方面：敢闯敢试、敢为天下先的改革精神；海纳百川、兼容并蓄的开放精神；追求卓越、崇尚成功、宽容失败的创新精神；"时间就是金钱、效率就是生命""空谈误国、实干兴邦"的创业精神；不畏艰险、敢于牺牲的拼搏精神；团结互助、扶贫济困的关爱精神；顾全大局、对国家和人民高度负责的精神[①]。总之，改革开放这一伟大舞台给特区精神打下了时代烙印，特区精神因改革开放而生，因改革开放而兴，并随着改革开放的推进而不断地发展完善。

（二）特区精神的科学内涵

特区精神博大精深，内容丰富，是一个多层次、多方面的比较完整的体系，其主要内涵是开拓创新精神、开放包容精神和求真务实精神，是新时代中国精神在特区的集中体现，蕴含了新时代中国特色社会主义先进文化的精神特质。

1. 开拓创新是特区精神的灵魂

经济特区的创办本身就是当代中国特色社会主义建设的伟大创举，创新是特区与生俱来的特质和禀赋。开拓性和创新性是移民文化的显著特征，特区的移民文化为开拓创新提供了土壤。移民们来到特区，一方面以拓荒牛的精神和排头兵的担当，杀出一条血路，开拓出一片天地，破解了当时计划经济的桎梏和僵局，探索和建立了社会主义市场经济体制，实现了新中国成立以来经济体制和发展模式的根本性转变，促进了经济的繁荣和民族的富强。另一方面移民们不墨守成规，善于用新的理念、从新的角度审视社会现实。他们的创新思想和行为方式与传统价值观和行为准则相对立，打破了人们原有的心理平衡，引起了人们心理的波动，激活了人们的思想。它激励着人们反省和思考，引导人们模仿他们的行为方式，并以他们为学习榜样。比如深圳率先提出"时间就是金钱，效率就是生命"等口号，反映出工业化社会对与之相适应的新文化观念

① 陈雷刚：《论特区精神的生成逻辑、基本内涵与时代价值》，载《深圳社会科学》，2020 年第 5 期，第 128-129 页。

的呼唤；尔后，与社会主义市场经济相适应的时效观念、人才观念、竞争观念、知识经济观念等一系列新观念，形成一个巨大的冲击波，冲破传统思想的束缚，实现了观念创新、制度创新和科技创新，使"文化沙漠"变成了"文化公园""科技荒漠"变成了"科技绿洲"。

2. 开放包容是特区精神的标志

经济特区作为改革开放的窗口和试验田，海纳百川、兼收并蓄，涵养了包容万物的气度。开放性和包容性是移民文化的标志性特征，特区的移民文化为开放包容提供了氛围。移民们来自五湖四海，带来了各自的地域文化，这些色彩多样的地域文化在移民城市中互相交流、融合，从而使移民城市形成了一种开放、包容的文化心态。以深圳为例，其人口来自全国各地，中国 56 个民族都有人落户深圳，人们漠视出身背景，注重个人的实力和创造潜能的发挥，很少排外、封闭的心理。各种语言、饮食、风俗、观念和文化在深圳荟萃、交融，不断涌入的移民感受到适合居住的亲切和适合创业的氛围。可见，移民文化的开放性和包容性给予了移民城市宽松和谐的生活环境和自由平等的创业氛围，从而极大地增强了移民城市的凝聚力。从改革开放之初的"孔雀东南飞"，到现在的创客集聚，特区层出不穷的就业和创业机会吸引着来自大江南北的人们，汇聚成推动特区向前发展的强大力量。从"英雄不问出处"到"来了就是深圳人"，一个个温暖的理念，营造出开放与包容的氛围。正是在这种和谐的氛围中，千千万万的特区建设者在成就自己的同时，也成就了特区的崛起与辉煌。

3. 求真务实是特区精神的品格

经济特区的建立和发展是遵循客观规律、发挥地缘优势的结果。求真务实是移民文化的重要特征，特区的移民文化为求真务实提供了环境。移民们离乡背井到特区闯天下，敢闯敢试，埋头苦干，但绝不蛮干瞎干，而是脚踏实地，一步一个脚印，探索规律，求真务实。他们一方面因循社会发展规律、国际发展趋势和时代发展要求，找准自己的发展方向和角色定位，在特区建立之初，顶着沉重的社会压力和巨大的政治风险，敢于冒天下之大不韪，突破传统的制度约束，摆脱姓资姓社的争论，践行"空谈误国、实干兴邦"的理念，深圳特区首先在国内进行了土地使用权拍卖、发行股票和证券、劳动用工制度等一系列改革，赢得改革开放的开门红，开创了举世瞩目的"蛇口模式"和"深圳速度"。另一方面，特区的建设者为了迎接信息时代新的产业革命的到来，一往无前地进行现代企业制度改革、新的社会保障制度改革、政府审批和采购制度改革等。比如深圳改变经济结构和经济增长模式，大力孵化和引进高新技术企业，实现劳动密集型企业向技术密集型企业的转型、"深圳速度"向"深圳质量"的转变，为建设中国特色社会主义先行示范区和粤港澳大湾区标杆城市奠定基础。

（三）特区精神的重要价值

1. 特区精神是新时代经济特区率先实现社会主义现代化的精神动力。新形势需要新担当、呼唤新作为①。习近平总书记指出，深圳要建设好中国特色社会主义先行示范区，创建社会主义现代化强国的城市范例，提高贯彻落实新发展理念能力和水平，形成全面深化改革、全面扩大开放新格局，推进粤港澳大湾区建设，丰富"一国两制"事业发展新实践，率先实现社会主义现代化。这既是新时代党中央赋予深圳的历史使命，也是新时代党中央对以深圳为代表的经济特区的新要求。改革不停顿，开放不止步。特区精神已成为新时代继续推进改革开放的精神资源，全面深化改革实现中华民族伟大复兴的精神财富，开拓创新的精神动力。

2. 特区精神有利于对外窗口和国家形象的塑造，是凝聚实现中国梦的磅礴力量。特区精神是特区辉煌发展史的高度概括和总结，继承和发展了中国共产党革命精神和改革精神，承载着中国共产党人的初心和使命，是新时代思想政治教育的底色之一。特区精神是在伟大的改革开放实践中形成的，是中国改革开放史的重要组成部分，洋溢着特区改革者和领导者破除积弊、主动改革的胆识和敢为人先、大胆探索的斗志，体现了义无反顾、一往无前的奋斗精神，富含正能量。新时代，经济特区要继续发挥好改革开放的窗口和塑造国家形象的作用，不仅要在扩大市场准入、营造良好的营商环境上造就看得见的高"颜值"，更需要涵养看不见的好"气质"—特区精神，真正吸引人是"气质"。一个没有生机、精神褪色的经济特区是不可能有良好营商环境的，国际形象必然坍塌，因此，特区精神要成为引领时代脉动、国家强盛、社会发展的支撑力量。

3. 大力弘扬特区精神，有助于更好传承红色基因，奋力助推新时代改革开放。红色基因来自我们党带领人民进行革命、建设和改革的伟大实践，特区精神就是一种重要而又有特色的红色基因。习近平总书记指出："红色基因就是要传承。中华民族从站起来、富起来到强起来，经历了多少坎坷，创造了多少奇迹，要让后代牢记，我们要不忘初心，永远不可迷失了方向和道路。"特区精神

---

① 叶红云：《弘扬特区精神，培育新时代"拓荒牛"》，载《人民教育》，2021年第9期，第28页。

来自改革开放的伟大事业，又反过来推动着改革开放的伟大实践。40 年来，经济特区通过试验，闯出了一条改革发展的新路子，在实践中获取了一系列深刻启示：建设和发展中国特色社会主义，必须解放思想、大胆实践，必须不断完善社会主义市场经济体制，必须为自主创新营造良好的环境，必须坚持以人民为中心，必须将改革开放与党的建设有机结合起来，必须强化法治引领等。这些经验是特区基因的重要组成部分，特区精神内在地包含了这些经验。当今，全面深化改革进入攻坚期和深水区，要啃的都是硬骨头、要涉的都是险滩，新情况新矛盾新问题层出不穷，特区精神中蕴含的应对各种困难和风险挑战的历史智慧、胆略和魄力，无疑能够为新时代广大党员干部提升自身能力本领、促进经济和社会发展提供有益的借鉴与思考，无疑能成为特区干部群众建设粤港澳大湾区、深圳先行示范区和海南建设中国特色自由贸易港的重要精神支撑。

二、典型案例

（一）改革先锋袁庚

袁庚是"蛇口模式"的创立者，中国改革开放的"排头兵"。曾任招商局集团原常务副董事长、蛇口工业区管委会主任的他不断冲破思想禁锢，大胆创新实践，提出了一系列与市场经济相适应的新观念，开展了一系列体制机制的新变革。率先在深圳打响改革开放"第一炮"，提出"时间就是金钱，效率就是生命"这一突破思想束缚、具有强大感召力的改革口号，创办培育了我国第一个外向型工业园区—"蛇口工业区"，成为我国改革开放"排头兵"，并由此催生出招商银行、平安保险等一批优秀企业。他的勇于探索和改革创新，为我国改革开放提供了宝贵经验，作出重要历史性贡献。袁庚被授予"改革先锋"，"最美奋斗者"等荣誉称号，荣获香港特别行政区政府"金紫荆勋章"。

袁庚敢为人先，有着"杀出一条血路"的改革气魄，他"炸山填海"建立起蛇口工业区，这也被称为中国改革开放的"开山炮"。1979 年 10 月，袁庚大胆冲破"大锅饭"的分配制度，推行超额奖励制度。人的劳动价值得到充分体现，人们的劳动和创造热情如火山一样迸发。蛇口的系列改革，是从 1979 年首个工程项目蛇口港工程招投标和对蛇口港工地运泥车司机实行定额超产奖励—"4 分钱奖金"开始的。为加快工程进度，袁庚主持制定了运泥车"每超一车奖励 4 分钱"的定额超产奖励制。这一打破"大锅饭"和平均主义的奖励办法很快提高了工人们的积极性，在蛇口工地上的定额超产奖的促进带动下，工程进度得以提速,其直接结果,是这一段码头竣工比原计划提前一个多月,多创产值达 130 万元。此后短短几年,蛇口工业区从一片荒野滩涂,变成了软、硬环境双优的改革沃土,吸引大批国内外客商前来投资创业,截至 1991 年蛇口工业区累计引进项目 382 个,累计实际投资 5.34 亿美元,蛇口工业区,这个超前的改革试验,更是有力地推动了中国改革开放第一个 10 年的历史进程。

(二)"深圳速度"

1980 年 8 月 26 日,第五届全国人大常委会第十五次会议通过了《广东省经济特区条例》,批准在深圳设立经济特区。自此,深圳正式开启傲然崛起之路。没有"深圳速度",就没有"深圳奇迹"。在"深圳速度"中,你可以分明感受到这座城市的激情与干劲,光荣与梦想。

当时在建的中国第一高楼—深圳国贸大厦,用"三天一层楼"的纪录给出答案。中建三局响应党和国家号召,投身深圳经济特区建设。在当时华夏第一高楼—深圳国贸大厦施工中,创新采用国内尚无先例的大面积内外筒同步液压滑模施工技术,大大提高了施工效率和速度。深圳国贸大厦高 160 米,共 53 层,总建筑面积 10 万平方米。从 1982 年 10 月动工,至 1985 年 12 月竣工,历时仅37 个月。按当时建筑行业的水平,主体工程的施工速度,深圳一般是 6 至 8 天一层楼,香港则是 7 至 9 天一层楼。深圳国贸大厦的主体工程采用滑模新工艺,经过多次试验,施工速度不断提高,最终创造出"三天一层楼"的纪录。

1992 年 1 月 20 日,改革开放总设计师邓小平登上深圳国贸大厦,发表了有关进一步改革开放的精辟论述,充分肯定了"深圳的重要经验就是敢闯"。而包括此次重要指示在内的著名"南方谈话",掀起了中国改革开放的第二次浪潮。曾经创造了"三天一层楼"记录的深圳国贸大厦,见证了改革开放的伟大实践和深圳经济特区的快速崛起,成为中国改革开放史上重要的时代符号。而以"三天一层楼"为标志"深圳速度",也成为描述深圳的一个关键词,成为"敢闯敢试""敢为天下先"的特区精神的一种鲜明表达。

三、经典论述

1. 改革开放胆子要大一些,敢于试验,不能像小脚女人一样。看准了的,就大胆地试,大胆地闯。深圳的重要经验就是敢闯。没有一点闯的精神,没有一点"冒"的精神,没有一股气呀、劲呀,就走不出一条好路,走不出一条新路,就干不出新的事业。恐怕再有 30 年的时间,我们才会形成一整套更加成熟、更加定型的制度，在这个制度下的方针、政策，也将更加定型化。他说，改革开放迈不开步子，不敢闯，说到底就是怕资本主义的东西多了，走了资本主义道路。要害是姓"资"还是姓"社"的问题。判断的标准，应该主要看是否有利于发展社会主义社会的生产力，是否有利于增强社会主义国家的综合国力，是否有利于提高人民的生活水平①。

2. 经济特区建设所取得的成就充分证明，创办经济特区的实践是成功的，实行改革开放的总方针是完全正确的。它从理论与实践的结合上，丰富了我们建设有中国特色社会主义的认识②。

3. 兴办经济特区是党和国家为推进我国改革开放和社会主义现代化作出的一项重大决策，是中国共产党人和中国人民在探索中国特色社会主义道路上进行的一个伟大创举。在邓小平同志亲自关怀下，党中央、国务院决定兴办经济特区，实行特殊政策和灵活措施，发挥它们对全国改革开放和社会主义现代化建设的重要窗口和示范带动作用。深圳等经济特区的成功实践雄辩地证明，党的十一届三中全会以来形成的党的基本理论、基本路线、基本纲领、基本经验是完全正确的，中央作出兴办经济特区的决策是完全正确的。只有改革开放才能发展中国、发展社会主义、发展马克思主义，中国特色社会主义道路是实现中华民族伟大复兴的必由之路、成功之路③。

4. 深圳等经济特区 40 年改革开放实践，创造了伟大奇迹，积累了宝贵经验，深化了我们对中国特色社会主义经济特区建设规律的认识。一是必须坚持党对经济特区建设的领导，始终保持经济特区建设正确方向。二是必须坚持和完善中国特色社会主义制度，通过改革实践推动中国特色社会主义制度更加成熟更加定型。三是必须坚持发展是硬道理，坚持敢闯敢试、敢为人先，以思想破冰引领改革突围。四是必须坚持全方位对外开放，不断提高"引进来"的吸引力和"走出去"的竞争力。五是必须坚持创新是第一动力，在全球科技革命和产业变革中赢得主动权。六是必须坚持以人民为中心的发展思想，让改革发展成果更多更公平惠及人民群众。七是必须坚持科学立法、严格执法、公正司法、全民守法，使法治成为经济特区发展的重要保障。八是必须践行绿水青山就是金山银山的理念，实现经济社会和生态环境全面协调可持续发展。九是必

① 邓小平：《邓小平文选》（第三卷），北京：人民出版社 1993 年版，第 372 页。
② 江泽民：《江泽民文选》（第一卷），北京：人民出版社 2006 年版，第 374 页。
③ 胡锦涛：《在深圳经济特区建立 30 周年庆祝大会上的讲话》，载《光明日报》，2010 年 9 月 18 日，第 3 版。

须全面准确贯彻"一国两制"基本方针，促进内地与香港、澳门融合发展、相互促进。十是必须坚持在全国一盘棋中更好发挥经济特区辐射带动作用，为全国发展作出贡献。

以上十条，是经济特区40年改革开放、创新发展积累的宝贵经验，对新时代经济特区建设具有重要指导意义，必须倍加珍惜、长期坚持，在实践中不断丰富和发展①。

四、教学应用

知识点1：第五章　第二节　邓小平理论主要内容：改革开放理论—新时期最鲜明的特点就是改革开放。

改革是社会主义社会发展的直接动力。社会主义社会的基本矛盾仍然是生产关系和生产力、上层建筑和经济基础之间的矛盾，正是这些矛盾推动了社会主义社会的发展。党的十一届三中全会以后，邓小平指出："要发展生产力，经济体制改革是必由之路。"他强调在坚持社会主义基本制度的同时，还要通过改革从根本上改变束缚生产力发展的经济体制，促进生产力的发展，从而解决了社会主义社会的发展动力问题。这部分内容要结合特区精神是特区人民在不断地拼搏发展过程中所积累和衍生出来的一种时代精神，它彰显了特区人民敢想敢干、天下为先的改革精神。

改革是一项崭新的事业，是一个大试验。改革中难免遇到这样那样的风险，胆子要大，步子要稳。在改革的进程中，不能因循守旧，四平八稳，不能不顾条件，急于求成。判断改革和各方面工作的是非得失，归根到底，要以是否有利于发展社会主义社会的生产力，是否有利于增强社会主义国家的综合国力，是否有利于提高人民的生活水平为标准。这部分内容可以将特区精神看作是一幅伟大的特区人民奋斗史，融入了特区人民辛勤的汗水和奋斗历程，讲清楚彰显特区人民不畏艰险的拼搏精神、敢想敢干的改革精神、兼容并蓄的开放精神、保障国家繁荣昌盛的奉献精神的典型案例。

开放也是改革，对外开放是建设中国特色社会主义的一项基本国策。邓小平明确指出："对外开放具有重要意义，任何一个国家要发展，孤立起来，闭关自守是不可能的，不加强国际交往，不引进发达国家的先进经验、先进科学技术和资金，是不可能的。"历史经验一再告诉我们，关起门来搞建设是不行的，

---

① 习近平：《在深圳经济特区建40周年庆祝大会上的讲话》，载《人民日报》，2020年10月15日，第1版。

把自己孤立于世界之外是不利的。只有坚持实行对外开放，积极参与国际经济竞争和合作，发挥自己的比较优势，使国内经济与国际经济实现必要的互接互补，加上我们自己的艰苦奋斗、自力更生、不断创新，才能赶上时代，赶上当代世界的科技和经济发展。这部分内容要阐述清楚特区"特"的一个重要表现体现在特区高度的对外开放程度上，这是在全球经济一体化、文化多元化发展视域下特区的必然选择，彰显了特区国际化发展的重要特征。也正是这种高度的开放精神，使特区在经济发展、文化繁荣等方面与其他地区相比更具国际前沿性，是特区精神内涵当中一种重要的精神形态。

知识点2：第九章　第一节　实现中华民族伟大复兴的中国梦：奋力实现中国梦—实现中国梦必须走中国道路。

实现中国梦必须走中国道路，这就是中国特色社会主义道路。没有正确的道路，再美好的愿景、再伟大的梦想，都不能实现。历史和现实充分证明，无论是封闭僵化的老路，还是改旗易帜的邪路，都是绝路、死路。只有中国特色社会主义道路才是一条通往复兴梦想的康庄大道、人间正道，才能发展中国、稳定中国。必须继续拓展和走好适合中国国情的发展道路，增强对中国特色社会主义的道路自信、理论自信、制度自信、文化自信。这部分内容主要讲授特区精神是中国"走自己的路"的巨大成功。中国共产党人总结长期历史经验得出的基本结论就是革命和建设都要走自己的路。"走自己的路"就是走中国特色社会主义道路。中国特色社会主义是改革开放以来我们党的全部理论和实践主题。经济特区作为"走自己的路"的时代先锋，以无可争辩的举世瞩目成就，彰显了中国特色社会主义道路的巨大成功。

知识点3：第九章　第一节　实现中华民族伟大复兴的中国梦：奋力实现中国梦—实现中国梦必须弘扬中国精神。

实现中国梦必须弘扬中国精神，这就是以爱国主义为核心的民族精神和以改革创新为核心的时代精神。伟大的梦想，需要伟大的精神作支撑。没有振奋的精神、高尚的品格、坚定的志向，一个民族不可能自立于世界民族之林。实现中国梦，要求中华民族不仅在物质上强大起来，而且在精神上强大起来。中国精神是凝心聚力的兴国之魂、强国之魂。这部分内容可以讲授特区精神是中国精神的生动诠释，丰富了民族精神和时代精神的内涵，我们可以将创新精神看作是特区发展的重要内在驱动力，是特区人民不断在长期奋斗过程中总结出来的重要精神内涵。

第三节 抗震救灾精神

一、抗震救灾精神内涵

（一）抗震救灾精神的形成背景

我国是世界上自然灾害最为严重的国家之一，灾害种类多，分布地域广，发生频率高，造成损失重。中国人民在磨难中铸就了伟大的抗震救灾精神，灾后恢复重建取得了伟大成就。

2008 年 5 月 12 日 14 时 28 分，在我国四川省汶川地区发生了里氏 8.0 级的特大地震，给我国四川、甘肃、陕西、重庆、河南、云南等多个省市造成了巨大的生命和财产损失，其破坏之严重、人员伤亡之多、救灾难度之大都是历史罕见的。此次地震中确认 69227 人遇难，374643 人受伤，失踪 17923 人，抢险救灾人员累计解救和转移 1486407 人，83988 名同胞从废墟中获救，360 多万伤病员得到及时救治。

这次发生的四川汶川特大地震，是新中国成立以来破坏性最强、波及范围最广、救灾难度最大的一次地震。能不能战胜这场特大地震灾害，是对党的执政能力和先进性的严峻考验。面对突如其来的特大地震灾害，全党全军全国各族人民在党中央、国务院和中央军委坚强领导下，众志成城，迎难而上，顽强奋战，以惊人的意志、勇气、力量，组织开展了我国历史上救援速度最快、动员范围最广、投入力量最大的抗震救灾斗争，最大限度地抢救了被困群众，最大限度地减低了灾害损失，夺取了抗震救灾斗争重大胜利。这场规模空前、气壮山河的抗震救灾斗争，创造了抗震救灾的人间奇迹，表现出泰山压顶不弯腰的大无畏气概，谱写了中国人民感天动地的自强不息、团结奋斗的英雄凯歌，铸就了伟大抗震救灾精神。

2008 年 6 月 30 日，中共中央在北京召开抗震救灾先进基层党组织和优秀共产党员代表座谈会，胡锦涛在讲话中指出，"在同特大地震灾害的艰苦搏斗中，我们的民族和人民展示出了十分崇高的精神。这就是万众一心、众志成城，不畏艰险、百折不挠，以人为本、尊重科学的伟大抗震救灾精神。"

抗震救灾精神是在抗震救灾斗争中孕育产生的伟大精神力量的凝练和总结，

充分显示了党和人民的伟大力量。在 2010 年玉树地震、2013 年芦山地震、2014 年鲁甸地震、2017 年九寨沟地震等抗击自然灾害的斗争中,抗震救灾精神不断得到弘扬、丰富和升华。

（二）抗震救灾精神的科学内涵

1. 万众一心、众志成城

万众一心、众志成城,体现了中国人民团结奋进的强大力量。在特大灾难面前,全党全国各族人民坚持一方有难、八方支援,举国上下患难与共,前方后方同心协力,海内海外和衷共济,各地区各部门各方面以灾情为最高命令、以救灾为神圣使命,紧急行动,守望相助,倾力支持,无私奉献,凝聚起抗震救灾的强大合力,显示了中国人民和中华民族的伟大力量。胡锦涛同志在地震灾区写下了"一方有难,八方支援;自力更生,艰苦奋斗"十六个大字。震后 10 余万救援大军迅速集结,100 辆救援专列急调入川,各路人马纷纷集中至灾区开展营救,工作;灾后重建中,坚持举全国之力,调动社会各方面力量支援灾区重建,党中央、国务院适时启动对口支援机制,实行"一省一市帮一重灾县",19 个援建省市 3 年共投入 825 亿元援建资金,累计接受社会捐赠资金和物资 797 亿元(包括抗震救灾),接受特殊党费 93 亿元,香港、澳门特区政府分别支持恢复重建 100 亿港元和 55 亿澳元,充分彰显了中华民族巨大的凝聚力和向心力,充分体现了社会主义制度的优越性。

2. 不畏艰险、百折不挠

不畏艰险、百折不挠,体现了中国人民泰山压顶不弯腰的英勇气概。面对极其惨烈的灾难,面对极其严重的困难,广大军民临危不惧、奋不顾身、舍生忘死,哪里灾情危急就向哪里冲去,哪里有生死考验就向哪里挺进,哪里有受灾群众就向哪里集结,展现了中国人民压倒一切困难而不为任何困难所压倒的超人勇气,体现了中国人民战胜一切艰难险阻的大无畏精神。无论是在震后救援还是在灾后重建中,灾区各级干部群众,发扬自力更生、艰苦创业精神,展现了感恩奋进、坚韧不拔的良好风貌,凝聚起抗震救灾的强大合力。各条战线上涌现出了一批又一批的英雄模范,1 万多支"党员抢险队""党员突击队""党员服务队""党员先锋队"始终战斗在救灾第一线,有英勇的"空降兵十五勇士",有最美逆行者……他们大灾面前不低头、大难面前不弯腰,从废墟上勇敢站起来重建家园,在灾难中铸就了不屈的精神,创造了抗震救灾和灾后恢复重建的奇迹。正如习近平总书记强调:"中华民族历史上经历过很多磨难,但从来没有被压垮过,而是愈挫愈勇,不断在磨难中成长、从磨难中奋起。"

3. 以人为本、尊重科学

以人为本、尊重科学,体现了对人民的高度关爱、对科学的高度尊重。广大军民把人的生命放在高于一切的位置,坚持只要有一点生还可能就要作出百倍努力,最大限度地抢救了人民生命,83988 名同胞从废墟中获救,360 多万伤病员得到及时救治;优先重建城乡居民住房、学校、医院,中央财政按照城镇居民每户 2.5 万元、农村居民每户 1 万元的标准给予补助,地方财政也拿出资金进行补助,再加上多方支持,四川、陕西、甘肃三省共维修加固农村住房 292 万户、城镇住房 146 万套;重建农村住房 191 万户、城镇住房近 29 万套,并将学校、医院等公共服务设施的抗震设防标准由 7 度提高到 8 度,灾区居民生活条件显著改善,灾后一年基本实现了《汶川地震灾后恢复重建总体规划》提出的"家家有房住、户户有就业、人人有保障、设施有提高、经济有发展、生态有改善"的重建目标。坚持依靠科学、运用科学,把科技的力量与顽强的斗争紧密结合起来,震后 11 天,就启动了规划的编制工作;历时 3 个多月,完成了恢复重建总体规划和城乡住房建设、基础设施建设等 10 个专项规划。重建中始终坚持恢复重建与防灾减灾相结合,充分发挥科技的重要作用,攻克道道难题,化解种种风险,使科技成为战胜地震灾害的强有力支撑。

(三) 抗震救灾精神的重要价值

"万众一心、众志成城,不畏艰险、百折不挠,以人为本、尊重科学"的抗震救灾精神是中华民族在面对灾难时展现出来的不屈力量,具有重要的理论意义和实践意义。

1. 抗震救灾精神是对中华民族精神的丰富和发展。习近平总书记指出:

"没有民族精神力量的不断增强,一个国家、一个民族不可能屹立于世界民族之林。"中华民族在五千多年的发展中逐渐形成了"以爱国主义为核心的团结统一、爱好和平、勤劳勇敢、自强不息"的伟大民族精神,中华民族是一个饱经磨难的民族,历经磨难自强不息的精神是我们能够屹立于世界民族之林的重要原因之一。回顾历史,我们应对过许多无情的灾害,四十年前的唐山大地震、二十年前的特大洪水、十四年前的汶川大地震等一次次考验着我们,灾难面前我们举国同心,心系灾情,汶川地震时收到来自各地的捐款超 600 亿元,多省对口支援受灾地区重建。这些灾害没有打倒我们却使我们愈加坚不可摧,应对灾难时形成的伟大精神既是在特殊历史时间对民族精神的生动体现,也是在特殊历史时间对伟大民族精神的进一步发展。抗震救灾精神极大地丰富了中华民族精神的内涵，成为中华民族的传家宝，是中华民族最宝贵的精神财富。

2. 抗震救灾精神是践行中国共产党宗旨的集中体现。抗震救灾精神形成于中国共产党领导中国人民与地震灾难进行斗争的伟大进程中，在地震来临之际中国共产党始终坚持为人民服务的宗旨，展现了卓越的领导能力和伟大牺牲精神。灾难面前中国共产党人是永远的逆行者，汶川大地震时面对道路不通、联络中断的重灾区，十五名勇士组成的空降兵小分队临危受命空降震中，是他们给灾区群众带去生的希望，正是抗震救灾精神的激励下，2020年新冠肺炎疫情全球大流行之际，无数英雄逆行驰援重灾区武汉，极大地守护了人民的生命健康安全。灾情就是命令，群众生命安全就是责任，中国共产党在应对重大灾害时始终坚持人民至上、生命至上，在最短时间内统筹全国之力抢险救灾，创造一个又一个奇迹。抗震救灾精神体现了共产党人面对灾情时舍我其谁的奉献精神，集中体现了中国共产党以人民为中心的思想，体现了全心全意为人民服务的宗旨。

3. 抗震救灾精神是建设中国特色社会主义的强大精神动力。艰难困苦、玉汝于成，在历史罕见的特大灾害面前，灾区人民不畏艰险、百折不挠的精神使汶川地震的抗震救援和灾后恢复重建工作都取得了举世瞩目的历史性成就。抢险救灾与经济社会建设同步推进，汶川震后重建工作堪称世界奇迹，抗震救灾的成果生动体现了在应对灾难和灾后重建工作中坚持中国共产党领导走中国特色社会主义道路的优越性，体现了中华民族战胜困难险阻的巨大潜力和不屈不挠的精神力量。多难兴邦，中华民族是敢于迎难而上的民族，当前我们正处在迈向第二个百年奋斗征程的关键历史时期，要坚定不移走中国特色社会主义道路，必须拿出应对特大灾害时的巨大勇气和百折不挠的毅力迎接新时代的风险挑战，使抗震救灾精神成为激励全体中华儿女奋力实现中华民族伟大复兴中国梦的精神动力。

二、典型案例

（一）全国防灾减灾日

全国防灾减灾日是经中华人民共和国国务院批准而设立，自2009年起，每年5月12日为全国防灾减灾日。一方面顺应社会各界对中国防灾减灾关注的诉求，另一方面提醒国民前事不忘、后事之师，更加重视防灾减灾，努力减少灾害损失。

防灾减灾日的图标以彩虹、伞、人为基本元素，雨后天晴的彩虹寓意着美好、未来和希望，伞的弧形形象代表着保护、呵护之意，两个人代表着一男一女、一老一少，两人相握之手与下面的两个人的腿共同构成一个"众"字，寓意大家携手，众志成城，共同防灾减灾。整个标识体现出积极向上的思想和保障人民群众生命财产安全之意。

（二）抗震救灾创造了令人惊叹的"世界纪录"①

——这是新中国成立以来烈度最强、破坏最大、灾情最重、救援最难的大地震。然而从地震发生瞬间到"黄金救援72小时"结束，再到震后10天废墟下生命之火趋于熄灭，对生命的拯救从未停息，83988名同胞从废墟中获救，360多万伤病员得到及时救治。

——蜀道难，抢通灾难中的蜀道更难。各路大军以血肉之躯劈开拦路石、荡平堰塞湖、阻隔泥石流，90多天里，254个不通公路的乡镇"孤岛"抢通251个，820多万群众紧急转移安置。

——灾区病床告急！医疗设备告急！医护力量告急！一场"非战状态下最大规模伤员转运战"打响了。13天里，10048位重伤员安然转送全国20个省区市的375家医院。

——4600多万人受灾，超过北欧五国人口总和，每8个四川人中就有一个失去安身之所。仅仅过了3个月，450余万户、1000多万受灾群众基本实现住房过渡安置。

——大量房屋倒塌，数万人被埋废墟，然而震后3个月，大灾之后无大疫，灾区没有发生一起与地震相关的传染病暴发疫情和突发公共卫生事件。

走进今日震区，灾区群众有饭吃、有衣穿、有干净水喝、有板房住、有病能及时医治，生产生活秩序基本恢复；重灾区学校复课率已达93%，325万余中小学生9月1日将全部走进课堂。

（三）罗汉寺的87天与108个"罗汉娃"②

什邡罗汉寺，位于德阳什邡市城区，是一座历史悠久的寺庙。罗汉寺西侧

---

① 任仲平：《穿越灾难迎接光荣—写在四川汶川大地震抗震救灾百日之际》，载《工人日报》，2008年8月24日，第1版。

② 周玉琴、余如波、宋开文、阮长安：《罗汉寺的87天与108个"罗汉娃"》，载《四川日报》，2021年5月14日，第5版。

的空地，如今是一片茶园，旁边矗立着一块一百零八罗汉娃诞生地碑，上面按出生顺序刻下了"罗汉娃"的姓名，9列12行，正好108个。

13年前，这里建起临时产房，第一时间接纳损毁的什邡市妇幼保健院的孕产妇们。从当年5月12日地震发生后至8月7日搬进板房医院，87天时间恰好有108名新生儿在此降生。

"5·12"汶川特大地震13周年前夕，恰逢电影《一百零八》在北京、德阳举办首映礼，记者再度来到罗汉寺，重访那段充满人性光辉的往事。

1. 求助于罗汉寺，到兰小时寺庙开门接纳孕产妇

"地震发生时，保健院有20多名孕产妇，我们第一时间转移到对面的小学操场。"时任什邡市妇幼保健院预防保健科科长、现保健部部长翟秋榕对当年的场景仍记忆犹新，"第一要紧的是保障安全，操场没有任何遮挡，如果下雨怎么办？要满足避雨这一条件，大家思来想去，决定到数百米外的罗汉寺'碰碰运气'。"

门诊部主任曾英和另一名同事前往罗汉寺求助，接待她们的时任罗汉寺知客师父德宏有些犹豫，向当天在成都的住持素全法师电话询问。

"不到半小时，罗汉寺就同意我们进去了。"翟秋榕回忆，当时已是黄昏时分，医护人员买来彩条布，搭起一座简易大棚。安顿下来后，医护人员清点人数，发现居然少了一人，急得开着救护车满城搜寻。最后，终于在广场上找到这名在地震时受惊逃跑、与家人在一起的陈姓孕妇。

2. 禅房变产房，87天共108名"地震宝宝"在此降生

妇幼保健院产房转移到罗汉寺后，第一例手术很快来临。

5月13日凌晨两点，孕妇陈忕抄的丈夫蹬着三轮车，载着临产的妻子，从什邡市南泉镇连夜赶到罗汉寺。一开始，医生希望能自然分娩，但产程进展不顺利，最后决定转为剖宫产。问题来了：如何"无中生有"创造手术环境？

"当时没法转院，只能就地处置。"翟秋榕说，四面漏风的大棚无法手术，大家绕着罗汉寺转圈圈，征得寺院方面同意后，选中了一间禅房。

冒着余震的危险，医护人员从已成危房的妇幼保健院库房中，抢出一批医疗、手术器械。用几张禅凳合并搭成临时产床，用简易的篷布做围栏，将树枝改成输液架，一位医生举着手电筒提供照明……第一例手术就以这样的方式进行。

翟秋榕用手机拍下了当时的手术场景：禅房一角，除主刀医生郑同英外，分管业务院长，以及麻醉、院感等业务骨干悉数在场，应对不时之需。当天7

点 36 分，经过约半小时的手术，一名女婴顺利降生。更加幸运的是，没有发生感染。

从 5 月 14 日起，通过民政部门调拨、捐赠的救灾帐篷逐步到位。在罗汉寺妇幼保健院临时安置点，医院各科室、部门用帐篷区分，拥有了相对独立的空间和功能区，逐渐开始正常运转。截至当年 8 月 7 日搬进板房医院，87 天时间共有 108 名"地震宝宝"在寺内平安降生。

3. 特殊时期的医者仁心，罗汉寺的 3 个"无条件"

翟秋榕介绍，地震前，什邡约有 2/3 的孕产妇到妇幼保健院生产；地震后，由于市人民医院产科停诊，所有孕产妇都转移到妇幼保健院。同时，经历了地震的准妈妈们，都遭受了不同程度的精神刺激，妊娠过程受到影响，百分之七八十最终都选择了剖宫产。"可以说是妇幼保健院历史上压力最大、最紧张的一段时间。"

即便如此，妇幼保健院除完成本职工作外，还抽调医护人员外出处置轻伤员，巡视各受灾群众安置点。"最初一段时间食物短缺，我们优先保证孕产妇及其家属，然后才是医护人员。有时候医护人员忙完工作，就已经没吃的了。"

在罗汉寺期间，温暖和关怀无时无刻不在。素全法师曾提出 3 个"无条件"：无条件地接收受灾群众、无条件地提供所有物资、无条件地供给一日三餐和热水。"僧人们在斋房做好饭菜后，医护人员抬到妇幼保健院安置点，工作人员和孕产妇都可以吃。"翟秋榕说。

曾有一位 40 多岁、患有妊娠高血压的高龄孕妇，妇幼保健院求助当时同样驻扎在罗汉寺的"85 医院"，利用后者的设施设备，双方联合完成了这例剖宫产手术。后来，父母为孩子取名张弘扬，意在"弘扬抗震救灾精神"。

（四）神兵天降——"空降兵十五勇士"①

2018 年 5 月 12 日那个初夏午后，四川汶川发生了 8.0 级大地震。这是新中国成立以来破坏性最强、波及范围最广的一次地震。

5 月 13 日凌晨，时任空降兵研究所所长的李振波受命指挥一支突击队空降震区，参加救援。李振波当过伞训教员、引导队队长、空降空投处处长，是一线指挥员的最佳人选。与此同时，来自全空降兵部队的精英们陆续集结。

这是当时空降兵成立 58 年以来，首次以空降形式执行非战争军事行动。

---

① 尹航：《不可战胜的中国人》，载《当代学生》，2019 年第 3 期，第 44-47 页。

　　此时，地震灾区道路损坏严重，地面救援部队难以抵达，位于震中地带的茂县已成"孤岛"。空降兵成了进入灾区了解灾情的最后希望。

　　5月13日早上，他们飞赴震区。此前，空中路线被暴雨和浓云阻断，直升机6次试图着陆，都未能成功。

　　伞降高度以下有雨，是空降大忌。时隔10年，李振波仍记得那天震区的天空。当飞机下降到7000米时，飞行员发现，"雨刮器冻住了，什么都看不见，只能靠仪表飞行"。

　　由于机身结冰，舱门无法打开，飞机在震区上空转了一圈不得不返回成都机场。此时，地震发生已将近24小时，灾区群众依然无法与外界取得联系。李振波等人苦苦思索下一步的行动方案。最终，指挥部决定由一支小分队使用翼伞先行空降，侦察摸清灾情和地面情况，再引导大规模空降空投。

　　翼伞比伞兵常用的圆伞飞行灵活，抗风能力更强，但操纵更复杂。空降兵训练有规定，只有使用圆伞跳伞达到一定次数，才能开始翼伞训练。

　　14日凌晨，李振波和其他14名精心挑选出的伞兵连夜备战，然后焦急等待着天气好转。

　　这是一场无气象资料、无指挥引导、无地面标识的"三无"空降。难度可想而知。茂县为高山峡谷地形，可供空降的地域十分狭小，境内山峰多在海拔4000米左右，他们必须在5000米以上的高度跳伞。对于通常在数百米高空跳伞训练的伞兵来说，这无异于生死"盲跳"。"当时唯一知道的，就是不知道会有多大风险。"时为空降引导队士官的李玉山回忆道。

　　14日上午，天气好转，一架运输机搭载着伞兵们飞向震中。11时47分，飞临茂县上空，趁着云层中露出一丝狭小缝隙，李振波第一个跃出机舱。紧接着，于亚宾、任涛、李玉山、向海波、雷志胜、赵四方、刘志保、赵海东、郭龙帅、李亚军、刘文辉、王磊、王君伟、殷远……15勇士分成两批纷纷跃入茫茫云海。

　　最后一个跳进震中的殷远永远记住了那一刻：严寒沁入骨髓，缺氧令人眩晕，四围高耸入云的雪山"让你像是跳进了一口井里"。

　　在将近一刻钟的伞降过程中，他们渐渐清晰看到了陡峭的山崖、奔腾的岷江、茂密的丛林、纵横的高压电线以及被震坏的房屋……

　　他们都清楚，"躲不过其中任何一处，都可能丢了'小命'"。

　　他们更清楚，唯有穿越这重重险阻，才能将生的希望带给绝境中的百姓。

三、经典论述

1. 中华民族历来具有在艰难困苦面前不屈不挠、团结奋斗的光荣传统。只要全党全军全国各族人民众志成城、顽强拼搏，我们就一定能够克服各种困难，夺取这场抗震救灾斗争的全面胜利[①]！

2. 在同特大地震灾害的艰苦搏斗中，我们的民族和人民展示出了十分崇高的精神。这就是万众一心、众志成城，不畏艰险、百折不挠，以人为本、尊重科学的伟大抗震救灾精神。

3. 抗震救灾精神，是爱国主义、集体主义、社会主义精神的集中体现和新的发展，是我们党和军队光荣传统和优良作风的集中体现和新的发展，是中华民族民族精神在当代中国的集中体现和新的发展[②]。

4. 抗震救灾精神是党和人民极为宝贵的精神财富。我们要在全党全社会大力弘扬抗震救灾精神，大力宣传抗震救灾斗争中涌现出来的先进思想和模范事迹，使之转化为自力更生、艰苦奋斗、重建家园的坚定意志，转化为办好奥运、建设祖国的实际行动，转化为推动科学发展、促进社会和谐的强大力量，为中国特色社会主义事业不断发展提供强大精神动力[③]。

5. 在抗震救灾和灾后恢复重建中，举国上下同心协力，海内外同胞和衷共济，充分展现了中华民族团结奋斗的民族品格和风雨同舟的强大力量。抗震救灾和灾后恢复重建取得的成绩，必将鼓舞全国各族人民满怀信心地把改革开放和社会主义现代化事业继续推向前进。

6. 抗震救灾和灾后恢复重建的伟大实践再一次告诉我们，团结就是力量，拼搏才能胜利。全党全军全国各族人民要更加紧密地团结起来，勇敢战胜前进道路上的一切困难和风险，全面做好各项工作，以优异成绩迎接新中国成立60周年[④]。

7. 要坚持抗震救灾工作和经济社会发展两手抓、两不误，大力弘扬伟大抗震救灾精神，大力发挥各级党组织领导核心和战斗堡垒作用、广大党员先锋模

---

① 中共中央文献研究室：《十七大以来重要文献选编》，北京：中央文献出版社2009年版，第469页。

② 胡锦涛：《在抗震救灾先进基层党组织和优秀共产党员代表座谈会上的讲话》，载《人民日报》，2008年7月1日，第2版。

③ 胡锦涛：《在抗震救灾先进基层党组织和优秀共产党员代表座谈会上的讲话》，载《人民日报》，2008年7月1日，第2版。

④ 胡锦涛：《在出席纪念四川汶川特大地震一周年活动时的讲话》，载《党史文苑》，2009年第11期，第1页。

范作用，引导灾区群众广泛开展自力更生、生产自救活动，在中央和四川省大力支持下，积极发展生产、建设家园，用自己的双手创造幸福美好的生活①。

8. 我们今天要继续弘扬抗震精神，为实现全面建成小康社会奋斗目标、实现中华民族伟大复兴的中国梦注入强大精神动力②。

9. 唐山抗震救灾和新唐山建设40年的光辉历程，以及我们开展的许多重大抗灾救灾和灾后恢复重建取得的伟大成就，充分体现了中国共产党的领导和我国社会主义制度的优越性。这深刻启示我们：只要紧紧依靠中国共产党的坚强领导、充分发挥我国社会主义制度的优势，我们就能不断把中国特色社会主义伟大事业推向前进我们要不断巩固和完善中国特色社会主义制度，使其优越性得到更好发挥③。

10. 越是在困难的情况下，越是要增强全党全国各族人民同舟共济的凝聚力，越是要鼓起越是艰险越向前的精气神。只要我们有准备，团结一心，共同应对，就完全能够从容应对征途上的各种复杂局面，战胜各种可能出现的艰难险阻④。

11. 人类对自然规律的认知没有止境，防灾减灾、抗灾救灾是人类生存发展的永恒课题。科学认识致灾规律，有效减轻灾害风险，实现人与自然和谐共处，需要国际社会共同努力。中国将坚持以人民为中心的发展理念，坚持以防为主、防灾抗灾救灾相结合，全面提升综合防灾能力，为人民生命财产安全提供坚实保障⑤。

四、教学应用

知识点1：第六章　第二节　"三个代表"重要思想的核心观点和主要内容：我们党必须始终代表中国最广大人民的根本利益。

党的全部任务和责任，就是为实现人民群众的根本利益而奋斗。我们党作

---

① 谢磊：《习近平就芦山地震抗震救灾工作作出重要指示》，载《人民日报》，2013年5月4日，第2版。

② 习近平：《在河北唐山市考察时强调　落实责任完善体系整合资源统筹力量　全面提高国家综合防灾减灾救灾能力》，载《光明日报》，2016年7月28日，第1版。

③ 习近平：《在河北唐山市考察时强调　落实责任完善体系整合资源统筹力量　全面提高国家综合防灾减灾救灾能力》，载《光明日报》，2016年7月28日，第1版。

④ 习近平：《承前启后继往开来　朝着中华民族伟大复兴目标奋勇前进》，载《党史文苑》，2012年第23期，第1页。

⑤ 任一林：《习近平向汶川地震十周年国际研讨会暨第四届大陆地震国际研讨会致信》，载《人民日报》，2018年5月13日，第1版。

为执政党，面临的最根本的课题，是能不能始终代表最广大人民的根本利益，始终全心全意为人民服务。我们党始终坚持人民的利益高于一切。党除了最广大人民的利益，没有自己特殊的利益。我们党进行的一切奋斗，归根到底都是为了最广大人民的根本利益。党的一切工作，必须以最广大人民的根本利益为最高标准。任何时候都必须坚持尊重社会发展规律与尊重人民历史主体地位的一致性，坚持为崇高理想奋斗与为最广大人民谋利益的一致性，坚持完成党的各项工作与实现人民利益的一致性。各级党组织和广大共产党员在抗震救灾斗争中的为了人民的利益舍生忘死、无私无畏、勇往直前甚至不惜牺牲生命，这些英勇表现集中展现了新时期共产党人的光辉形象，彰显了共产党员的先进性。

知识点2：科学发展观的科学内涵和主要内容：全面提高党的建设科学化水平。

知识点3：第十四章　第二节　坚持党对一切工作的领导。

党是最高政治领导力量，这是由国家性质所决定的，是由国家宪法所确立的，是被中国革命、建设、改革伟大实践所证明的，是推进伟大事业的根本保证。坚持党总揽全局、协调各方的领导核心地位，是党作为最高政治力量在治国理政中的必然要求。习近平形象地说，这就像"众星捧月"，这个"月"就是中国共产党。在国家治理体系的大棋局中，党中央是坐镇中军帐的"帅"，车马炮各展其长，一盘棋大局分明。各个领域、各个方面都必须自觉坚持党的领导，突出党的核心领导地位，发挥好党的领导核心作用。执政能力建设是党执政后的一项根本建设。党的执政能力，就是党提出和运用正确的理论、路线、方针、政策和策略，领导制定和实施宪法和法律，采取科学的领导制度和领导方式，动员和组织人民依法管理国家和社会事务、经济和文化事业，有效治党治国治军，建设社会主义现代化国家的本领。抗震救灾斗争能够迅速取得重大阶段性胜利有多方面的原因，其中最重要的一个原因就是党的坚强领导，面对特大地震灾害，各级党委快速反应、果断决策、有力指挥，各级党组织和广大共产党员发挥了中流砥柱和领导核心作用。从中央到地方各级党委的迅速反应、坚强领导、周密组织、科学调度，展现了强有力的总体指挥能力、群众动员能力、资源调配能力、统筹协调能力和处理突发事件、驾驭复杂局面的能力。

知识点4：第七章　第二节　科学发展观的科学内涵和主要内容：以人为本是科学发展观的核心立场。

知识点5：第九章　第三节　建设社会主义现代化国家的战略导向：从根本宗旨把握新发展理念。

　　以人为本是科学发展观的核心立场，集中体现了马克思主义的基本原理，体现了我们党全心全意为人民服务的根本宗旨和推动经济社会发展的根本目的。以人为本就是以最广大人民的根本利益为本。坚持以人为本，就要坚持发展为了人民，始终把最广大人民的根本利益放在第一位。要顺应各族人民过上更好生活的新期待，把发展的目的真正落实到满足人民需要、实现人民利益上，在经济社会发展的各个环节、各项工作中都体现和保障人民群众的利益。坚持以人为本，就要坚持发展依靠人民，从人民群众的伟大创造中汲取智慧和力量。人民是我们党执政的最深厚基础和最大底气。为人民谋幸福、为民族谋复兴，是我们党的初心和使命，是党领导现代化建设的出发点和落脚点，也是新发展理念的"根"和"魂"。只有坚持以人民为中心的发展思想，坚持发展为了人民、发展依靠人民、发展成果由人民共享，才会有正确的发展观、现代化观。在抗震救灾斗争中，各级党委和政府把以人为本作为最高准则，把挽救人的生命作为首要任务和重中之重，只要有一线希望，只要有一点生还可能，就作出百倍努力；争分夺秒地搜救被困群众、全力救治受伤人员、想方设法安排好受灾群众基本生活、抓紧抢修因灾毁坏的基础设施；坚持依靠群众，充分发挥灾区群众在恢复重建中的主体作用。这些都切实践行和彰显了"以人为本"这一核心立场，生动诠释了立党为公、执政为民的以人民为中心的执政理念。

　　知识点6：第七章　第二节　科学发展观的科学内涵和主要内容：全面协调可持续是科学发展观的基本要求、统筹兼顾是科学发展观的根本方法。

　　全面协调可持续中的"全面"是指发展要有全面性、整体性，不仅经济发展，而且各个方面都要发展；"协调"是指发展要有协调性、均衡性，各个方面、各个环节的发展要相互适应、相互促进；"可持续"是指发展要有持久性、连续性，不仅当前要发展，而且要保证长远发展。统筹兼顾是科学发展观的根本方法，深刻体现了唯物辩证法在发展问题上的科学运用，深刻揭示了实现科学发展、促进社会和谐的基本途径，是正确处理经济社会发展中重大关系的方针原则。在抗震救灾中，注重灾害应急管理和灾后重建的制度建设，制定了《汶川地震灾后恢复重建条例》，这是我国首个地震灾后恢复重建专门条例，颁布了《自然灾害救助条例》，修订了《中华人民共和国防震减灾法》，还制定和完善了一大批救灾和灾后重建工作规范与管理办法。灾后重建，注重可持续发展，提升灾区内生发展动力，着力解决灾区群众现实困难和长远生计，全面提高全社会对自然灾害的综合防范和抵御能力。坚持统筹兼顾，将恢复重建与促进经济社会发展紧密结合，结合本地资源优势和特色，加快灾区经济结构调整、产业升级和布局优化，为灾区长远发展奠定了基础。坚持举全国之力，调动社会各方面力量支援灾区重建。

知识点7：第七章　第二节　科学发展观的科学内涵和主要内容：社会主义核心价值体系是兴国之魂。

知识点8：第九章　第一节　实现中华民族伟大复兴的中国梦。

马克思主义指导思想，中国特色社会主义共同理想，以爱国主义为核心的民族精神和以改革创新为核心的时代精神，社会主义荣辱观，构成社会主义核心价值体系的基本内容。它鲜明地回答了在新的历史条件下，我们党用什么样的精神旗帜团结带领全体人民开拓前进、中华民族以什么样的精神风貌屹立于世界民族之林的重大问题。中国梦坚持国家富强、民族振兴和人民幸福的内在统一。国家富强、民族振兴是人民幸福的基础和保障。人民幸福是国家富强、民族振兴的题中之义和必然要求。民为邦本、本固邦宁，国家的富强、民族的振兴都以人民的权利得到保障、利益得到实现、幸福得到满足为条件，人民幸福是国家富强、民族振兴的根本出发点和落脚点。中国梦的最大特点，就是把国家、民族和个人作为一个命运共同体，把国家利益、民族利益和每个人的具体利益紧紧联系在一起，把国家的追求、民族的向往、人民的期盼融为一体，体现了中华民族和中国人民的整体利益，表达了每一个中华儿女的共同愿景。人民是中国梦的主体，是中国梦的创造者和享有者。习近平指出："实现中国梦必须走中国道路、弘扬中国精神、凝聚中国力量。"抗震救灾精神彰显了中国特色社会主义共同理想的强大凝聚力。抗震救灾精神是民族精神的升华，是新时期的民族精神，充分体现了中华民族自强不息、不屈不挠的斗争精神，一方有难、八方支援的团结精神，以爱国主义为核心的中华民族精神焕发出新的时代风貌。以改革创新为核心的时代精神也在抗震救灾中得到具体展现和新的升华。救灾工作的一些新变化、新举措，折射出了改革开放带来的时代进步和创新精神。

知识点9：第七章　第二节　科学发展观的科学内涵和主要内容：推进生态文明建设

知识点10：第十章　第五节　建设美丽中国：推动绿色发展，促进人与自然和谐共生

建设生态文明，是关系人民福祉、关乎民族未来的长远大计。必须树立尊重自然、顺应自然、保护自然的生态文明理念，把生态文明建设放在突出地位，融入经济建设、政治建设、文化建设、社会建设各方面和全过程，努力建设美

丽中国，实现中华民族永续发展。要有效防范生态环境风险。生态环境安全是国家安全的重要组成部分，是经济社会持续健康发展的重要保障。始终保持高度警觉，防止各类生态环境风险积聚扩散，做好应对任何形式生态环境风险挑战的准备。把生态环境风险纳入常态化管理，系统构建全过程、多层级生态环境风险防范体系，严密防控重点领域生态环境风险，着力提升突发环境事件应急处置能力。同自然灾害抗争是人类生存发展的永恒课题，我们要从抗震救灾精神中学会科学认识致灾规律，有效减轻灾害风险，实现人与自然和谐共处。

第四节　载人航天精神

一、载人航天精神概述

伴随中国载人航天事业发展和成就诞生的载人航天精神，是中国共产党人精神谱系的重要组成部分。

（一）载人航天精神的形成和发展

载人航天工程是衡量一个国家综合国力的重要标志，是中国航天领域迄今为止规模最庞大、技术难度最高、可靠性要求最严和风险挑战最大的重点工程。

1992年9月21日，中共中央决策实施载人航天工程并确定了"三步走"发展战略，传统航天精神被继承和发扬，铸就了新的载人航天精神。

1999年11月23日，"神舟一号"飞船发射成功。11月24日，江泽民参观神舟一号飞船返回舱时说，航天科技工作者身上表现出来了强烈的使命感和事业心、爱国主义精神和奉献精神，是航天事业不断取得胜利的精神动力。

2002年3月25日，"神舟三号"飞船在酒泉卫星发射中心发射成功，提高了载人航天的安全性和可靠性。2002年12月至2003年1月，"神舟四号"发射成功并圆满完成试验，突破了中国低温发射历史纪录。

2003年10月15日，"神舟五号"飞船成功发射，中国首位航天员杨利伟飞向太空，实现了中华民族千年的飞天梦想。

2005年10月12日，"神舟六号"飞船顺利将费俊龙、聂海胜两名航天员送入太空，并首次进行多人多天太空飞行试验。

2008年9月25日，"神舟七号"飞天。9月27日，飞行乘组指令长翟志刚在航天员刘伯明、景海鹏的协助下，顺利完成我国首次空间出舱活动。

2012年6月16日，"神舟九号"发射成功，航天员景海鹏、刘旺、刘洋飞上太空，并于两天后与"天宫一号"实施自动交会对接。

2013年6月，"神舟十号"飞船载着航天员聂海胜、张晓光、王亚平顺利升空，并成功进行一系列试验。

2016年10月17日，神舟十一号飞船发射升空，在轨飞行期间与"天宫二号"成功进行自动交会对接。景海鹏、陈冬两名航天员在"天宫二号"与神舟十一号组合体内驻留30天，创造了我国航天员太空驻留时间新纪录。

2021年10月16日，神舟十三号载人飞船载着翟志刚、王亚平、叶光富三名航天员发射升空，随后与天和核心舱对接形成组合体，三名航天员进行了为期6个月的驻留，创造了我国航天员连续在轨飞行时长新纪录。

2022年4月16日，"神舟十三号"载人飞船飞行任务取得圆满成功。航天员翟志刚、王亚平、叶光富在中国空间站组合体工作生活了183天，刷新了中国航天员单次飞行任务太空驻留时间的纪录。

2022年6月5日，"神舟十四号"载人飞船出征太空，这是空间站建造阶段第二次飞行任务，也是该阶段首次载人飞行任务，航天员乘组将在轨工作生活6个月。

在载人航天工程实施过程中，中国航天人培育铸就了以"特别能吃苦、特别能战斗、特别能攻关、特别能奉献"为内涵的载人航天精神。

（二）载人航天精神的科学内涵

载人航天精神具有丰富的思想内涵和鲜明的时代特征，是"两弹一星"精神在新时期的赓续与升华，是伟大民族精神的延伸和扩展。

1. 特别能吃苦

"特别能吃苦"诠释了航天人热爱祖国、为国争光的坚定信念。在探索浩瀚太空的训练中，中国航天员们一次次向生理和心理极限发起挑战。低压缺氧耐力检查，航天员冒着氮气在血管中形成气泡甚至气栓的危险，忍受头晕恶心甚至休克的反应，每次持续30分钟以上。在超重耐力训练中，航天员要在高速旋转的离心机里承受40秒的8倍重力加速度，往往面部肌肉变形，呼吸异常困难，但手边请求暂停的红色按钮，20年来从没有人按过。在以航天员为代表的航天人心中，始终以报效祖国、成就航天事业为最高荣誉，中国的载人航天事业铸就辉煌、创造奇迹，离不开航天人的艰苦奋斗。

2. 特别能战斗

"特别能战斗"诠释了航天人独立自主、敢于超越的进取意识。中国航天科技集团五院在工程论证、立项时，大胆提出技术大跨越思路，直接研制国际上第三代飞船，拿出了独具中国特色的"三舱方案"。面对新领域和新课题，神舟飞船首任总设计师戚发轫院士费尽心思组织人才，开始了艰难的探索。一个个"天之骄子"毅然决然地走出象牙塔，钻进戈壁滩、"魔鬼城"甚至"生命禁区"，用辛勤汗水铸成"大国重器"。戚发轫曾自豪地说："中国航天火箭上、飞船上的发动机，全是我们自己的。这是逼出来的自力更生。"这句轻描淡写的话，成为无数航天人青春的注脚。

3. 特别能攻关

"特别能攻关"诠释了航天人攻坚克难、勇于登攀的品格作风。20世纪90年代，中国的长征系列运载火箭已经形成了12种不同类型的火箭，能满足发射不同轨道、不同重量卫星的要求，具备了发射载人飞船的能力和技术物质基础。为支撑载人航天事业，中国航天科技集团的科技人员始终坚持党的领导，坚定报国初心，践行强国使命，发扬不畏艰险、特别能攻关的精神，逐个破解技术难题，持续不懈科学攻关，从国家发展战略全局出发，走出了一条中国特色航天发展道路。中国载人航天工程在起步晚、基础弱、技术门槛高的情况下启动，仅用不到30年就敲开了建设空间站的大门。

4. 特别能奉献

"特别能奉献"诠释了航天人淡泊名利、默默奉献的崇高品质。载人航天工程是一项宏大的系统工程，包括发射场、测控通信、着陆场、航天员、火箭、飞船等各大系统在内，每次载人飞行，有超过10万名技术人员用齿轮咬合般的团结协作托举起英雄飞天。1998年初，14名飞行员通过层层筛选，成为中国首批航天员。24年后，首批航天员中8人梦圆太空，吴杰、李庆龙、陈全、赵传东、潘占春卸甲离队，只有邓清明备战24年却尚未执行飞天任务，并仍在现役。为了祖国的航天事业，他无怨无悔，依旧艰苦训练，期待圆梦。"不管主份备份，都是航天员的本分。"

（三）载人航天精神的重要价值

在新时代大力弘扬载人航天精神，对于加快建设航天强国、开创中国特色社会主义事业新局面具有重要的现实意义。

1. 载人航天精神是"两弹一星"精神在新时期的发扬光大，是以爱国主义为核心的民族精神和以改革创新为核心的时代精神的生动体现。发展航天事业，是党中央长期关注、高度重视的关乎国运和中华民族前途命运的一项伟大工程。改革开放后，邓小平同志明确指示，将发展航天事业特别是载人航天事业纳入"863"高技术发展计划，科学确定了载人航天"三步走"的发展目标。从1999年11月至今，我国已经连续13次成功发射"神舟"飞船，成为世界领先的太空计划实施国之一。

2. 载人航天精神是推动科技自立自强的战略支撑。航天科技是科技进步和创新的重要领域，是国家科技水平和科技能力的重要衡量。经过几十年的接续奋斗，中国航天事业正在朝着"领跑"大踏步前进。当前，我国正在努力建造中国空间站、建成国家太空实验室，这是实现载人航天工程"三步走"战略的重要目标，是建设航天强国、科技强国的重要环节。同时，航天科技迅速发展的外溢效应、特别是技术成果转化对国民经济发展的拉动作用越来越明显，不仅推动智慧交通、新能源、新材料等产业发展，而且还赋能传统产业、使产业升级换代和提质增效更为迅速。

3. 载人航天精神是激励全国科技工作者面向世界科技前沿和国家重大需求奋力进军的精神伟力。实施创新驱动发展战略是决定我国未来发展的重大战略，要瞄准战略性、基础性领域，突出原始创新，提高科技创新源头供给能力。我国的载人航天史深刻表明，人才是科技创新的第一资源，谁拥有了一流创新人才，谁就能在科技创新中占据优势。要大力实施人才强国战略，激发科技人才创新创造活力，同时要把培养青年科技人才当作重要任务抓紧抓实，使中国的科技创新后继有人、事业永续。

二、典型案例

中国航天员群体牢记党和人民的期望重托，为我国载人航天事业的发展作出了卓越贡献。

（一）中国飞天第一人

杨利伟（1965年6月—），男，汉族，籍贯辽宁绥中，中共党员，博士学位。2003年10月15日，杨利伟乘神舟五号飞船首次进入太空。作为中国太空第一人，杨利伟具有敢于探索、不怕牺牲的勇气。遭遇"惊魂26秒"，在濒临死亡的感觉面前，唯一的念头是祖国的利益高于一切！谈及"航天英雄"的称号，杨利伟谦虚地说："我依旧是一名航天员，而且这是我们整个航天人共同的功劳，不管由谁去完成，结果都是一样的。"

（二）太空翻筋斗第一人

费俊龙（1965年5月—），男，汉族，籍贯江苏昆山，中共党员，毕业于空军长春航校，大学文化。2005年10月12日，费俊龙乘"神舟六号"飞船进入太空并担任指令长，成为中国第二批进入太空的宇航员。神舟六号载人飞船成功进入太空，开创了多人多天飞行的历史。"进入太空后第3天，我大胆地在座椅上一连做了4个前滚翻，再次证明飞船的姿态控制稳定性良好。"

（三）首位"在轨100天"的中国航天员

聂海胜（1964年9月—），男，汉族，籍贯湖北枣阳，中共党员，博士学位。2005年，执行神舟六号飞行任务，完成中国第一次有人参与的空间科学实验，出色完成任务被授予"英雄航天员"荣誉称号，并获"航天功勋奖章"。2013年，执行神舟十号飞行任务，担任指令长，承担手控交会对接任务，出色完成任务被授予"二级航天功勋奖章"。2019年12月入选神舟十二号飞行任务乘组，担任指令长。2021年6月17日，神舟十二号载人飞船进入天和核心舱，标志着中国人首次进入自己的空间站，被授予"一级航天功勋奖章"。

（四）中国太空漫步第一人

翟志刚（1966年10月—），男，汉族，籍贯黑龙江省齐齐哈尔市龙江县，中共党员，硕士学位。2008年9月，在执行神舟七号飞行任务中，翟志刚担任载人飞行任务指令长，出色完成任务被授予"航天英雄"荣誉称号并获"航天功勋奖章"。2021年6月，入选神舟十二号载人飞船飞行乘组并担任指令长。2021年10月，神舟十三号航天员乘组圆满完成全部既定任务，被授予"二级航天功勋奖章"，成为目前出舱活动次数最多的中国航天员。

（五）三巡苍穹的航天员

景海鹏（1966年10月—），男，汉族，籍贯山西运城，中共党员，博士学位。2008年执行神舟七号载人飞行任务，实现中国人首次太空行走，出色完成任务被授予"英雄航天员"荣誉称号并获"航天功勋奖章"。2012年6月，被确定为神舟九号飞行组成员并担任指令长，圆满完成天宫一号与神舟九号载人交会对接任务，成为第一位重返太空的中国人，出色完成任务被授予"二级航天功勋奖章"。2016 年 10 月 17 日神舟十一号载人飞船发射,景海鹏担任飞行乘组指令长,圆满完成与天宫二号空间实验室交会对接,首次实现我国航天员中期在轨驻留,成就了三巡苍穹的中国奇迹。2018 年 12 月 18 日,中共中央、国务院授予景海鹏"改革先锋"称号,颁发"改革先锋"奖章。2021 年,当选全国敬业奉献模范。

(六)中国首位女航天员

刘洋(1978 年 10 月—),女,籍贯河南林州,中共党员,博士学位。2010年 5 月入选为中国第二批航天员。2012 年 3 月,入选神舟九号任务飞行乘组。2012 年 6 月 16 日,搭乘神舟九号飞船执行空间医学实验的管理任务,成为中国首位进入太空的女性航天员。同年 10 月 1 日,被中共中央、国务院、中央军委授予"英雄航天员"荣誉称号,并获"三级航天功勋奖章"。2020 年 4 月,被国家航天局聘为"中国航天公益形象大使"。2022 年 6 月 5 日,乘坐神舟十四号载人飞船,时隔十年再登太空。

(七)中国首位太空教师

王亚平(1980 年 1 月—),女,汉族,籍贯山东烟台,中共党员,北大博士在读。2010 年 5 月,正式成为我国第二批航天员。2013 年 4 月,执行神舟十号飞天任务,成为中国首位"80 后"女航天员,在太空舱内进行中国首次太空授课。2013 年 7 月,获"英雄航天员"荣誉称号和"三级航天功勋奖章"。2021年 6 月,入选神舟十二号载人飞船飞行乘组。2022 年 4 月 16 日,神舟十三号载人飞船安全返回。在三人飞行乘组中,王亚平作为唯一的女性,创造了多项新纪录:我国第一位"两度出征太空"的女航天员、我国单次飞行时间和累计在轨时间最长的航天员、中国首位进驻空间站、首位进行出舱活动的女航天员。2022 年 6 月,中共中央、国务院、中央军委给王亚平颁发"二级航天功勋奖章"。

三、经典论述

1. 中国的载人航天事业刚刚起步,虽然取得了很大成绩,但今后还要搞空间实验室和长期有人照料的空间站,任重而道远。航天科技队伍是一支特别能吃苦、特别能战斗、特别能攻关、特别能奉献的队伍①。

---

① 江泽民:《江泽民文选》(第三卷),北京:人民出版社 2006 年版,第 469-471 页。

2. 伟大的事业孕育伟大的精神，伟大的精神推动伟大的事业。中国实施载人航天工程 13 年来，广大航天工作者牢记使命、不负重托，培育和发扬了特别能吃苦、特别能战斗、特别能攻关、特别能奉献的载人航天精神①。

3. 在这一发展进程中，我们取得了连战连捷的辉煌战绩，培养造就了一支特别能吃苦、特别能战斗、特别能攻关、特别能奉献的高素质人才队伍，培育铸就了伟大的载人航天精神。广大航天人展现出了坚定的理想信念、高昂的爱国热情、强烈的责任担当、良好的精神风貌，你们不愧是思想过硬、技术过硬、作风过硬的英雄团队②。

4. 星空浩瀚无比，探索永无止境，只有不断创新，中华民族才能更好走向未来。我们注重传承优良传统，发扬特别能吃苦、特别能战斗、特别能攻关、特别能奉献的载人航天精神，彰显了坚定的中国特色社会主义道路自信、理论自信、制度自信、文化自信，为坚持和发展中国特色社会主义增添了强大精神力量③。

5. 要大力弘扬"两弹一星"精神、载人航天精神，坚持面向世界航天发展前沿、面向国家航天重大战略需求，强化使命担当，勇于创新突破，全面提升现代化航天发射能力，努力建设世界一流航天发射场④。

四、教学应用

知识点 1：第六章　第二节　"三个代表"重要思想核心观点和主要内容："三个代表"重要思想的核心观点——发展社会主义先进文化，必须弘扬民族精神。

大力发展社会主义先进文化，必须牢牢把握先进文化的前进方向，建设社会主义精神文明，不断满足人民群众日益增长的精神文化需求，不断丰富人民的精神世界，增强人民的精神力量。江泽民指出"社会主义精神文明，是我们进行改革开放和现代化建设的重要目标，也是搞好改革开放和现代化建设的重

---

① 胡锦涛：《在庆祝神六载人航天飞行成功大会上的讲话》，https：//www. gov. cn/ldhd/ 2005-11/26/content_ 109769. htm（访问时间：2022 年 2 月 4 日）。

② 《习近平会见神舟十号航天员和参研参试人员代表》，https：//www. gov. cn/guowuyuan/ 2013-07/26/content_ 2591282. htm（访问时间：2022 年 2 月 4 日）。

③ 《习近平李克强等会见天宫二号和神舟十一号载人飞行任务航天员及参研参试人员代表》，https：//www. gov. cn/xinwen/2016-12/20/content_ 5150707. htm（访问时间：2022 年 2 月 4 日）。

④ 《习近平在视察文昌航天发射场时讲话》，https：//baijiahao. baidu. com/s？ id = 1730 090550443055292&wfr = spider&fc = pc（访问时间：2022 年 2 月 4 日）。

要保证。精神文明建设搞好了，人心凝聚，精神振奋，经济建设和其他各项事业就会全面兴盛。精神文明建设搞不好，人心涣散，精神颓废，经济建设和其他各项事业也难以搞好。"这部分内容可以结合载人航天精神的内涵和影响力来进一步讲授社会主义先进文化的重要性。

发展社会主义先进文化，必须弘扬民族精神。在5000多年的发展中，中华民族形成了以爱国主义为核心的团结统一、爱好和平、勤劳勇敢、自强不息的伟大民族精神。面对世界范围各种思想文化的相互激荡，必须把弘扬和培育民族精神作为文化建设极为重要的任务，纳入国民教育全过程，纳入精神文明建设全过程，使全体人民始终保持昂扬向上的精神状态。这部分内容可以结合载人航天精神的典型案例和经典论述来丰富讲授内容。

知识点2：第七章　第二节　科学发展观的科学内涵和主要内容：推进社会主义文化强国建设——社会主义核心价值体系是兴国之魂。

社会主义核心价值体系是兴国之魂，决定着中国特色社会主义发展方向。胡锦涛指出："社会主义核心价值体系是根源于民族优秀文化和社会主义先进文化并吸收人类文明成果发展起来的，适应了时代发展要求，集中反映着当代中国人民的理想信念和精神追求，是我国社会主义文化的引领和主导。"这部分内容可以结合载人航天精神的内涵和影响力来丰富社会主义核心价值体系的内容。

马克思主义指导思想，中国特色社会主义共同理想，以爱国主义为核心的民族精神和以改革创新为核心的时代精神，社会主义荣辱观，构成社会主义核心价值体系的基本内容。它鲜明地回答了在新的历史条件下，我们党用什么样的精神旗帜团结带领全体人民开拓前进、中华民族以什么样的精神风貌屹立于世界民族之林的重大问题。这部分内容可以结合载人航天精神的典型案例和经典论述来讲授以爱国主义为核心的民族精神。

知识点3：第八章　第一节　习近平新时代中国特色社会主义思想创立的社会历史条件：中华民族伟大复兴正处于关键时期——中华优秀传统文化是中华民族的根和魂。

中华优秀传统文化是中华民族的根和魂，是中国特色社会主义植根的文化沃土。中国共产党人是马克思主义的坚定信仰者和实践者，也是中华优秀传统文化的忠实传承者和弘扬者。以习近平同志为核心的党中央高度重视中华优秀传统文化，不断推进中华优秀传统文化的创造性转化、创新性发展，以新的时代内涵增强其生命力，使之成为治国理政的重要思想文化资源，彰显了中国特色社会主义的深厚文化底蕴，使中华文明再次迸发出强大精神力量。这部分内

容可以结合载人航天精神的科学内涵、经典案例来讲授中华优秀传统文化的重
要性。

知识点4：第九章　第一节　实现中华民族伟大复兴的中国梦：中国梦的科
学内涵——民族复兴。

中国梦是国家的梦、民族的梦，也是每一个中国人的梦。"得其大者可以兼
其小。""宏大叙事"的国家梦，也是"具体而微"的个人梦。每个中国人都是
"梦之队"的一员，都是中国梦的参与者、书写者，应当同舟共济、齐心协力、
奋勇前行。当今时代是放飞梦想的时代，每个人都有自己的美好梦想。中国梦
的广阔舞台，为个人梦想提供了蓬勃生长的空间；每个人向着梦想的不断努力，
又都是实现伟大中国梦的一份力量。只要每个人都把人生理想融入国家和民族
的伟大梦想之中，敢于有梦、勇于追梦、勤于圆梦，就会汇聚成实现中国梦的
强大力量。这部分内容可以结合载人航天精神内涵和经典案例来论述中国梦与
个人梦是相通的。

知识点5：第十章　第三节　培育和践行社会主义核心价值观：爱国、
敬业。

核心价值观是一个国家的重要稳定器，能否构建具有强大感召力的核心价
值观，关系社会和谐稳定，关系国家长治久安。包含了国家、社会、公民三个
层面，即：富强、民主、文明、和谐；自由、平等、公正、法治；爱国、敬业、
诚信、友善。载人航天精神是以爱国主义为核心的民族精神和以改革创新为核
心的时代精神的生动体现，载人航天精神的典型案例就是阐释和说明爱国主义
的最好例证。

第五节　劳模精神

一、劳模精神概述

（一）劳模精神的提出和发展

劳模精神是以劳动模范为主体，在中国革命、建设和改革的伟大实践中创
造的先进精神，是以爱国主义为核心的民族精神和以改革创新为核心的时代精

神的生动体现①。在不同的历史时期，面对不同的发展水平和发展任务，劳模精神也呈现着不同的时代特征和精神内涵，并随着社会的进步不断丰富和发展。

1. 抗日战争时期，陕甘宁边区开展劳模运动

抗日战争时期，中国共产党在陕甘宁边区开展了广泛的劳模运动，形成了这一时期的劳模精神，并成为激励陕甘宁边区人民群众坚持抗战、不畏困难的精神动力，促进了社会生产和建设事业的发展。该时期的劳模运动大致经历了三个阶段：1938 年到 1941 年是初期阶段，主要以延安工人制造品竞赛展览会为开端，评选出名誉奖 2 名，团体奖 11 个，个人甲、乙、丙等奖 154 个，极大提高了工人的劳动积极性，促进了经济建设和社会发展。次年颁布了《陕甘宁边区人民生产奖励条例》和《督导民众生产奖励条例》，政府开始实行奖励生产制度，虽涌现出一批劳动典范，但向劳动模范学习尚未形成普遍性的群众运动。1942 年到 1943 年是普遍发展阶段，伴随着大生产运动开展，先后涌现出赵占奎、吴满有、黄立德等一批劳动模范，涉及工业、农业、合作社、机关、部队等各行各业。1943 年，陕甘宁边区第一届劳动英雄代表大会与边区生产展览会同时召开。劳动模范黄立德等十几人被选进大会主席团。此时，政府加大对劳动模范的褒奖，注重突出对劳动英雄先进经验和先进事迹的推广和宣传，劳模运动呈现出普遍的群众运动。1944 年到 1945 年是完备发展阶段，生产运动和劳模运动深入开展，涌现出一批劳动模范工作者，开始实行劳模民主选举制度，确保产生的劳动模范有群众基础和群众威望，逐步实现了由评选先进个人向评选先进集体的发展。此阶段劳模运动全面展开，劳模数量大大增加，在群众民主选举的制度保障下，劳模的质量有了较高的提升②。

2. 社会主义革命和建设时期劳模精神的主要表现

新中国成立后，我国经济社会发展百废待兴，新生政权亟须巩固。面对落后的经济和匮乏的物资，积极组织开展劳动，评选与表彰劳模典范，激发广大人民群众的劳动积极性以恢复社会生产，人人为新中国的发展注入强大动力。

1950 年召开的全国工农兵劳动模范代表会，对新中国成立前后 400 多位劳动模范进行表彰，聚焦劳动生产领域，注重生产效率和技术变革、突出成绩和贡献，旨在激励全体中国人民以劳动模范为榜样，以国家主人翁的姿态和饱满的劳动热情及奉献精神全身心投入到发展生产，建设新中国的进程中。这一时

---

① 中共滁州市委宣传部：《新时代劳模精神的崭新意蕴与当代价值》，http：www．czswxcb．gov．cn/content-17-8236-1．shtml（访问时间：2022 年 1 月 2 日）。

② 闫树声：《陕甘宁边区的劳模运动与劳模精神》，载《延安精神库》，2020 年 12 月 18 日。

期的劳动模范大致可分为投身一线劳动生产的"生产标兵"和大公无私、舍己为人的"道德模范"①。此时，广大劳动模范群体中所蕴含的精神特质伴随着劳动生产的深入开展进一步被总结提炼，结合社会主义的实践加以阐释，团结苦干、集体至上、无私奉献，出大力、流大汗，甘做老黄牛是社会主义革命建设和改革时期广大劳动模范群体表现出的劳模精神。在这一代劳动模范的影响下，全社会形成向劳模看齐，以劳模为榜样，积极投身生产，人人争当模范的良好氛围。在以毛泽东为代表的党中央的大力倡导和号召下，学习雷锋精神、学习铁人精神逐步成为社会文化主流，人民的劳动生产积极性被激发出来，极大地促进了社会生产的进步和发展，加快了社会主义建设的步伐，为新中国奠定了一定的物质基础。

3. 改革开放和社会主义现代化建设时期劳模精神的主要表现

改革开放时期，党和国家将工作重心转移到"以经济建设为中心"，"发展是第一要务"，"科学技术是第一生产力"成为全社会的共识。此阶段，党和国家注重从各行各业抓典型、找示范，带动全国人民埋头苦干，积极投身社会主义现代化建设，掀起了经济建设的高潮。

改革开放初期，我国的经济体制由原来的计划经济向社会主义市场经济转变，导致生产消费领域不断扩大，促使劳动形态多样。此时非生产性劳动，如管理劳动、服务劳动、科技劳动等所创造的价值进一步得到人们的认可。通过合法途径参与劳动，创造社会财富并促进社会生产力发展的都属于劳动的范畴。此时的劳动模范也从物质生产领域扩大到技术人员、私营企业家、知识分子、体育明星等，"蓝领专家""金牌工人""知识工人""人民公仆"等荣誉称号成为这一时期劳动模范的代名词。此时对劳动模范和先进集体的评价标准与能否显著推动社会生产力发展、能否对社会主义建设事业做出突出贡献紧密联系起来，劳动模范群体体现出来的吃苦耐劳、敢闯实干、锐意进取、甘于奉献的精神是改革开放时期劳模群体精神品质的真实写照。2005 年，在全国劳动模范和先进工作者表彰大会上胡锦涛同志将劳模精神概括为"爱岗敬业、争创一流，艰苦奋斗、勇于创新、淡泊名利、甘于奉献"②。

---

① 尹昱珺：《百年历程中劳模精神的历史演进及时代价值》，载《党史博采》（下），2021 年第 10 期，第 28-31 页。
② 胡锦涛：《在二〇〇五年全国劳动模范和先进工作者表彰大会上的讲话》，载《人民日报》，2005 年 05 月 1 日。

4. 中国特色社会主义新时代劳模精神的主要表现

十八大以来，中国进入互联网时代和智能时代，我国经济发展进入新常态，创新驱动成为经济增长的主要因素，深化供给侧结构性改革从注重发展速度和规模向注重发展质量和效率转变，逐步实现从制造大国向制造强国转变。新时代的劳动者不仅需要勤劳勇敢，更需要具备创新思维和创新能力，一大批"知识型、技能型、创新型"劳动模范应运而生，为实现中华民族伟大复兴和建设社会主义现代化强国奠定了坚实的基础①。

新时代更加注重从实现"两个百年"奋斗目标中，从中国面临的诸多风险挑战中脱颖而出先进典范中评选劳动模范。在2020年全国劳动模范和先进生产者表彰大会上，受表彰的劳动模范涵盖了一线生产工人、企业及科教技术人员、农民工、基层干部、抗疫先进典范等各个领域。随着中国特色社会主义进入新时代，劳动形式日益多元多样，人们对劳动内涵和外延的认识也逐步加深。在"大众创业、万众创新"的号召下，面对世界百年未有之大变局的加速演变，立足于服务国内国际双循环的经济发展格局，劳模精神与社会主义核心价值观交相辉映，融合了"工匠精神""劳动精神""企业家精神""科学家精神""抗疫精神"等，使劳模精神在新时代突出表现为人民至上、精益求精、创新创造的精神特质。虽然劳模精神在与时俱进的过程中呈现出不同的侧重点，但是"爱岗敬业、争创一流，艰苦奋斗、勇于创新，淡泊名利、甘于奉献"的精神品质始终是劳模精神的核心。

（二）劳模精神的科学内涵

劳模精神是劳模在平凡岗位上做出不凡成绩所展现出来的理想信念、价值追求与人生境界的整体精神风貌②。其科学内涵概括为"爱岗敬业、争创一流，艰苦奋斗、勇于创新，淡泊名利、甘于奉献"。

1. 爱岗敬业、争创一流

伟大出自平凡，英雄来自人民。爱岗敬业、争创一流是劳模精神的第一要义，也是劳模精神体现出的职业品格，主要指劳动模范履职尽责的岗位意识和创优争先的进取精神，具体体现在长期的劳动实践中。广大劳动模范谨记忠于职守的古训，时刻将爱岗敬业作为中华民族的优良传统，热爱所从事的事业，

---

① 崔延强、孟亚男：《劳模精神的时代传承与当代高校劳动教育路径创新》，载《劳动教育评论》，2022年第1期，第1—13页。
② 《劳模精神写入课本　劳动光荣如何走进孩子心里》，载《光明网》，2019年11月29日。

以严谨认真的态度对待自己的工作，以不甘落后的危机感和一往无前的干劲追求上进，以高度的责任感、光荣的使命感和舍我其谁的主人翁意识为国家社会、职业岗位倾情奉献。"爱岗敬业、争创一流"体现出劳动模范在工作岗位上中热爱职业、追求上进的职业观。

2. 艰苦奋斗、勇于创新

艰苦奋斗、勇于创新是劳模精神折射出的优良品质作风，体现了劳动模范的奋斗底色和创新精神。艰苦奋斗的精神品质是中华民族的优良传统，在我国革命建设改革的过程中始终是激励中国人民吃苦耐劳、勤俭节约、辛勤劳动、奋发图强的精神力量，也涵养了中国人民反对浪费、反对腐败、反对享乐主义的积极态度。勇于创新是劳动模范等有的精神品质，敢于打破陈规、破旧立新，勇于尝试创造、推陈出新，凭借着执着的敢为人先的创新创造精神，推动社会生产力的发展，推动劳动效率的提高，创造了一个个中国奇迹。"艰苦奋斗、勇于创新"体现出劳动模范在工作岗位上不怕吃苦、敢为人先的奋斗观。

3. 淡泊名利、甘于奉献

淡泊名利、甘于奉献是劳动模范散发的人格魅力，体现了劳动模范不求名声，不谋私利，甘当人梯、甘愿奉献的崇高价值追求和道德标准，映射出广大劳动模范将个人的价值追求与国家发展、社会进步紧密联系起来，耐得住寂寞，坐得住冷板凳，在平凡的岗位上苦干实干创佳绩的崇高境界。淡泊名利，甘于奉献的精神激励着广大劳动模范无论贫富贵贱、穷达逆顺，都能秉承初心，保持定力，克服急功近利的浮躁，远离追名逐利的斗争，在任劳任怨中脚踏实地干事业，在无私奉献中拓宽生命的维度。

（三）劳模精神的重要价值

1. 劳模精神丰富了中国共产党人精神谱系，厚植劳动情怀。劳模精神是广大劳动者忠于职守，倾情奉献的精神品格的真实写照，以其崇高的价值取向丰富和拓宽了中国共产党人精神谱系。在劳模精神的感召下，形成了尊重劳动、崇尚劳动、热爱劳动的良好社会风尚。建党百余年的历史征程中，千千万万的劳动模范和劳动群众传承和弘扬着勤劳勇敢、自强不息的精神品质，凭借着坚韧的毅力、执着的追求、过硬的本领、惊人的创造，攻克条件制约和技术难题，为中国现代化进程创造了坚实的物质基础，提供了强大的精神动力。劳模精神不仅是中国共产党人精神谱系的重要组成部分，也体现着我们伟大的民族精神和时代精神，正逐步内化为中国人民的精神动力，激励着一代又一代中国人在辛勤劳动、诚信劳动中实现个人价值与社会价值的统一。

2. 劳模精神发挥着育人功能，促使劳动教育的蓬勃发展。劳动模范从普通劳动者中产生，是爱岗敬业的实干家，是各行各业的行家能手，他们身上闪烁着劳动的智慧和人性的光辉，是全国人民学习的楷模。通过树立劳动模范的典型榜样，讲述劳动模范的先进事迹，发挥劳模精神的价值导向作用，进一步弘扬和传承劳模精神，这既是劳模精神的内在要求，更是新时代通过加强劳动教育发挥立德树人作用的有效途径。在多种因素的交互影响下，当前我国的劳动教育存在薄弱环节。党和国家评选并表彰劳动模范，并积极鼓励劳动模范面向不同群体开展不同层次的人物事迹宣讲，有利于创新劳动教育模式，提高劳动教育的质量，有利于在全社会营造"劳动最光荣、劳动最崇高、劳动最伟大、劳动最美丽"的良好氛围。

3. 劳模精神凝聚起实现中华民族伟大复兴的磅礴力量。纵览中国实现从站起来、富起来到强起来的伟大飞跃的历史进程不难发现，任何时候都离不开广大劳动者的辛勤劳动，而劳模精神在增强全社会的凝聚力和向心力，推动社会发展进步方面发挥着巨大作用。党的十八大以来，我们先后打赢脱贫攻坚战，全面建成小康社会，抗击新冠疫情，处处彰显了广大劳动群众的磅礴力量。当前我们已经实现第一个百年奋斗目标，正在朝着第二个百年奋斗目标前进。越接近中华民族伟大复兴的目标，我们前进的道路越不是一帆风顺的。国内不平衡不充分的发展仍然制约着人们对美好生活的需求，在改革发展稳定方面我们还需要啃硬骨头、涉险滩。从国际社会看，百年未有之大变局让国际社会更加波谲云诡，以美国为首的资本主义国家对我国的遏制和渗透时有发生。面对日益复杂的国内外环境，我们更需要发挥劳模精神的引领示范作用，团结一切可以团结的力量，以饱满的工作热情、积极的工作态度、奉献的工作精神投身于社会主义现代化建设的伟大事业，为实现中华民族伟大复兴凝聚强大的力量。

二、典型案例

（一）"高炉卫士"孟泰

孟泰，1898 年 8 月出生于河北丰润区山王寨村。孟泰曾在抚顺机车修理厂干了 10 年的铆工，掌握了熟练的技术。1948 年东北全境解放后，孟泰调回鞍山钢铁厂。

当时的鞍钢受到日军和国民党军的反复破坏，几乎找不出一台完整的设备。

不甘心让钢铁厂化为乌有，孟泰带领工友交器材、刨冰雪，从废铁堆中回收了上万件零件，并修复成修建高炉所用的零件设备，建成了"孟泰仓库"，没有花国家一分钱，鞍钢高炉就恢复了生产。抗美援朝时期，鞍钢受到敌机的威胁，孟泰舍家护厂，背着行李住在高炉旁，誓死保卫高炉安全，被誉为"高炉卫士"。

面对生产过程中出现的危急险情，孟泰总是第一时间冲锋陷阵，铁厂工人敬佩地称呼孟泰为"老英雄"。面对苏联停止对我国供应大型轧辊的困境，孟泰组织工人开展了从炼铁、炼钢到铸钢的一条龙厂际协作联合技术攻关，终于成功自制大型轧辊，填补了我国冶金史上的空白，被誉为"鞍钢谱写的一曲自力更生的凯歌"。对待工人，孟泰更是体贴入微，与工人一起研究降温方案，安装冷却系统。面对急待入院的职工没有病床，孟泰买钢管，自制铁床，解决了医院和病人的燃眉之急。在担任鞍钢副厂长的 8 年，被工人称为"身不离劳动，心不离群众的干部"。

孟泰的一生是艰苦创业、拼搏奋斗的一生。他与那个激情燃烧岁月里涌现出的无数英雄模范一道，激励着全体中国人民在全面建设社会主义现代化国家新征程上继续拼搏、不懈奋斗。

（二）人民代表申纪兰

申纪兰，1929 年出生于山西省平顺县。在她的一生为妇女同胞、为农村农民发展做出突出贡献。

1951 年 12 月，山西省西沟村初级农业生产合作社成立，申纪兰当选为副社长。当时，在太行山区还流行着"好男走到县，好女不出院"的封建传统古训。她上任的第一件事就是动员社里的妇女，走出院门和男人一样下田劳动，带领西沟妇女和男人们展开了一场"劳动竞赛"活动，并争取到了"男女干一样的活，应记一样的工分"的要求。1954 年 9 月，申纪兰当选为中华人民共和国第一届全国人大代表，她提出的"男女同工同酬"倡议，被写进了中华人民共和国的第一部《宪法》。

1983 年，西沟村积极响应党和国家号召，全面推行家庭联产承包责任制。申纪兰针对西沟村家庭联产承包责任制暴露的问题，大胆进行改革，在西沟村探索出了一条"统一经营与分散经营"相结合，"集体优越性和个人积极性"同发挥的"双层经营"新路子。

改革开放后，她带领村民发展农业和农村集体经济，利用当地矿资源优势，建立村办企业铁合金厂，之后又陆续建立起磁钢厂、石料厂、硅料厂，村办企业成了西沟村的经济支柱。后响应国家保护环境的号召，村子拆除污染企业，通过发展红色旅游和服饰生产发展经济。除了积极带动自己的村子发展致富，她也通过人大代表议案的方式关注农村发展：从"村村都要通水泥路"到"修建公路不能侵占耕地"，从"搞好山区水利建设"到"老区如何致富"，从"新型农村合作医疗"到"提高农村教育质量"，从"农村干部选举"到"贫困地区旅游开发"，她始终践行着让广大农民过上更好的生活的诺言。"勿忘人民、勿忘劳动"，这句话或许就是她一生最好的诠释。

（三）"中国的保尔·柯察金"朱彦夫

朱彦夫，1933年7月出生于山东省淄博市沂源县张家泉村，曾任沂源县西里镇张家泉村党支部书记。他参加过上百次战斗，3次立功，10次负伤，是动过47次手术的特等伤残军人。退伍后，拖着残躯带领乡亲建设家园，并将自己的经历体会写成小说，用坚强意志和为民情怀书写着自己的"极限人生"，被誉为"中国的保尔·柯察金"[1]。

1950年中美在长津湖地区展开激烈战争，在争夺250高地的战斗中，17岁的朱彦夫是唯一的幸存者。当增援部队发现他时，他的肠子流出体外，左眼球被击穿，四肢冻成了冰块。经过47次手术，昏迷93天之后，朱彦夫苏醒了，但他失去了双手双脚，仅剩下视力0.3的右眼，成为一级伤残军人。伤势稳定后，朱彦夫不想躺在功劳簿上度过一生。朱彦夫说："休养人的生活不能抒发自己的心情，我想回家考证一下，我这副躯干，还能不能干点哪怕最微小的事情。"

朱彦夫身残志坚，回到家乡带领乡亲奔小康。1958年朱彦夫担任张家泉村党支部书记。20多年间，张家泉村填平了3条深沟，新增200多亩粮田，先后打出3眼大口井和9口水井，修建水渠1500米。失去双手双脚，没有阻碍朱彦夫戴着假肢、拄着拐杖翻山越岭，自创了"站着走、跪着走、爬着走、滚着走"。寒冷的冬天下地打井时，井水、汗水和血水将假肢牢牢地冻在他身上。办夜校、架电线、改良田，整山造林、挖井取水，张家泉村在周边71个村中创下了多项第一，朱彦夫带领群众百姓趟出了一条脱贫致富之路。卸任后的朱彦夫，又开始准备写书。他要把战友英勇奋战、自己成长的经历写成书。没有双手是他写书的最大障碍，刚开始用嘴含着笔写字，每天只能写十几或者几十个字。

---

① 《我们家的报国故事：朱彦夫的极限人生"》，载《中国国情》，2018年5月22日。

后来他开始练习用残肢夹着笔写字，每天最多能写五六百字。翻烂 4 本字典，七易书稿，历时 7 年，终于完成了《极限人生》《男儿无悔》两本自传体小说。

从朱彦夫身上，我们看到了一位身残志坚的老战士在平凡的岗位上践行和传承劳模精神。朱彦夫本可以凭借荣誉安享晚年，却坚持使命在肩，哪里都是光荣的阵地。枪杆子、锄杆子、笔杆子，每一段人生，朱彦夫都书写得如此精彩。

（四）"深山信使"王顺友

王顺友 1965 年出生于四川省木里藏族自治县。1985 年 10 月参加工作，负责木里县及周边马班邮路的投递工作。一个人、一匹马、一条路，王顺友在雪域高原的马班邮路上坚守了 32 年，几十万公里的长途跋涉，数不胜数的邮件包裹，投递准确率高达 100%，被誉为"深山信使"。

木里藏族自治县位于青藏高原和云贵高原的结合处，平均海拔 3000 多米。面临不通公路、没有电话的限制，乡邮员成为大山深处的百姓与外界联系的重要桥梁。19 岁的王顺友子承父业，接过父亲的马缰绳，成为木里县的乡邮员。"送信就是为党做事，为党做事的人要吃得起苦"，父亲的叮嘱成为王顺友一生的追寻，而"一是不能丢失邮件，二是不准打湿邮件，三是不准冒领贪污汇款、不准私拆信件，四是必须准班准点"的忠告成为王顺友终生的工作准则。王顺友的马班邮路是一条一个人的"长征路"，每月从木里县城到白碉乡、三桷桠乡、倮波乡、卡拉乡穿行 2 次，一年的总路程相当于走了两万五千里长征。在这条充满未知的"长征路"上，不知道豺狼野兽什么时候出现，不知道暴雨、泥石流什么时候突然发生。当万家灯火享受团聚时刻时，王顺友只能风餐露宿，与马为伴，忍受着孤独的煎熬。

正是怀揣着这颗为人民服务的赤子之心，王顺友日夜兼程。正如《求是》杂志对他的评价：他用自己的双脚，走出了一条群众联系亲人的"幸福路"、了解山外世界的"信息路"、学习科学知识的"致富路"，也走出了一条共产党员联系群众的"情感路"、完成崇高使命的"责任路"。

（五）"九天揽星人"孙泽洲

孙泽洲，1970 年 11 月出生，中国空间技术研究院空间飞行器总体设计部型号总设计师，多年来致力于月球和深空探测领域研究和工程实践。

2004 年我国的探月工程正式立项，孙泽洲作为嫦娥一号卫星副总设计师，在卫星总体设计过程中,通过不断的研究和技术攻关解决了环月探测的诸多难题,确保了我国首次月球环绕探测任务的圆满成功,实现了中国航天的第三个里程碑。嫦娥三号探测器承担着探月工程第二阶段"落"的使命。面对月面软着陆和巡视探测任务要求和全新技术需求,孙泽洲带领研制团队进行技术上的原始创新,进行了上万次数学仿真和桌面联试以及模拟月球重力环境和月表地形地貌等多次大型地面试验,形成了一系列自主创新科研成果。

2016年,嫦娥四号任务和我国首次火星探测任务正式立项,作为两个探测器的双料总设计师,孙泽洲开始了一面飞"月背"、一面奔"火星"的"超常"职业生涯。为了获得更多的科学探测成果,他将嫦娥四号的目标确定为月球背面软着陆,这是人类第一次近距离精细探测月球背面。为了解决难题,他带领团队试验经常做到凌晨,早晨8点钟又开始第二波试验,最终成功地实现了月球背面探测器与地球之间数据中继通信的全时覆盖。在中继通信系统搭建的"鹊桥"的支持下,嫦娥四号探测器成功实现了人类首次月球背面软着陆和巡视探测。

在月球探测任务实施的同时,开始了更远的火星探测征程。孙泽洲面对困难,迎难而上,高起点高目标确定探测器系统方案,带领团队集智攻关,远赴新疆戈壁、内蒙古草原进行大量的外场试验,建造火星环境模拟试验设施,完成了火星进入气动防热、火星大帆面减速伞、行星际测控通信等多项关键技术攻关,为火星探测任务奠定了坚实的基础。

三、经典论述

1. 全国战斗英雄代表会议和全国工农兵劳动模范代表会议的代表同志们!中共中央向你们的致以热烈的祝贺,并向你们的工作表示感谢和敬意。

你们在消灭敌人的斗争中,在恢复和发展工农业生产的斗争中,克服了很多的艰难困苦,表现了极大的勇敢、智慧和积极性。你们是全中华民族的模范人物,是推动各方面人民事业胜利前进的骨干,是人民政府的可靠支柱和人民政府联系广大群众的桥梁[①]。

2. 在党的领导和工会的帮助下,全国各民族各地区各工业部门的职工群众中都涌现了一批劳动模范和工人阶级的革命骨干,他们至今还是我们学习的榜样和团结的核心[②]。

---

① 毛泽东:《毛泽东选集》(第五卷),北京:人民出版社1977年版。
② 邓小平:《邓小平文选》(第二卷),北京:人民出版社1994年版。

3. 全国劳动模范和先进工作者是建设社会主义物质文明和精神文明的先锋，他们的思想和行动，体现了中国工人阶级的高贵品格，他们不愧为我们民族的精英、国家的脊梁、社会的中坚和人民的楷模。

全国劳动模范和先进工作者，是亿万劳动群众的杰出代表。他们对祖国和人民无限忠诚，爱岗敬业，勇于创新，无私奉献，严于律己，弘扬正气，在平凡的岗位上作出了不平凡的业绩，是建设社会主义物质文明和精神文明的先锋①。

4. 一代又一代先进模范人物，以自己的实际行动铸就了爱岗敬业、争创一流，艰苦奋斗、勇于创新，淡泊名利、甘于奉献的伟大劳模精神，用自己的辛勤劳动谱写了如歌如泣的动人赞歌，充分展示了中华民族顽强拼搏、自强不息的崇高品格，充分体现了中国人民与时俱进、开拓创新的时代风貌。

全党同志和全国人民都要以劳动模范和先进工作者为榜样，学习他们忠于党和人民的伟大情怀，学习他们坚信中国特色社会主义事业必胜的坚定信念，学习他们脚踏实地、埋头苦干的优良作风，坚定信心、振奋精神，立足本职、扎实工作，信心百倍地投身全面建设小康社会的伟大事业②。

5. 全国各族人民都要向劳模学习，以劳模为榜样，发挥只争朝夕的奋斗精神，共同投身实现中华民族伟大复兴的宏伟事业③。

6. 劳动模范是劳动群众的杰出代表，是最美的劳动者。劳动模范身上体现的"爱岗敬业、争创一流，艰苦奋斗、勇于创新，淡泊名利、甘于奉献"的劳模精神，是伟大时代精神的生动体现④。

7. 劳动模范是民族的精英、人民的楷模，是共和国的功臣。我国是人民当家作主的社会主义国家，党和国家始终坚持全心全意依靠工人阶级方针，始终高度重视工人阶级和广大劳动群众在党和国家事业发展中的重要地位，始终高度重视发挥劳动模范和先进工作者的重要作用。

全社会要崇尚劳动、见贤思齐，加大对劳动模范和先进工作者的宣传力度，讲好劳模故事、讲好劳动故事、讲好工匠故事，弘扬劳动最光荣、劳动最崇高、

---

① 江泽民：《在全国劳动模范和先进工作者表彰大会上的话》，https：//www. gov. cn/ govweb/ gongbao/content/2000/content_ 6018（访问时间：2022 年 2 月 5 日）。

② 胡锦涛：《在二〇〇五年全国劳动模范和先进工作者表彰大会上的讲话》，载《人民日报》，2005 年 5 月 1 日。

③ 习近平：《在同全国劳动模范代表座谈时的讲话》，载《人民日报》，2013 年 4 月 29 日，第 2 版。

④ 习近平：《在知识分子、劳动模范、青年代表座谈会上的讲话》，载《人民日报》，2016 年 4 月 30 日，第 2 版。

劳动最伟大、劳动最美丽的社会风尚①。

四、教学应用

知识点 1：第一章 第二节 毛泽东思想的主要内容和活的灵魂：毛泽东思想活的灵魂。

坚持群众路线，就要坚持人民是推动历史发展的根本力量。"人民，只有人民，才是创造世界历史的动力。"必须尊重人民首创精神，调动最广大人民的积极性、主动性、创造性，充分发挥人民群众的历史推动作用。

知识点 2：第二章 第二节 新民主主义革命的总路线和基本纲领：新民主主义革命的动力。

工人阶级只有与农民阶级结成巩固的联盟，才能形成强大的力量，才能完成反帝反封建的革命任务。

知识点 3：第二章 第二节 新民主主义革命的总路线和基本纲领：新民主主义的基本纲领。

新民主主义文化是人民大众的文化，也就是民主的文化。文化工作者要用革命文化教育和武装人民大众，使它成为人民大众的有力思想武器；同时又要以人民群众的实践作为创作的源泉，坚持为人民大众服务的方向。

知识点 4：第四章 第一节 初步探索的重要理论成果：走中国工业化道路。

刘少奇提出实行"两种劳动制度、两种教育制度"，一种是全日制的劳动制度，全日制的教育制度；一种是半日制的劳动制度，半日制的教育制度（即半工半读）。在文化工作方面，党提出了"百花齐放、百家争鸣"这一促进我国社会主义文化繁荣的方针。

知识点 5：第五章 第二节 邓小平理论的基本问题和主要内容：党的基本路线。

"自力更生，艰苦创业"。这是我们党的优良传统，也是实现社会主义初级阶段奋斗目标的根本立足点。把"自力更生，艰苦创业"方针概括到党的基本路线之中，不仅是改变我国不发达现状的需要，也体现了社会主义的奋斗精神。

知识点 6：第五章 第二节 邓小平理论的基本问题和主要内容："两手都要抓，两手都要硬"。

----

① 习近平：《在全国劳动模范和先进工作者表彰大会上的讲话》，载《人民日报》，2020 年 11 月 25 日，第 2 版。

物质文明和精神文明都搞好，才是中国特色的社会主义。邓小平多次指出："不加强精神文明的建设。物质文明的建设也要受破坏，走弯路。""经济建设这一手我们搞得相当有成绩，形势喜人，这是我们国家的成功。但风气如果坏下去，经济搞成功又有什么意义？会在另一方面变质，反过来影响整个经济变质，发展下去会形成贪污、盗窃、贿赂横行的世界。"

知识点7：第六章　第二节　"三个代表"重要思想的核心观点和主要内容：始终代表中国先进文化的前进方向。

发展社会主义先进文化，必须弘扬民族精神。民族精神，同我们党领导人民在长期革命、建设和改革中形成的优良传统和时代精神结合在一起，是中华民族生生不息、发展壮大的强大精神动力。

知识点8：第七章　第二节　科学发展观的科学内涵和主要内容：推进社会主义文化强国建设。

社会主义核心价值体系是兴国之魂，决定着中国特色社会主义发展方向。要倡导、培育和践行社会主义核心价值观。社会主义核心价值观在个人层面强调爱国、敬业、诚信、友善。

知识点9：第八章　第二节　习近平新时代中国特色社会主义思想的主要内容：习近平新时代中国特色社会主义思想的理论特质。

敢于斗争、敢于胜利，是中国共产党不可战胜的强大精神力量。实现伟大梦想必须进行具有许多新的历史特点的伟大斗争。

知识点10：第九章　第一节　实现中华民族伟大复兴的中国梦：奋力实现中国梦。

实现中国梦必须弘扬中国精神，这就是以爱国主义为核心的民族精神和以改革创新为核心的时代精神。

知识点11：第十章　第三节　建设社会主义文化强国：培育和践行社会主义核心价值观。

1. 在培育和践行社会主义核心价值观时，必须培育、继承、发展伟大民族精神，也就是伟大创造精神、伟大斗争精神、伟大团结精神和伟大梦想精神。

2. 坚定文化自信，繁荣发展社会主义文化，要不断提高国家文化软实力。

第六节 女排精神

一、女排精神概述

（一）女排精神的雏形

体育代表一个国家和民族的形象。新中国成立后，展现新中国精神面貌成为迫切需要，中国女排肩负起率先实现"三大球"（足球、篮球、排球）翻身的使命。我国女排体育健儿勇于挑战，超越自我，迸发出中国力量，表现出高昂斗志、顽强作风、精湛技能，展现出为祖国争光、为民族争气的奋斗志向，展示出"人生能有几回搏"的拼搏精神，成为激发全国各族人民的民族自信心和全世界中华儿女的民族自豪感的强大力量。

1956年中国女排在世界赛场崭露头角，到1966年以后的十年，动荡不可避免地冲击了处在上升期的排球运动。1976年，时任女排主教练袁伟民重新组建中国女排，召回一批老队员并吸收一批15岁左右的年轻队员入队。当时的中国女排实力位居亚洲前三，但是要冲出亚洲，走向世界，还需要进行艰苦磨炼。1979年10月，中国女排队员走进了郴州的小小竹棚，写下了"艰苦奋战60天，力争夺取亚洲冠军"①的标语，以60天为限，全力备战12月的女排亚锦赛。当时的训练条件极为艰苦，女排姑娘们在毛竹搭起的简易棚里翻滚救球，凹凸不平的地板常有毛刺扎进肉里，一练就是七八个小时，训练结束后还得互相"挑刺儿"。女排队员张蓉芳回忆，刚开始进竹棚时感到挺新鲜、挺高兴，结果一天下来，裤子磨损了，腿上划了半尺长的口子，出了不少血。中国女排姑娘们坚持在毛竹搭起的简易竹棚里艰苦训练，练就了竹子一样坚忍不拔的精神。

郴州就这样与中国女排结缘，成为夺取"五连冠"的"秘密基地"。1980年1月，第二次郴州集训拉开了中国女排走向世界、夺取世界冠军的序幕。在郎平记录郴州的文章里，她1979年、1980年、1981年、1984年和1986年都在郴州集训。每次到郴州，都是有重大比赛任务，都是封闭式集训。主教练袁伟民强调，要想夺取世界冠军，除了练就世界冠军的技术水平，还应具备世界冠

---

① 唐思思：《郴州：女排精神的发源地》，载《郴州日报》，2021年12月27日，第3版。

军的思想作风和精神境界。所以，集训特别重视集体主义教育，强调全队拧成一股绳。每次袁伟民给队员"开小灶"，全队都在喊"加油"；没劲了动作变形，全队一起鼓励喊"没关系再来"。这也让女排姑娘们明白"卧薪尝胆"的真实意义——环境越艰苦，人越能吃苦，越能排除万难去争取胜利。

紧张枯燥的封闭训练和艰苦条件的磨炼，不仅练就了世界一流的女排队伍，还孕育了女排精神的雏形，拼搏奋斗坚持闯出名堂的竹棚精神。

（二）女排精神的形成

女排精神正式提出是在1981年女排首次夺冠之后。1981年，日本举行第三届女排世界杯，6场全胜的中国女排闯入决赛，与日本队展开了惊心动魄的冠军争夺战。中国队领先两局，从没尝过冠军滋味的姑娘们开始兴奋起来，日本队不甘心，又扳回了两局。第五局最后一个暂停的时候，袁伟民教练红着眼睛激动地说："我们是中国人，你们代表着中华民族，祖国和人民在电视机前看着你们，要你们拼，要你们全胜，这场球不拿下来，你们会后悔一辈子。这场球你们不要，全国人民要，如果输了这场球，你们就等于做了夹生饭，因为你们不是以全胜的战绩拿到世界冠军的。"① 袁伟民教练的话让姑娘们变得冷静清醒了，最后以7场全胜的战绩，拿下了首个冠军。围坐在电视机旁、收音机旁的观众和听众们听到了好消息，高兴地欢呼雀跃，北大万名学生聚集在操场上庆祝胜利，激起了全国人民的爱国热情。第二天，《人民日报》刊发了《学习女排振兴中华》的文章，第三天，《人民日报》转载了邓颖超在《体育报》上发表的文章《各行各业都要学习女排精神》。全国各地给女排发来的贺电、贺信、纪念品有3万多件。各行各业纷纷表示，要把爱国热情用到本职工作中去，在各自的工作岗位上为国争光。

在女排精神的鼓舞下，从1981年到1986年，女排姑娘先后赢得了1981年日本女排世界杯赛冠军、1982年的秘鲁女排世锦赛冠军、1984年洛杉矶奥运会女排冠军、1985年的日本女排世界杯冠军和1986年的捷克斯洛伐克女排世锦赛冠军。中国女排在女排三大赛中创下世界排球史上第一个"五连冠"的辉煌战绩，成为国民心中的民族英雄和精神图腾。在那个改革开放大幕初启、中国奋力追赶的时代，女排精神如同一面旗帜，让世人看到了中国的集体主义、爱国精神、自强意志，能达到怎样的高度、能创造怎样的奇迹。

---

① 周学荣：《试析袁伟民的执教之道》，载《浙江体育科学》，1996年第5期，第40页。

前进道路上总有风吹雨打。1986 年，在夺得第 10 届世界女排锦标赛冠军后，郎平、梁艳等一代名将相继退役，成员"青黄不接"，中国女排竞技成绩急速下滑。1988 年汉城奥运会中国女排获得铜牌，1994 年的第 12 届世界女排锦标赛跌落至第 8 名，在随后的广岛亚运会上，中国女排败给韩国队，失去亚洲霸主地位。1995 年，被视为"女排精神"化身的郎平出任女排主教练，并在 1996 年的亚特兰大奥运会上率领中国女排获得亚军。虽然未能夺冠，但多年无缘世界 8 强的中国女排重新走进奥运决赛场，让国人真切感受到女排精神的回归。

一路走来，女排精神就是中国女排的"灵魂"，激励着女排姑娘们上演一个个绝地反击、逆境重生的传奇故事。2001 年，新上任的主教练陈忠和对女排进行了大刀阔斧的改革，他大胆重用新人，带领中国女排"黄金一代"走出了人才断档的低谷。2004 年 8 月 29 日，在雅典和平友谊体育馆内，随着张越红的 4 号位重扣得分，中国女排实现惊天大逆转，时隔 20 年再夺奥运冠军。此后，二次执掌中国女排帅印的郎平，带领"白金一代"获得 2015 年女排世界杯冠军，蛰伏 11 年再次登顶。2016 年里约奥运会上，中国女排将顽强拼搏演绎到极致，在四分之一淘汰赛中反败为胜，战胜势不可挡的东道主巴西队，并最终夺冠，时隔 12 年又站在了奥运冠军领奖台。赛后记者问郎平，里约大逆转中国女排的秘密武器究竟是什么？郎平回答："我们的秘密武器就是女排精神，明知道不会赢，或者不知道我们的结果是什么，我们都拼尽全力，只要有百分之一的希望，我们就尽百分之百的努力！"[1] 2019 年，女排世界杯在日本举行，中国女排不负众望，再次夺得冠军。

40 年来，中国女排有过成功登顶的辉煌，也有过跌入低谷的挫折，但她们胜不骄、败不馁，始终保有一股不服输的拼劲、打不垮的韧劲，所形成的女排精神成为中华民族的宝贵精神财富，激励和影响着一代又一代中国人投身改革开放和中国特色社会主义伟大事业。2021 年 9 月 29 日，党中央批准了中央宣传部梳理的第一批纳入中国共产党人精神谱系的伟大精神，女排精神纳入其中。

（三）女排精神的科学内涵

2019 年 9 月 30 日，中共中央总书记习近平专门邀请刚刚获得 2019 年女排世界杯冠军的中国女排队员参加庆祝中华人民共和国成立 70 周年招待会。习近平总书记高度肯定了女排取得的成绩并概括了女排精神的科学内涵：祖国至上、

---

① 郭静原、韩秉志：《女排精神喊出时代最强音》，载《经济日报》，2021 年 9 月 4 日，第 9 版。

团结协作、顽强拼搏、永不言败①。

1. 祖国至上是核心

爱国主义是中华民族生生不息的精神基因，是社会主义核心价值观中最根本、最永恒的精神品质。女排一直坚守着为祖国荣誉而战的初心，因为爱国，所以奉献、刻苦训练，执着地追求"升国旗奏国歌"的理想。郎平曾三次听从祖国召唤，回国集训执教。她说"要是为了钱，我就不回来了""被人需要是幸福的""只要穿上带有'中国'的球衣，就是代表祖国出征""每一次比赛我们的目标都是'升国旗奏国歌'"②。作为新时代的年轻人要学习女排崇高的爱国情怀，坚持"祖国至上"，不断增强做中国人的志气、骨气、底气，树立为祖国为人民永久奋斗、赤诚奉献的坚定理想。

2. 团结协作是精髓

团体性的项目除了比技术，还比团结，团结出战斗力、团结出凝聚力。袁伟民教练认为：团结协作能让团队发挥 1 加 1 大于 2 的系统性功能，能产生场上 6 人大于 6 人的效果。作为青年学生，深刻认识团结就是力量、团结才能前进的道理，团结一切可以团结的力量、调动一切可以调动的积极因素，汇聚起实现民族复兴的磅礴力量。

3. 顽强拼搏是实质

姑娘们敢于挑战目标极限，接受苦和累的考验，忍受伤病带来的痛苦。"拼命三郎"陈招娣曾经"三进三出"，有一次课后主动加练，累的实在受不了，三次放弃，可是每次走到门口又回来了，她不甘心、不想认输，最后终于出色完成了加练任务。作为青年学生要敢于斗争，善于斗争，逢山开路、遇水架桥，勇于战胜一切风险挑战。

4. 永不言败是特质

不服输是女排的职业性格，不言弃是女排的精神特质，无论是赛场上还是训练场上，姑娘们每球必争，赢了要全力以赴，即使输了也要竭尽全力，球不落地、永不放弃。作为青年学生要激发"越是艰险越向前"的英雄气概，保持"敢教日月换新天"的昂扬斗志，埋头苦干、攻坚克难，努力创造无愧于党、无愧于人民、无愧于时代的业绩。

---

① 《习近平会见中国女排代表》，载《人民日报》，2019 年 9 月 30 日，第 7 版。

② 郑轶、刘晓宇：《弘扬女排精神　为中华崛起而拼搏—中国共产党人精神谱系之十四》，载《人民日报》，2021 年 9 月 5 日，第 6 版。

（四）女排精神的重要价值

踏上向第二个百年奋斗目标进军的新征程，需要大力弘扬新时代的女排精神，使之成全国各族人民团结奋斗的强大精神力量。

1. 女排精神弘扬了祖国至上的使命担当。作为彰显以爱国主义为核心的民族精神和改革创新时代精神的体育文化符号，为中国共产党人精神谱系增添了一道具有鲜明体育特色的亮丽光谱，为实现中国梦凝魂聚气，增强民族复兴的底气和信心。

2. 女排精神凝铸最为笃定的精神信仰。作为中华体育精神的集中体现，它唤醒了国人的民族自觉，提供了民族自强的精神营养，丰富了民族自信的文化源泉，并将为新时代竞技体育发展提供精神旗帜，为深化体育改革提供价值引领，为加快体育强国建设提供强大的精神动力

3. 女排精神传递砥砺人心的时代力量。女排精神已广泛渗透进人们的文化生活，出现在新闻报道、报告文学或是电影电视剧中，各式各样的明信片、邮票和贴画上都有它的身影，这些生动鲜活的文化作品，激发了人们的爱国主义热情和现代化建设的昂扬斗志。

今天的中国，早已变得更加从容自信，国家的强大无须再用金牌的多少来证明。但是，为国争光的爱国主义、敢于争先的拼搏精神，永远是振奋民族自信心的强大力量。今天的中国，面临的国际竞争依然像奥运赛场一般角逐激烈，所处的改革进程就像中国女排里约之行一样险阻重重。面对全面深化改革的挑战、经济转型升级的阵痛、脱贫攻坚的硬仗、现代化强国的建设，每一次攻城拔寨，都需要像中国女排那样一分一分咬牙拼、一场一场迎难上。在这一特殊而重大的历史时刻，中国女排顽强拼搏创出的辉煌战绩，如同一股穿透时空、历久弥新的力量，在复兴征程中，夯实我们攻坚克难的底气，坚定我们砥砺前行的步伐。

二、典型案例

（一）"团结起来，振兴中华"

1981 年 3 月 20 日，中国男排战胜韩国队，代表亚洲参加世界杯赛，北京大学学生为此喊出了"团结起来，振兴中华"[①] 的口号，经《人民日报》报道，

[①] 穆晓枫：《"团结起来，振兴中华"口号何以传遍全国?》，载《中国民族博览》，2021 年第 5 期，第 28-29 页。

这一口号传遍大江南北。同年，当中国女排第一次站上世界冠军的领奖台时，北京大学学生再次不约而同喊出"团结起来，振兴中华"的响亮口号。由此，这个虽不是由女排精神激发的口号却随着女排精神的广泛传播成为那个时代激励中国人奋发图强的磅礴精神力量。2016年，当中国女排在里约奥运赛场斩获金牌，全国人民深受鼓舞之际，北大学子们再次喊出了35年前那激动人心的口号，"团结起来，振兴中华"，虽然时隔35年，虽然只有短短8个字，但依然振奋人心、催人奋进，彰显了青年人对祖国和人民的殷切厚爱。

2018年5月2日，在五四青年节和北京大学建校120周年校庆日即将来临之际，习近平总书记考察北大。在场的莘莘学子再次喊出"团结起来，振兴中华"，声音持久而响亮。习近平总书记勉励在场学子时讲道："今天我们仍然要叫响这个口号，万众一心为实现中国梦而奋斗。"①

"团结起来，振兴中华"已经成为一种精神力量，感染着每一位普通中国人。习近平总书记曾说："今天，我们比历史上任何时期都更接近、更有信心和能力实现中华民族伟大复兴的目标。"② 面对伟大而壮丽的新时代，我们必须凝心聚力、团结一致，共绘同心圆，共筑中国梦，为谱写中华民族伟大复兴的壮美篇章而不懈奋斗。

（二）"中国姑娘"郎平

郎平，1960年出生在天津，中国杰出的排球运动员、教练员。在父亲的影响下，排球给年幼的郎平留下了美好的印象。13岁时，经过选拔，她进入了体校排球班。日常的训练枯燥、乏味且艰苦，在父母的鼓励下，郎平经受了身体与意志的双重考验，顽强地坚持下来。凭借不服输的韧劲，郎平一路从体校、市级专业队，最终进入了国家队，开启了排球生涯的超越之路。

20世纪70年代末，中国女排的训练条件很差，队员们唯一能做的，就是拼。为了练习扣杀，郎平每天早、中、晚都要扣球几百次，常常练到手臂僵硬，有时双手甚至失去知觉。日复一日的苦练让郎平练就了出色的高位拦网扣杀技术，渐渐成长为"世界三大扣球手之一"。1981年到1986年，作为主力队员的郎平和她的队友们创造了中国体育史上的"五连冠"奇迹，而她也被人们誉为排球场上的"铁榔头"。

---

① 习近平：《在北京大学师生座谈会上的讲话》，载《思想政治工作研究》，2018年第6期，第6-9页。
② 习近平：《新时代中国共产党的历史使命》，载《求是》，2022年第19期。

然而在事业巅峰之时，郎平却选择离开赛场，义无反顾地从"零"开始，她把"世界冠军"的奖状、奖杯统统锁在了家里，怀揣梦想启程。在国外闯出新天地的郎平，心里始终挂念祖国。当中国女排两度陷入低谷时，郎平义无反顾扛起重担，开启了一段异常艰辛的岁月。1995 年执掌中国女排后，郎平几乎 24 小时不停歇工作，有时半夜睡下也会爬起来研究比赛，四年间带领中国女排一步步走出低谷。1999 年，由于身体原因，郎平不得不告别中国女排。2013 年，为了重塑女排辉煌，郎平再次迎难而上，担任中国女排主教练。郎平结合老女排精神，推出更适合年轻人的训练方法，使中国女排有了脱胎换骨的变化。在郎平的带领下，中国女排先后在 2016 年里约奥运会、2019 年女排世界杯中获得冠军。在 2020 年国际排联公布的世界排名中，中国女排位居第一位，人们心中的中国女排重回世界之巅。郎平曾说："无论走到哪里，我时时刻刻记得，我是一名中国人。"① 对于很多中国人来说，郎平不仅仅是一名运动员、世界冠军和金牌教练，也是"女排精神"的缔造者之一和最杰出的诠释者，更是当之无愧的时代先锋。

（三）"要球不要命"的曹慧英

曹慧英，1954 年出生于河北唐山市滦南县，1972 年曹慧英入选北京体院接受排球训练，1973 年参加中国人民解放军并在八一排球队打球训练，1976 年选入国家队，技术全面，拦网好，善打 3 号位快球。

在中国女排还未崛起之前，女子排球一直是苏联的强势项目，直到日本女排横空出世，曾创下 118 场国际赛连胜纪录，震惊世界。中国女排不甘落后，在 1976 年成立国家队之后，曹慧英成了首位队长，并司职主攻手。在她带领下的中国女排，1979 年获第二届亚锦赛女子排球冠军，1981 年获第三届世界杯排球冠军，1982 年分别获得第九届亚运会女排比赛冠军及女排世锦赛冠军。

曹慧英运动生涯的首个高光时刻，当属 1981 年第三届世界杯女子排球赛，在这之前，她因比赛胫骨折断，之后又染上肺结核，身体状况非常糟糕，但曹慧英并没有退缩，率队赴日参加世界杯争夺赛，并在第二局中国队大比分落后之时，挺身而出，迅速扭转不利局势，为中国队首次夺得世界冠军立下了汗马功劳。中国女排世界杯夺冠，也是中国三大球的首个世界冠军，为之后中国队豪夺"五连冠"打下了基础。拼搏奋进的女排精神，感染了所有人，尤其是作

---

① 《1978—2008 三十年十件大事》，载《人民日报》，2008 年 12 月 18 日，第 14 版。

为队长的曹慧英，更是被调侃为"要球不要命"，连小指僵硬变形都不在乎，因此被送上了"铁姑娘""拼命三郎"的称号。

（四）"拼命三郎"陈招娣

陈招娣，1955 年出生于浙江杭州，从小就是学校小有名气的"运动健将"。1970 年 12 月，浙江女排成立，年仅 15 岁的陈招娣进入浙江队，成了一名排球运动员。由于陈招娣的球风非常顽强，敢打敢拼，很快在同龄球员中脱颖而出，1976 年被袁伟民教练选入国家女排。

主教练袁伟民为了提高成绩，对女排队员进行了严格的训练。有一次训练结束后，袁伟民教练问队员们谁想加练？当时规定的加练项目，是让运动员先触碰场边的铁丝网，再跑到 3 米线做翻滚救球，再跑回来开始下一轮的救球……一共要接 15 个好球才算结束。但姑娘们一天训练下来，早已精疲力竭，没有人响应袁伟民的话，陈招娣主动要求加练，由于体力透支，凭借着惊人的毅力接完了 15 个好球。陈招娣经过苦练，成了中国女排著名的二传手，她在球场上不仅单防能力出色，还与陈亚琼开创性地使用"双快"战术，正式拉开了排球运动在二、三号位战术配合创新的序幕。

在 1981 年 11 月 16 日的第三届女排世界杯决赛上，陈招娣不慎在第三局扭伤了腰。尽管如此，她依旧拼命防守对方的进攻。中国队与日本队激烈鏖战 2 小时 5 分钟，最终成功地捧起了第一个世界冠军。比赛结束后，陈招娣已经疼得无法站起，只好由队友背着上了领奖台，场景催人泪下，全国的观众都记住了"拼命三郎"陈招娣。

（五）忍受膝盖伤痛的魏秋月

魏秋月，1988 年出生于天津市。1993 年，进入天津市少体校排球预备班，从此与排球结缘。2004 年，入选备战 2008 年北京奥运会后备人才名单中，成为年龄最小的球员。同年入选国家青年队被委以重任出任主力二传。2006 年入选国家队，凭借身体条件好，性格内向擅思考的特点成为球队主力。

长期的高强度训练，使魏秋月深受伤病困扰，尤其是膝盖伤痛一直影响她的发挥，一度使她只能暂离国家队。二传手是女排队伍的灵魂，而魏秋月的能力堪称一流。早在 2008 年北京奥运时，年仅 20 岁的魏秋月就随队征战，被看作是重点培养对象。2012 年伦敦奥运会，魏秋月以队长身份率队出征，可惜女排未能战胜日本，被挡在四强之外。

2012 年伦敦奥运会后，魏秋月进行了多次膝盖治疗。医生叮嘱：30 岁的人 70 岁的膝盖，磨损太严重了，要休息。但是坚强的魏秋月，深深地爱着排球，也不放弃追逐冠军的梦想，还是穿上战袍继续征战。主教练郎平表示：这样的球员，就能够扛过压力，在最大的舞台上全力以赴。2016 年里约奥运会，魏秋月作为女排的三朝元老，全程参与了这次比赛，双膝不停地打封闭和戴护具的情况下，依然展现出了自己最强的实力，力助球队拿到冠军。

（六）经历两次心脏手术的惠若琪

惠若琪，1991 年出生于辽宁省大连市。初中时开始接触排球学习和训练，2006 年入选江苏队，2007 年入选国家女排。

出于对排球的热爱，只要一上场，惠若琪就是拼命三郎。2010 年，在一次高难度的救球过程中不慎左键脱臼，但她自己把胳膊接上去之后，继续在场上奋战，这使得她肩膀第二次脱臼，因为这次受伤，惠若琪的肩膀里打了 7 颗钢钉，她用了 8 个月的时间才重新回到赛场。郎平在 2013 年回国执教中国女排之后，更是对惠若琪非常器重，任命她为女排队长，委以重任。在 2015 年，惠若琪因为心脏病做了两次心脏手术，只能暂时地放弃比赛。

2016 年 8 月，惠若琪在里约奥运会 1/4 决赛、半决赛和决赛中都作为首发主攻出场。在半决赛和决赛中，惠若琪在防守、发球、拦网、进攻环节都有出色的发挥，分别砍下 12 分和 13 分，成为球队的第二得分点，成功的撑起了中国队进攻的另外一个角。在决赛中，第四局中国女排 24-23 时拿到奥运会女排比赛的冠军点。张常宁发球，塞尔维亚队一传不好，惠若琪 2 号位打探头得分，25-23，中国女排就此 3-1 击败塞尔维亚队，获得里约奥运会女排比赛冠军。惠若琪曾说中国女排打的是一股不服输的劲头，中国女排是一支拖不垮打不烂的球队。

三、经典论述

1. 体育兴则国兴，体育强则国强[①]。

2. 改革开放初期，中国女排靠顽强拼搏、为国争光的精神获得世界冠军。

---

① 中共中央文献研究室、中共湖南省委、《毛泽东文稿》编辑组：《毛泽东早期文稿》，长沙：湖南人民出版社 2013 年版。

今后我们在发展进程中，还需要继承和发扬这种精神①。

3. 要把包括排球、足球和篮球在内的"三大球"搞上去，这是一个体育强国的标志②。

4. 中国女排不畏强手、英勇顽强，打出了风格、打出了水平，时隔 12 年再夺奥运金牌，充分展现了女排精神，全国人民都很振奋③。

5. 在 2019 年女排世界杯比赛中，你们以十一连胜的骄人成绩夺得了冠军，成功卫冕，为祖国和人民赢得了荣誉。你们在比赛中不畏强手、敢打敢拼，打出了风格、赛出了水平，充分展现了团结协作、顽强拼搏的女排精神。我向你们表示热烈的祝贺和诚挚的问候！今年是新中国成立 70 周年，新中国取得的举世瞩目的伟大成就是全党全国各族人民团结一心、艰苦奋斗干出来的。希望你们继续保持昂扬斗志，不骄不躁，再创佳绩④。

四、教学应用

知识点 1：第五章　第二节　邓小平理论主要内容：两手抓两手都要硬。

1. 社会主义精神文明是社会主义社会的重要特征。邓小平指出："我们要在建设高度物质文明的同时，提高全民族的科学文化水平，发展高尚的丰富多彩的文化生活，建设高度的社会主义精神文明。"这部分内容可以结合女排精神的内涵和影响力来进一步讲授精神文明的重要性。

2. "所谓精神文明，不但是指教育、科学、文化（这是完全必要的），而且是指共产主义的思想、理想、信念、道德、纪律，革命的立场和原则，人与人的同志式关系，等等。"这部分内容可以结合女排精神的典型案例和经典论述来丰富讲授内容。

知识点 2：第六章　第二节　"三个代表"重要思想核心观点和主要内容："三个代表"重要思想的核心观点。

1. 大力发展社会主义先进文化，必须牢牢把握先进文化的前进方向，建设社会主义精神文明，不断满足人民群众日益增长的精神文化需求，不断丰富人民的精神世界，增强人民的精神力量。江泽民指出，社会主义精神文明，是我

---

① 《习近平会见国际奥委会主席巴赫并接受金质勋章》，载《人民日报》，2013 年 11 月 20 日，第 1 版。

② 《习近平看望南京青奥会中国体育代表团》，载《人民日报》，2014 年 8 月 16 日，第 1 版。

③ 《习近平会见 31 届奥运会中国体育代表团》，载《人民日报》，2016 年 8 月 26 日，第 1 版。

④ 《习近平致电祝贺中国女排夺得 2019 年女排世界杯冠军》，载《人民日报》，2019 年 9 月 30 日，第 1 版。

们进行改革开放和现代化建设的重要目标，也是搞好改革开放和现代化建设的重要保证。精神文明建设搞好了，人心凝聚，精神振奋，经济建设和其他各项事业就会全面兴盛。精神文明建设搞不好，人心涣散，精神颓废，经济建设和其他各项事业也难以搞好。这部分内容可以结合女排精神的内涵和影响力来进一步讲授精神文明的重要性。

2. 发展社会主义先进文化，必须弘扬民族精神。在 5000 多年的发展中，中华民族形成了以爱国主义为核心的团结统一、爱好和平、勤劳勇敢、自强不息的伟大民族精神。面对世界范围各种思想文化的相互激荡，必须把弘扬和培育民族精神作为文化建设极为重要的任务，纳入国民教育全过程，纳入精神文明建设全过程，使全体人民始终保持昂扬向上的精神状态。这部分内容可以结合女排精神的典型案例和经典论述来丰富讲授内容。

知识点 3：第七章　第二节　科学发展观的科学内涵和主要内容：推进社会主义文化强国建设。

1. 社会主义核心价值体系是兴国之魂，决定着中国特色社会主义发展方向。胡锦涛指出："社会主义核心价值体系是根源于民族优秀文化和社会主义先进文化并吸收人类文明成果发展起来的，适应了时代发展要求，集中反映着当代中国人民的理想信念和精神追求，是我国社会主义文化的引领和主导。"这部分内容可以结合女排精神的内涵和影响力来丰富社会主义核心价值体系的内容。

2. 马克思主义指导思想，中国特色社会主义共同理想，以爱国主义为核心的民族精神和以改革创新为核心的时代精神，社会主义荣辱观，构成社会主义核心价值体系的基本内容。它鲜明地回答了在新的历史条件下，我们党用什么样的精神旗帜团结带领全体人民开拓前进、中华民族以什么样的精神风貌屹立于世界民族之林的重大问题。这部分内容可以结合女排精神的典型案例和经典论述来讲授以爱国主义为核心的民族精神。

知识点 4：第八章　第一节　习近平新时代中国特色社会主义思想创立的社会历史条件：中华民族伟大复兴正处于关键时期。

中华优秀传统文化是中华民族的根和魂，是中国特色社会主义植根的文化沃土。中国共产党人是马克思主义的坚定信仰者和实践者，也是中华优秀传统文化的忠实传承者和弘扬者。以习近平同志为核心的党中央高度重视中华优秀传统文化，不断推进中华优秀传统文化的创造性转化、创新性发展，以新的时代内涵增强其生命力，使之成为治国理政的重要思想文化资源，彰显了中国特色社会主义的深厚文化底蕴，使中华文明再次迸发出强大精神力量。这部分内容可以结合女排精神的科学内涵、经典案例来讲授中华优秀传统文化的重要性。

知识点5：第九章　第一节　实现中华民族伟大复兴的中国梦：中国梦的科学内涵。

中国梦是国家的梦、民族的梦，也是每一个中国人的梦。"宏大叙事"的国家梦，也是"具体而微"的个人梦。每个中国人都是"梦之队"的一员，都是中国梦的参与者、书写者，应当同舟共济、齐心协力、奋勇前行。当今时代是放飞梦想的时代，每个人都有自己的美好梦想。中国梦的广阔舞台，为个人梦想提供了蓬勃生长的空间；每个人向着梦想的不断努力，又都是实现伟大中国梦的一份力量。只要每个人都把人生理想融入国家和民族的伟大梦想之中，敢于有梦、勇于追梦、勤于圆梦，就会汇聚成实现中国梦的强大力量。这部分内容可以结合女排精神内涵和经典案例来论述中国梦与个人梦是相通的。

知识点6：第十章　第三节　培育和践行社会主义核心价值观。

核心价值观是一个国家的重要稳定器，能否构建具有强大感召力的核心价值观，关系社会和谐稳定，关系国家长治久安。包含了国家、社会、公民三个层面即：富强、民主、文明、和谐，自由、平等、公正、法治，爱国、敬业、诚信、友善。女排精神一直传承弘扬的就是"升国旗奏国歌"的崇高爱国主义，女排精神的典型案例就是阐释和说明爱国主义的最好例证。

第四章 中国特色社会主义新时代

第一节 脱贫攻坚精神

一、脱贫攻坚精神概述

（一）脱贫攻坚精神的提出

贫困问题始终是我国国家治理的一大难题，成功解决贫困问题是对党和政府执政能力和执政水平的重要考验。在 2021 年的全国脱贫攻坚总结表彰大会上，习近平总书记正式宣布脱贫攻坚战取得全面胜利，赞扬了脱贫攻坚取得的伟大成就，高度评价了脱贫攻坚的重要价值，并概括了伟大的脱贫攻坚精神，即"上下同心、尽锐出战、精准务实、开拓创新、攻坚克难、不负人民"。作为脱贫攻坚伟大实践的理论结晶，脱贫攻坚精神彰显了中华民族的精神智慧，是激励当代中国人民实现共同富裕的精神动力。

从新民主主义革命时期的苏区边区实践，到社会主义建设实践，再到改革开放后制度化的扶贫开发，中国贫困治理时刻坚持精准务实、实事求是、开拓创新，奠定了脱贫攻坚精神的社会实践基础。

（二）脱贫攻坚精神形成的实践基础

1. 苏区边区的革命实践

1921—1949 年的边区革命实践是新民主主义革命的重要组成部分，以中央苏区为主要代表的苏区边区在新民主主义革命时期区取得的经济建设与贫困治理成就瞩目。在进行经济建设之时，高度重视顶层设计，"不仅要取得土地的使用权……还要取得土地所有权"，从建全法律法规角度保障苏区的群众土地、劳动、经济政策，为保障贫下中农的利益提供法律思路，定期召开经济建设大会，以"竞赛"形式发展经济，促进了根据地经济发展，改善了贫困群众的生活条件；同时，从制度层面解读贫困，持续进行经济建设，建立农村革命根据地，紧紧围绕群众需要解决的问题，开展农业生产运动，着力解决军民所需的粮食问题。此外，还注重作风建设，制定三大纪律、八项注意，切实保障人民群众的利益，将不负人民落实到实际之中，在实践中凝练了宝贵的苏区精神①。

2. 社会主义建设实践

由于长期受战争的影响，新中国成立之初生产力发展水平较低，人民生活贫困，温饱问题难以解决。为完成反贫困任务，毛泽东带领中国共产党人学习借鉴马克思主义反贫困理论，从制度层面寻求解决贫困的途径。以"一化三改"为标志的社会主义建设运动蓬勃兴起，以"输血式"为主的救济式扶贫就此展开，对"五保户"、贫困户、受灾户提供救济，解决城镇职工失业问题，提高贫困群体抵御失业、受灾风险的能力。此阶段是救济式扶贫，以政府为主导，将全党全国人民联结在一起，汇聚成磅礴力量，彰显了中国共产党治理贫困的能力与独特性。

3. 改革开放初期实践

到 1978 年底，2.5 亿的农村贫困人口，33.1%的贫困发生率，农民衣食住行困难重重，民生难题依然困扰着我国经济社会的发展。为了改善民生、消除贫困，以邓小平同志为代表的中国共产党人从体制入手，探索解决贫困的新路径。邓小平同志提出了社会主义本质理论、社会主义市场经济理论，明确了市场经济和计划经济只是发展经济的手段，不是划分社会制度的根本标志，从经济领域扫除了阻碍我国消除贫困的体制障碍。此外，党中央调整"三农"政策、出台专项扶贫政策、提出"先富带后富"理论等，也进一步指明了改革开放初期反贫困的方向，创新并丰富了我国反贫困理论。

4. 制度化的扶贫开发实践

随着区域差距、贫富差距的扩大以及贫困落后等矛盾问题的凸显，国家扶贫开发工作的方针政策转为开发式扶贫和以扶贫对象的村级转移为特点的制度化扶贫开发实践，扶贫呈现新局面。一方面，政府成立专门扶贫机构，完善扶

---

① 李珂珂、王琳：《脱贫攻坚精神的形成基础探析》，载《农村经济与科技》，2022 年第 5 期，第 202-205 页。

贫组织体系，制定《国家八七扶贫攻坚计划（1994—2000）》《中国农村扶贫开发纲要（2001—2010 年）》，划定贫困县，将扶贫对象逐渐下移，贫困治理日益精确①；另一方面，调整绝对贫困县标准，加大专项扶贫资金投入力度，实施"西部大开发"，调动社会力量进行东西扶贫协作、定点扶贫、中国民间扶贫和国际机构扶贫、自愿性移民扶贫等，形成多方参与、合力扶贫，提高贫困治理能力与效率，丰富了以上下同心、开拓创新为精神内涵的脱贫攻坚实践②。

5. 新时代以来的精准扶贫实践

为了实现第一个百年奋斗目标，提高扶贫质量，解决粗放式扶贫问题，以习近平同志为核心的党中央创新性地提出"精准扶贫"方略，实施"五个一批""六个精准"政策，形成"三位一体"大扶贫格局，将扶贫资源和扶贫对象精准到户，瞄准到人，将"大水漫灌"式扶贫、"输血"式扶贫转换为"精准滴灌"式、"造血"式扶贫，在开拓创新中提高了我国扶贫工作的质量和速度。2015 年 11 月 23 日，中共中央政治局审议通过的《关于打赢脱贫攻坚战的决定》表明：必须坚持"精准扶贫、精准脱贫"基本方略，"到 2020 年，稳步实现农村贫困人口不愁吃、不愁穿，义务教育、基本医疗和住房安全有保障"，"确保中国现行标准下农村贫困人口实现脱贫，贫困县全部摘帽，解决区域性整体贫困"，凝聚全国人民的力量，坚决打赢脱贫攻坚战。在庆祝中国共产党成立100 周年大会上，习近平总书记庄严宣告："经过全党全国各族人民持续奋斗，我们实现了第一个百年奋斗目标，在中华大地上全面建成了小康社会，历史性地解决了绝对贫困问题。"中国创造了减贫史上的人间奇迹。

（二）脱贫攻坚精神的科学内涵

1. 上下同心——合力攻坚的磅礴伟力是鲜亮底色

在脱贫攻坚实践中，全党全社会劲往一处使，拧成一股绳，形成合力攻坚的磅礴伟力。习近平总书记先后考察了全国 14 个集中连片特困地区，主持召开7 次中央扶贫工作座谈会，反复强调脱贫攻坚工作。国家先后印发了《关于打赢脱贫攻坚战的决定》《脱贫攻坚责任制实施办法》《关于支持深度贫困地区脱贫攻坚的实施意见》《关于打赢脱贫攻坚战三年行动的指导意见》等文件，确保

---

① 万兰芳、向德平：《中国减贫的范式演变与未来走向：从发展主义到福利治理》，载《河海大学学报（哲学社会科学版）》，2018 年第 2 期，第 32–38 页、第 90 页。
② 李珂珂、王琳：《脱贫攻坚精神的形成基础探析》，载《农村经济与科技》，2022 年第 5 期，第 202–205 页。

脱贫攻坚有制度保障①。在党的坚强领导下，我国形成了东西部扶贫协作和对口支援机制、定点扶贫机制、社会力量参与机制，逐步形成了专项扶贫、行业扶贫、社会扶贫互为补充的大扶贫格局，充分彰显了社会主义制度集中力量办大事的显著优势②。国务院将每年 10 月 17 日设立为国家扶贫日，为全社会团结一致打赢脱贫攻坚战营造了良好的氛围。

2. 尽锐出战——敢于斗争的坚强决心是内在生命

面对几十年积累的长期贫困、深度贫困等"硬骨头"，必须拿出一鼓作气、尽锐出战的斗争精神。为了尽早完成脱贫攻坚任务，国家累计选派 25.5 万个驻村工作队、300 多万名第一书记和驻村干部驻守脱贫攻坚第一线。他们在基层因地制宜精准扶贫，死心塌地为民服务，1800 多名同志的生命永远定格在脱贫攻坚第一线，他们为打赢脱贫攻坚战做出了卓越的贡献，推动贫困地区带来了翻天覆地的变化。此外，国家从方针政策、资金技术等方面加大对脱贫攻坚工作的支持力度，充分发挥政府投入的主导作用，统筹整合使用财政涉农资金，为如期打赢脱贫攻坚战提供了充足的资金支持。党和国家尤其注重对深度贫困地区的扶持，将新增脱贫攻坚资金、新增脱贫攻坚项目主要用于深度贫困地区，确保如期打赢脱贫攻坚战。

3. 精准务实——精准施策科学作风彰显实干气质

习近平总书记曾强调："扶贫开发推进到今天这样的程度，贵在精准，重在精准，成败在于精准。"③ 为实现脱贫攻坚，习近平总书记提出"扶持对象精准、项目安排精准、资金使用精准、措施到户精准、因村派人（第一书记）精准、脱贫成效精准"和"发展生产脱贫一批、易地扶贫搬迁脱贫一批、生态补偿脱贫一批、发展教育脱贫一批、社会保障兜底一批"④，"六个精准"和"五个一批"的提出标志着脱贫攻坚方略基本形成。通过建档立卡识别贫困人口，实地调研摸清贫困人口分布、致贫原因及脱贫需求解决了"扶持谁"的问题；通过选派驻村干部落实精准扶贫政策解决了"谁来扶"的问题；通过因地制宜、分类施策解决贫困人口急难愁盼回答了"怎么扶"的问题，真正做到了"真扶

① 聂凤英：《深度贫困地区产业扶贫的现状与作用机制分析——基于"三区三州"的实地调研》，载《内蒙古民族大学学报（社会科学版）》，2019 年第 4 期。
② 贾希为：《脱贫攻坚是一场伟大革命》，载《前线》，2020 第 2 期，第 28-31 页。
③ 中共中央党史和文献研究院编：《习近平扶贫论述摘编》，北京：中央文献出版社 2018 年版，第 58 页。
④ 李良艳：《中华人民共和国成立 70 年农村反贫困模式探索与脱贫绩效研究》，载《重庆理工大学学报（社会科学）》，2020 年第 6 期，第 28-38 页。

贫、扶真贫、真脱贫",极大地提高了脱贫攻坚成效。

4. 开拓创新——锐意进取的时代担当是动力支撑

新时代脱贫攻坚实施精准扶贫、精准脱贫方略，不断改革创新扶贫机制和扶贫方式，成功走出了一条中国特色减贫道路，形成了中国特色反贫困理论和中国特色脱贫攻坚制度体系，彰显了与时俱进、锐意进取的时代担当[①]。伴随着我国脱贫攻坚的深入推进，各地在具体实践中总结概括出具有可复制性的工作方法和脱贫经验。贵州省威宁县总结出"四看法"，即"一看房，二看粮，三看劳动力强不强，四看家中有没有读书郎"。再如，各地根据致贫原因和脱贫需求探索出就业扶贫、教育扶贫、产业扶贫、科技扶贫、文化扶贫、健康扶贫、消费扶贫、生态扶贫等扶贫开发模式。这些创新性的举措将激发内力与统筹外力相结合，坚持扶贫同扶志、扶智相结合，引导贫困群众依靠辛勤劳动脱贫致富，为脱贫攻坚注入了源源不断的动力。

5. 攻坚克难——啃硬骨头的顽强斗志体现鲜明品格

习近平总书记强调："脱贫攻坚已经到了啃硬骨头、攻坚拔寨的阶段，所面临的都是贫中之贫、困中之困，采用常规思路和办法、按部就班推进难以完成任务，必须以更大的决心、更明确的思路、更精准的举措、超常规的力度，众志成城完成脱贫攻坚目标。"[②] 面对脱贫攻坚的"深水区"和"硬骨头"，广大扶贫干部迎难而上，与重重困难做斗争，高扬奋斗之帆直面反贫困斗争的各种挑战。贫困地区交通难、用电难、通讯难、上学难、饮水难等问题迎刃而解，一系列扶贫扶志行动彻底激发了贫困群众的主体意识和脱贫的主动性，扶贫干部用自身的"辛勤指数"换来贫困群众的"幸福指数"。脱贫攻坚战的胜利是举国上下攻坚克难，同贫困顽强斗争并且斗争到底的真实写照。

6. 不负人民——人民至上的为民情怀凸显价值追求

维护最广大人民群众的根本利益是中国共产党亘古不变的立场。习近平总书记强调："打赢脱贫攻坚战，解决好贫困人口生产生活问题，满足贫困人口追求幸福的基本要求，这是我们的目标，也是我们的庄严承诺。"脱贫攻坚战正是中国共产党兑现承诺，秉承全心全意为人民服务的宗旨，以人民为中心，站稳人民立场的伟大实践。为了如期完成全面建成小康社会，打赢脱贫攻坚战，党

---

① 禹泳如：《脱贫攻坚精神的生成来源、丰富内涵及时代价值》，载《红色文化刊》，2022 年第2 期，第 31-38+110 页。

② 中共中央党史和文献研究院编：《习近平扶贫论述摘编》，北京：中央文献出版社 2018 版，第16 页、第 20 页。

员干部、扶贫干部与广大贫困群众同吃同住，想群众之所想，急群众之所急，将解决贫困群众的急难愁盼放在心上，将脱贫任务化为具体行动，以"我将无我，不负人民"的为民情怀，突破重重难关，消除绝对贫困，创造了中国减贫史上的伟大奇迹，充分彰显了中国共产党人不忘初心、人民至上的为民情怀。

（三）脱贫攻坚精神的重要价值

脱贫攻坚精神是民族精神在新时代焕发出的新的生机，是中国共产党精神与时俱进的新表现，它丰富了民族精神和中国共产党精神的内涵，凝聚起全党全社会的磅礴力量，确保了脱贫攻坚任务和全面建成小康社会目标的顺利完成。

1. 丰富民族精神，拓宽了中国道路的新精神支撑。脱贫攻坚精神是新时代中国共产党带领人民全面建成小康社会，打赢脱贫攻坚战过程中形成的精神结晶，展现了中国共产党不断探索、苦干实干的过程。历经革命建设改革的实践，到中国特色社会主义进入新时代，中国共产党人先后形成了井冈山精神、长征精神、抗美援朝精神、"两弹一星"精神、改革开放精神、抗疫精神等精神谱系。这些精神虽然诞生于不同时代，面临不同背景，但都是中国共产党带领中国人民团结奋斗、勇往直前追求美好生活的实际写照。作为反贫困斗争伟大结晶的脱贫攻坚精神，体现了中国共产党以人民为中心的人民立场，是党的初心和使命的真实写照。脱贫攻坚精神进一步丰富了我们的民族精神，拓宽了中国道路的精神支撑，给予中国人民强大的精神动力和智力支持。

2. 彰显当代中国精神，成为凝聚中国力量的重要精神资源。脱贫攻坚精神作为一种精神力量，激励着中国人民为实现国家富强、民族振兴、人民幸福奋勇前进，使中国精神焕发出新时代的光芒。在脱贫战贫的过程中，党中央统筹协调，各级地方政府全力配合，扶贫干部倾情奉献，社会企业定点帮扶，各地志愿者积极参与，全党全社会凝心聚力，逢山开路，遇水架桥，极大地鼓舞了贫困地区人民的斗志和士气。打赢脱贫攻坚战的过程中，处处彰显了中华儿女伟大的团结精神、无私的奉献精神和典型的集体主义品质，爱党、爱国、爱社会主义的伟大爱国情怀再次增强了中国人民的自信，凸显了中国道路的优越性。脱贫攻坚精神作为中国精神的新时代的注解，成为凝聚中国力量、增强中国自信的重要精神资源。

3. 实现中国脱贫奇迹，向世界减贫贡献中国智慧。脱贫攻坚精神来源于脱贫攻坚的伟大实践，是马克思主义与我国脱贫攻坚实践相结合的产物，是中国反贫困斗争取得胜利的重要法宝。贫困问题关系到世界人民的切身利益，是全人类共同关注的重大问题。中国立足于全人类共同发展的全局和高度打赢脱贫攻坚战，既解决了长期困扰中国的绝对贫困问题，同时为世界减贫做出突出贡献，为世界各国提供了可供借鉴的中国智慧。脱贫攻坚精神作为党和国家宝贵的精神财富，"有效凝聚了全党全社会的共识与力量，也在启示世界，要全面解决贫困问题，推进人类共同发展，必须要凝聚全人类共识，以共同的价值追求实现通力合作"①。

二、典型案例

（一）《一起来算脱贫账》

2017年1月24日，习近平总书记来到河北省张家口市张北县贫困村小二台镇德胜村，全村413户中有212户是建档立卡的贫困户。

在贫困村民徐海成家，习近平总书记同村干部和村民代表一起话家常、谈发展、聊振兴，一起算扶贫账、谋脱贫计。徐海成告诉总书记，家里主要收入来源是30亩地里种的马铃薯、甜菜、莜麦。习近平总书记问当地干部："马铃薯原种育种有希望做大吗？"当地干部答道："有希望，我们全县马铃薯育种占到全国五分之一。""除了马铃薯种植，村里还要做优甜菜种植产业和光伏产业，努力实现精准脱贫。"习近平总书记点点头说："你们下一步的路子都有了，就是怎么把它市场化、规模化发展起来。"他又看着徐海成家的收支清单说："粮食综合直补2500多元，退耕还林补贴306元，草原奖1140元……这些都算下来，一年收入43000元。""我看你家里的支出账，一年下来生产性支出12700元，家庭花销29000元。两项加起来近42000元？"习近平总书记问。"家庭花销主要是老伴儿看病，再有就是女儿上学学中医，一年学费18000元。"习近平总书记转向徐海成的二女儿徐亚茹，问她有没有领取助学金。徐亚茹回答说："有，一个学期1500元，一年3000元。"习近平总书记接着说："收入43000元，支出近42000元，除了医疗和孩子上学，那日常生活的开销呢？这个账有点不合理啊！"习近平总书记一边仔细地帮徐海成算账，一边耐心地安慰他，说党和政府一定会持续关心像他这样的家庭，让乡亲们过上越来越好的日子。

（二）十八洞村的战贫斗争

2013年11月3日，习近平总书记来到十八洞村访贫问苦，首次提出了"精

① 李晓青、唐剑：《逻辑、内涵及价值：脱贫攻坚精神解析》，载《理论视野》，2020年第11期。

准扶贫"方略，作出"实事求是、因地制宜、分类指导、精准扶贫"的重要指示。从此，"精准扶贫"理念从十八洞村走向全国，成为脱贫攻坚战的制胜法宝。

十八洞村是典型的苗族村落，地处武陵山脉腹地，山高沟深路难走。2013年，全村939人有贫困人口533人，贫困发生率高达56.76%，人均年收入仅1688元，村级集体经济为零。"精准扶贫"开始以后，花垣县委先后选派21名干部驻村帮扶。2014年以前，十八洞村班子成员学历低，难以担当带领村民脱贫致富的重任。在当年换届中，十八洞村推行"双述双评"，把能力强、群众信任的能人选进班子。从此，党员干部的引领能力显著增强。

2017年，十八洞村摘掉了贫困帽。2018年，十八洞村由一个交通闭塞的深山穷村，变成交通便捷的旅游打卡地。2019年，种养、苗绣、劳务、旅游、山泉水五大产业蓬勃发展，家家户户都有致富项目，全村33名大龄青年成功"脱单"。2020年，村民人均纯收入18369元，村集体收入210多万元，接待游客42万人次，旅游业营收超过1200万元。

十八洞村党员干部战贫斗困，以不辜负"精准扶贫"首倡地的责任担当，创造了可资借鉴的鲜活样本和生动经验。

（三）"燃灯校长"张桂梅

张桂梅，1957年6月出生于黑龙江省牡丹江市，原籍辽宁省岫岩满族自治县，她是将全部心血倾注在教育事业上的"燃灯校长"。

扎根贫困山区40多年，张桂梅以弱小的身躯，托起了大山女孩们的希望和梦想。为筹款办学，她曾连续几个假期去云南昆明的街头募捐；她每天5点多第一个来到教学楼，直到深夜学生都已入睡才回到宿舍；长年累月的过度操劳，使她患上了骨瘤、血管瘤、肺气肿等20多种疾病，但她并没有退却，日复一日，她用平凡的坚守书写不凡。教书育人的朴素心愿，正是支撑她坚持到底的不竭动力，豁出命来也要改变贫困山区女孩的命运。"捧着一颗心来，不带半根草去"，张桂梅宛如一座灯塔，指引着孩子们前行的方向，激励着更多教育工作者在前行的路上坚守初心、照亮他人。

在张桂梅筹办的云南省丽江市华坪女子高级中学，一段誓词震撼人心："我生来就是高山而非溪流，我欲于群峰之巅俯视平庸的沟壑。我生来就是人杰而非草芥，我站在伟人之肩藐视卑微的懦夫！"在誓言的感召下，越来越多的孩子不认命、不服输，走出山区，回报社会，把张桂梅身上的精神之光传递下去。

(四) 脱贫干部黄文秀

黄文秀,1989年4月出生于广西壮族自治区百色市。2016年,从北京师范大学硕士毕业后毅然返乡,作为选调生进入百色市委宣传部工作。2018年3月26日,黄文秀来到广西壮族自治区百色市乐业县新化镇百坭村担任驻村第一书记。2019年6月16日深夜,一心牵挂着村里灾情的黄文秀,在开车赶回村里的途中遭遇山洪,不幸牺牲。这个30岁的年轻姑娘,将生命永远定格在扶贫路上。

百坭村是个深度贫困村,全村472户中有贫困户195户,且全村11个自然屯散落在大山深处,有好几个屯离村委10公里以上。为了解决村里的道路问题,她实地勘察,带着村干部做方案、拿对策,积极推进;为了解决山里的产业问题,她和群众一起学经验、找路子,发展杉木、砂糖橘、八角、枇杷等特色产业;为了打开销售渠道,她带着全村发展电商,仅砂糖橘去年在电商平台就销售2万多公斤,销售额22万余元。黄文秀到任时,百坭村的贫困发生率为22.88%;2018年,百坭村103户贫困户顺利脱贫88户,贫困发生率降至2.71%。

翻开黄文秀的入党申请书,其中写道:"一个人要活得有意义,生存得有价值,就不能光为自己而活,要为他人、为国家、为民族、为社会,用自己的力量,努力做出贡献。"这份庄严承诺,黄文秀始终践行,直至生命最后一刻。

(五) 爱心托起学子梦的夏森

夏森,1923年9月出生,中国社会科学院原外事局研究员,1982年离休。夏森退休后一直心系老区教育,多次捐资助学,为扶贫和教育事业贡献着自己的一份力量。

在她看来,扶贫重在扶教,治穷先治愚。2006年,她捐资2万元为陕西省丹凤县龙驹寨镇西街小学添置课桌凳80套;2008年,她捐资20万元,建起了龙驹寨镇赵沟小学教学楼;2013年下半年,她捐献100万元设立了"夏森助学金",用于资助陕西省丹凤县、江西省上犹县家庭贫困大学生上学,改善当地教学条件……捐款总额达203.2万元,是夏森老人一辈子辛辛苦苦省吃俭用攒下来的。目前,182名贫困大学生已通过"夏森助学金"圆了大学梦。而心系教育的她从不"一捐了事",她亲自审改"夏森助学金"的实施办法,并强调"资助生不光看他考入的是几类、几本大学,主要看他思想道德表现,资助生必须热爱祖国"。她还常常通过各种方式和渠道了解受助学生的学习、生活和思想情况。

谈及多年来的捐资助学，夏森说："革命了一辈子，就是希望国家富强，人民过上好日子。如今国家下大力气脱贫攻坚，自己虽然已离开工作岗位，但也应做点力所能及的事情。"质朴的话语中充满了力量。在夏森的时间表里，"帮助更多贫困家庭的孩子接受良好教育，改变贫穷命运"是她此生最大的心愿。这位老党员，用自己一辈子的坚定行动诠释了"生命不息，奉献不止"的人生信念。

（六）"当代愚公"毛相林

毛相林1959年1月出生，重庆市巫山县竹贤乡下庄村党支部书记。毛相林担任村干部的40多年里，把大山深处的贫穷村带上了乡村振兴的幸福路。

下庄村地处大山深处谷底，四周被高山绝壁合围，以前外出只有一条在绝壁上的羊肠小道。1997年，毛相林开始带领村民们在绝壁上修路。没有机械设备，毛相林就带着大家腰系长绳，趴在箩筐里，吊在几百米的悬崖上打炮眼，炸出"立足之地"，再用钢钎和大锤凿，一步一步向前推进。

全村男女老少齐上阵，吃住都在山洞里。最长的一次，毛相林在工地驻扎了3个月没回家。"山凿一尺宽一尺，路修一丈长一丈，就算我们这代人穷十年、苦十年，也一定要让下一辈人过上好日子！"毛相林的话一直鼓舞着村民们。历时7年，2004年，毛相林带领村民们终于在悬崖绝壁上凿出了一条8公里长的"绝壁天路"。近两年，巫山县又对"绝壁天路"进行了硬化升级。

路通了，毛相林带领村民脱贫致富。目前，下庄村全村已有650亩柑橘、200亩西瓜、100亩桃子、100亩脆李。2020年，下庄村村民人均纯收入达到13000多元。脱贫摘帽后，毛相林又带领村民发展乡村旅游，目前已完成一期19栋34户民宿改造，二期65栋79户民宿改造正在规划设计……

三、经典论述

1. 我们坚持走社会主义道路，根本目标是实现共同富裕，然而平均发展是不可能的。过去搞平均主义，吃"大锅饭"，实际上是共同落后，共同贫穷，我们就是吃了这个亏①。

———————————

① 邓小平：《邓小平文选》（第三卷），北京：人民出版社1993年版。

2. 历史的经验证明，贫困往往成为一个国家、一个地区政治动荡和社会不稳定的重要根源。如果不能逐步消除贫困，一个国家就难以长期保持社会稳定；没有稳定，根本谈不上经济和社会发展。

下个世纪继续开展扶贫开发，要首先解决剩余贫困人口的温饱问题，巩固扶贫成果，使已经解决温饱的人口向小康迈进，同时在稳定解决温饱的基础上，全面推进贫困地区经济社会发展①。

3. 消除贫困、改善民生、实现共同富裕，是社会主义的本质要求，是改革开放和社会主义现代化建设的重大任务，是全党全国各族人民始终不渝的奋斗目标。

深入推进扶贫开发，扎实做好新阶段扶贫开发工作，对维护人民根本利益、巩固党的执政基础、确保国家长治久安、实现全面建设小康社会和社会主义现代化宏伟目标具有极为重大的意义②。

4. 要加强扶贫同扶志、扶智相结合，激发贫困群众积极性和主动性，激励和引导他们靠自己的努力改变命运，使脱贫具有可持续的内生动力③。

5. 我们注重把人民群众对美好生活的向往转化成脱贫攻坚的强大动能，实行扶贫和扶志扶智相结合，既富口袋也富脑袋，引导贫困群众依靠勤劳双手和顽强意志摆脱贫困、改变命运。

脱贫攻坚精神，是中国共产党性质宗旨、中国人民意志品质、中华民族精神的生动写照，是爱国主义、集体主义、社会主义思想的集中体现，是中国精神、中国价值、中国力量的充分彰显，赓续传承了伟大民族精神和时代精神。

脱贫攻坚战的全面胜利，标志着我们党在团结带领人民创造美好生活、实现共同富裕的道路上迈出了坚实的一大步。同时，脱贫摘帽不是终点，而是新生活、新奋斗的起点④。

四、教学应用

知识点 1：第一章　第二节　毛泽东思想的主要内容和活的灵魂：毛泽东思

---

① 习近平：《全党全社会进一步动员起来　夺取八七扶贫攻坚决战阶段的胜利——在中央扶贫开发工作会议上的讲话》，https://www.cctv.com/special/756/1/50328.html（访问时间：2022 年 3 月 1 日）。

② 胡锦涛：《胡锦涛文选》（第三卷），北京：人民出版社 2016 年版。

③ 习近平：《在打好精准脱贫攻坚战座谈会上的讲话》，载《共产党员》，2020 年第 12 期，第 4-9 页。

④ 习近平：《在全国脱贫攻坚总结表彰大会上的讲话》，载《人民日报》，2021 年 2 月 26 日，第 2 版。

想活的灵魂群众路线。

群众路线，就是一切为了群众，一切依靠群众，从群众中来，到群众中去，把党的正确主张变为群众的自觉行动。不论过去、现在和将来，群众路线都是我们党的生命线和根本工作路线，是我们党永葆青春活力和战斗力的重要传家宝。

知识点2：第二章　第二节　新民主主义革命的总路线和基本纲领：新民主主义革命的经济纲领。

新民主主义的经济纲领是：没收封建地主阶级的土地归农民所有，没收官僚资产阶级的垄断资本归新民主主义的国家所有，保护民族工商业。

知识点3：第五章　第二节　邓小平理论的基本问题和主要内容。

社会主义的本质，是解放生产力，发展生产力，消灭剥削，消除两极分化，最终达到共同富裕。

社会主义的根本任务是发展生产力。邓小平曾强调：贫穷不是社会主义，社会主义要消灭贫穷。

"三步走"战略：第一步，从1981年到1990年实现国民生产总值比1980年翻一番，解决人民的温饱问题；第二步，从1991年到20世纪末，使国民生产总值再翻一番，人民生活达到小康水平；第三步，到21世纪中叶，人均国民生产总值达到中等发达国家水平，人民生活比较富裕，基本实现现代化。

知识点4：第六章　第二节　"三个代表"重要思想的核心观点和主要内容：始终代表中国最广大人民的根本利益。

党的全部任务和责任，就是为实现人民群众的根本利益而奋斗。

在整个现代化建设的过程中，一定要使群众得到应该得到的、看得见的物质利益，这样才能使群众愈来愈深刻地认识到实行改革开放和实现社会主义现代化是祖国的富强之道，也是自己的富裕之道，更加自觉地为之共同奋斗。

知识点5：第七章　第二节　科学发展观的科学内涵和主要内容：以人为本是科学发展观的核心立场。

以人为本就是以最广大人民的根本利益为本。坚持以人为本，就要坚持发展为了人民，始终把最广大人民的根本利益放在第一位，就要坚持发展依靠人民，从人民群众的伟大创造中汲取智慧和力量，就要坚持发展成果由人民共享，着力提高人民物质文化生活水平，最终是为了实现人的全面发展。

知识点6：第八章　第一节　习近平新时代中国特色社会主义思想创立的社会历史条件：社会主要矛盾的变化。

中国特色社会主义进入新时代，我国社会主要矛盾已经转化为人民日益增长的美好生活需要和不平衡不充分的发展之间的矛盾。

知识点7：第八章　第二节　习近平新时代中国特色社会主义思想的科学体系。

坚持和发展中国特色社会主义总任务是实现社会主义现代化和中华民族伟大复兴，在全面建成小康社会的基础上，分两步走在本世纪中叶建成富强民主文明和谐美丽的社会主义现代化强国。

坚持以人民为中心，坚持人民主体地位，把人民对美好生活的向往作为奋斗目标，把党的群众路线贯彻到治国理政全部活动之中，依靠人民创造历史伟业，彰显了全心全意为人民服务的根本宗旨，彰显了立党为公、执政为民的执政理念。

实事求是，就是坚持一切从实际出发来研究和解决问题，坚持理论联系实际来制定和形成指导实践发展的正确路线方针政策，坚持在实践中检验真理和发展真理。

习近平反复强调，中华民族伟大复兴绝不是轻轻松松、敲锣打鼓就能实现的，实现伟大梦想必须进行伟大斗争。

知识点8：第九章　第一节　实现中华民族伟大复兴的中国梦：奋力实现中国梦。

实现中国梦必须弘扬中国精神，凝聚中国力量。伟大的梦想，需要伟大的精神作支撑。没有振奋的精神、高尚的品格、坚定的志向，一个民族不可能自立于世界民族之林。实现中国梦，要求中华民族不仅在物质上强大起来，而且在精神上强大起来。

知识点9：第十章　第一节　实现经济高质量发展：坚持以人民为中心的发展思想。

把人民对美好生活的向往明确为党的奋斗目标，发挥人民群众推动发展的主体作用，促进社会公平正义，逐步实现全体人民共同富裕。

知识点10：第十章　第四节　加强以民生为重点的社会建设：在发展中保障和改善民生。

民生是人民幸福之基、社会和谐之本。在发展经济的基础上不断提高人民生活水平，实现人民群众对美好生活的向往，是党和国家一切工作的根本目的。我们的发展是以人民为中心的发展，始终坚持发展为了人民、发展依靠人民、发展成果由人民共享，在推动经济持续健康发展的基础上，保证全体人民在现实生活中有更多、更直接、更实在的获得感、幸福感、安全感。

知识点11：第十一章　第一节　全面建设社会主义现代化国家：从全面建成小康社会到全面建设社会主义现代化国家。

脱贫攻坚取得了全面胜利，决胜全面建成小康社会取得决定性成就。党的十九届五中全会作出"全面建成小康社会胜利在望"的重要判断，将"全面建成小康社会"目标提升为"全面建设社会主义现代化国家"，确立全面建设社会主义现代化国家在"四个全面"战略布局中的引领地位。

第二节　"三牛"精神

一、"三牛"精神概述

（一）"三牛"精神的提出

在2021年全国政协新年茶话会上，习近平总书记首次讲道："我们要深刻铭记中国人民和中华民族为实现民族独立、人民解放和国家富强、人民幸福而奋斗的百年艰辛历程，发扬为民服务孺子牛、创新发展拓荒牛、艰苦奋斗老黄牛的精神，永远保持慎终如始、戒骄戒躁的清醒头脑，永远保持不畏艰险、锐意进取的奋斗韧劲，在全面建设社会主义现代化国家新征程上奋勇前进，以优异成绩庆祝中国共产党成立100周年！"[1]

随后，在中共中央、国务院举行的2021年春节团拜会上，习近平总书记再次强调："在中华文化里，牛是勤劳、奉献、奋进、力量的象征。人们把为民服务、无私奉献比喻为孺子牛，把创新发展、攻坚克难比喻为拓荒牛，把艰苦奋斗、吃苦耐劳比喻为老黄牛。前进道路上，我们要大力发扬孺子牛、拓荒牛、老黄牛精神，以不怕苦、能吃苦的牛劲牛力，不用扬鞭自奋蹄，继续为中华民族伟大复兴辛勤耕耘、勇往直前，在新时代创造新的历史辉煌！"

至此，"三牛"精神正式提出。尽管"三牛"精神提出时间并不长，但其历史背景深厚，内涵丰富，在全社会各领域内迅速掀起了弘扬"三牛"精神的热潮。2021年，国庆节前夕，党中央批准了中宣部梳理的第一批纳入中国共产

---

① 习近平：《在全国政协新年茶话会上的讲话》，载《人民日报》，2021年1月1日，第2版。

党人精神谱系的伟大精神，这其中就有"三牛"精神。2022 年春节团拜会上，习近平总书记再次总结："即将过去的农历辛丑牛年，是我们总结历史、回顾既往的一年，也是我们致敬历史、面向未来的一年。全党全国各族人民发扬孺子牛、拓荒牛、老黄牛精神，继续为中华民族伟大复兴辛勤奋斗，推动党和国家事业取得了新的显著成就。"①

（二）"三牛"精神的内涵

习近平总书记在辞旧迎新之际提出"三牛"精神，语重心长、内涵丰富，既是对全党同志提出的要求，也是向全国人民发出的号令。"孺子牛、拓荒牛、老黄牛精神，蕴含着中华儿女在逆境中顽强奋起、自强不息的精神密码"②，也必将引领中国人民在新征程上接续奋斗、激荡起团结奋斗、开创新局的磅礴力量，再创新的辉煌。

中国共产党自成立之日起，逐渐把马克思主义的基本原理和中国的具体实践相结合，取得了新民主主义革命的胜利，建立了新中国，建立了社会主义制度。在这一时期形成的全心全意为人民服务的根本宗旨、党的三大优良作风等理论就是"三牛"精神的集中体现。我们党梳理的中国共产党人精神谱系中的红船精神、井冈山精神、苏区精神、古田会议精神、长征精神、遵义会议精神、照金精神、延安精神、伟大抗战精神、西柏坡精神、红岩精神、抗美援朝精神、"两弹一星"精神、焦裕禄精神、科学家精神、劳模精神、劳动精神、工匠精神、伟大改革开放精神等，无不闪耀着"三牛"精神的光芒。

1. 孺子牛精神

孺子牛精神指全心全意为人民服务和无私奉献的精神。孺子牛的本意是指父母对子女的过度宠爱，后得到升华和拓展。

《左传》哀公六年中记载了一个典故：齐景公有个庶子名叫荼，齐景公非常疼爱他。有一次齐景公和荼在一起嬉戏，齐景公作为一国之君竟然口里衔根绳子，让荼牵着走。不料，儿子不小心跌倒，把齐景公的牙齿拉折了。齐景公临死前遗命立荼为国君。景公死后，权臣陈僖子要立公子阳生。齐景公的大臣鲍牧对陈僖子说："汝忘君之为孺子牛而折其齿乎？""孺子牛"的原意表达的是

① 习近平：《在二〇二一年春节团拜会上的讲话》，载《人民日报》，2021 年 2 月 11 日，第 1 版。
② 俞祖华、耿宝银：《"红船"·"焦桐"·"三牛"：中国共产党人精神谱系的意象书写》，载《鲁东大学学报（哲学社会科学版）》，2022 年第 6 期，第 1-7 页。

父母对子女的过分疼爱。到了近代，文学家鲁迅在作品《自嘲》中写道："横眉冷对千夫指，俯首甘为孺子牛"，这句话广为人知，也使孺子牛精神得到升华和拓展，后人多用"孺子牛"来比喻心甘情愿为人民大众服务、无私奉献的人。

1944 年 9 月 8 日在张思德追悼会上，毛泽东同志首次提出"为人民服务"。从党的七大把"为人民服务"写入党章，到党的十八大提出"以人民为中心"，七十多年来，为民服务孺子牛精神贯穿始终，中国共产党人不忘初心、时刻牢记自己的使命。

孺子牛精神和红船精神中立党为公、忠诚为民的奉献精神有着重要的重合，中国共产党从成立之日起，始终牢记全心全意为人民服务的宗旨，不忘为人民谋幸福、为民族谋复兴的初心和使命，历代领导人的人民观就是孺子牛精神的集中体现。2021 年，习近平总书记提出"发扬为民服务孺子牛"的精神，实际上是"为人民服务"思想在新时代的继承和发展。学习孺子牛精神，就要想人民群众之所想，急人民群众之所需，热心为人民群众解难。学习孺子牛精神要融于血脉、植入心田，时刻站在群众的立场上说话，在疫情防控、脱贫攻坚、民生发展一线为民解忧时出实招、办实事，肩负全面建设社会主义现代化国家的历史重任。

孺子牛精神源自中华优秀传统文化，随着历史演进闪耀时代之光，不同的历史时期有着不同的内涵。在创造美好生活的时代课题中，孺子牛精神处处彰显着人民至上的价值理念，尽管随着时代的发展，最苦最难的岁月已经过去了，但勤奋敬业、不计得失、无私奉献、敢于担当的精神不能丢，乐于助人、甘于吃苦的精神，这是时代的要求，更是对我们的考验。能吃苦是孺子牛精神的内核，在追求民族复兴的新时代，在全面建设社会主义国家的新征程上，我们更要不忘初心、牢记使命，以"人民高兴不高兴、满意不满意、答应不答应"为衡量和检验一切工作的标准，使孺子牛精神落到实处，努力创造经得起实践、人民和历史检验的新业绩。

2. 拓荒牛精神

拓荒牛精神指的是创新发展和攻坚克难精神。敢闯敢试、敢为人先、埋头苦干的拓荒牛精神是深圳精神的重要组成部分，然而，从革命时期、到建设时期、改革开放时期都有数不尽的拓荒牛。他们或是个人光辉代表，或是团队典型，以自强不起、开拓进取为基石，逢山开路遇水搭桥，大胆探索，无往不前，以创新发展、攻坚克难的孺子牛精神为我们党和国家做出了不朽的功勋和卓越的贡献。

寻根溯源的话，拓荒牛精神可以说来源自我们党的历史上红船精神、井冈山精神、延安精神、铁人精神、雷锋精神等，我们党历史上形成的这些精神又是中国共产党思想与中华民族精神的结合。中华民族在长期奋斗中培育、继承、发展起来了伟大的民族精神，展现出辛勤劳作、发明创造的创造精神，革故鼎新、自强不息的奋斗精神，团结一心、同舟共济的团结精神，心怀梦想、不懈追求的梦想精神。这些精神与人民军队听党指挥、服务人民、英勇善战的优良传统有着密切的关系，在党领导人民进行革命、建设和改革的过程中，形成了拓荒牛精神。

拓荒牛精神来自人民军队。而人民军队的优良传统则来自中国共产党思想与中华民族精神的结合，形成了一系列可以长久涵养后人的革命精神，这些都是"拓荒牛精神"诞生的深厚思想土壤。拓荒牛精神与红船精神一脉相承，都鲜明体现出我们党引领潮流的时代担当、自强不息的精神风貌、全心全意为人民服务的根本宗旨。如果说红船精神是中华民族最危难关头产生的思想火种，那么拓荒牛精神就是在中华民族、中国共产党、人民军队优秀的思想传统熏陶和滋养下，在前无古人的改革开放大潮中、经济特区火热的工作生活实践中，孕育出来的一种新的时代精神。

拓荒牛精神有着鲜明的时代烙印，从中华传统思想和中国共产党优秀思想中成长出来，具有强大旺盛的生命力。在深圳市委大院大门口，有一座青铜雕塑拓荒牛，只见它努力将身后的一个巨大的树根拉出地面。老牛拼命拉出这些树根，不仅是要排除妨碍建设特区的障碍，更重要的是要扫除阻碍前进的思想桎梏，解放思想，放飞心灵，打开国门，睁开眼睛看世界，让中华民族再次走上复兴的道路。

拓荒牛精神在"突破思想观念的障碍、突破利益固化的藩篱、破除体制机制的束缚"等方面有着无法估量的价值和意义[①]。无论是革命时期、建设时期、改革开放时期，还是十八大以来，我党我国的发展过程当中，时时处处可见创新发展和攻坚克难的团队与优秀个人代表，他们是中国共产党人的先进代表。

3. 老黄牛精神

老黄牛精神指的是艰苦奋斗、吃苦耐劳的精神。老黄牛是农民劳作的伙伴，它具有吃苦、耐劳、勤劳、忠厚、任劳、任怨、无私、奉献、潇洒、豪迈等精神。也正是一代代普普通通的像老黄牛一样的人吃苦耐劳、艰苦奋斗，无怨无

---

① 倪弋、亓玉昆：《发扬"三牛"精神 在新时代创造新辉煌》，载《人民日报》，2021 年 12 月 4 日，第 6 版。

悔的工作在各行各业第一线，身身汗雨、蹄蹄泥淖，为而不语、苦而无怨，这才有了新时代的伟大成就。

诗人臧克家曾在《老黄牛》中吟道："块块荒田水和泥，深翻细作走东西。老牛亦解韶光贵，不待扬鞭自奋蹄。"老黄牛的一生都是脚踏实地，一步一个脚印，低头前行，永不松套，一辈子老老实实、勤勤恳恳地工作。老黄牛精神的内涵就是为民服务，共产党人就是为民造福、不变初心、不懈追求，所有的党员干部都应该做到权为民所用、情为民所系、利为民所谋，以扎扎实实的工作、坚持不懈的努力，凝聚"想干事"正能量，在社会中形成人人爱奋斗，人人为梦想的良好氛围。社会主义是干出来的，新时代是奋斗出来的。老黄牛精神在新时代有着特有的正能量。

艰苦奋斗是老黄牛精神的核心，"历览前贤国与家，成由勤俭破由奢"，广大党员干部要像老黄牛一样，定力不改，初心不变，本性不移，让艰苦奋斗的"老黄牛"精神成为所有党员干部的工作信条，不怕吃苦不怕流汗，在自己的岗位上不懈奋斗，不计较个人得失，真真正正做到在奋斗道路上坚持不懈，上下求索。艰苦奋斗是中国共产党人的本色和优良传统，老黄牛精神是艰苦奋斗作风在新时代的新体现。"滴水穿石，一滴不可弃滞；久久为功，一日不可偏废"，广大党员干部要发扬"不用扬鞭自奋蹄"的老黄牛精神，以"功成不必在我"的精神境界和"功成必定有我"的历史担当，保持历史耐心，保持一股工作干劲，保持一腔工作激情，拿出愚公移山、水滴石穿的韧劲儿，咬定青山不放松，一张蓝图干到底。

老黄牛，一直都是勤勤恳恳、埋头苦干、任劳任怨、默默奉献的代名词，他们顽强而扎实地为社会做着贡献。中国航天事业的整个团队，一代人有一代人的长征，一代人有一代人的担当，数十年如一日接续奋斗，以远大的理想和坚定的信念为前进的动力，只问耕耘，不问收获。神舟九号和十四号航天员刘洋，十余年如一日枯燥训练，随时准备着为祖国征战，和她一样的无数航天人，一代代前赴后继地为祖国奉献自己的青春，无怨无悔。

无论是航天事业的队伍、石油事业的队伍，还是电力行业的队伍、工业制造领域的队伍，有无数的无名英雄，用汗水、献血、青春、生命书写着各行各业的老黄牛精神。

（三）"三牛"精神的重要价值

习近平总书记对"三牛"精神的两度阐释，既是对全党同志提出的要求，也是向全国人民发出的号令。新时代面临百年未有之大变局,重提蕴含着中华儿女在逆境中顽强奋起、自强不息的精神密码的"三牛"精神,有着重要的意义和内涵。中国人民在新时代新征程上想要接续奋斗、再创辉煌,就必须大力发扬孺子牛、拓荒牛、老黄牛精神,只有这样,才能激荡起全国人民团结奋斗、共创新局的磅礴力量。

"三牛"精神在革命时期为新中国的成立做出过重大贡献,无数的为民服务孺子牛、创新发展拓荒牛、艰苦奋斗老黄牛舍生忘死的革命,才几经磨难建立起新中国。新中国建设时期,我们一穷二白,国际环境恶劣,又是一批批的孺子牛、拓荒牛、老黄牛前赴后继,或者不计个人得失从海外归国建设;或者在完全陌生的领域内攻坚克难,解决一个个国家建设的难题;或者是无怨无悔地奋战在各行各业的第一线,不思回报,无私奉献。改革开放时期,我们的基础薄弱,深圳等城市身先士卒、自强不息、开拓进取,在没有经验可鉴,没有先例可循的情况下,敢闯敢试、敢为人先、埋头苦干,摸着石头过河,渡过一个个险滩,为我们的现代化建设添砖加瓦。

二、典型案例

(一) 创新发展领军代表深圳特区

1979 年 3 月,中共中央和广东省决定把宝安区改为深圳市。1980 年 8 月 26 日,全国人大常委会批准在深圳设置经济特区。刚刚建市的深圳一穷二白,但这头"拓荒牛",敢闯敢试、敢为人先、埋头苦干,没有经验可鉴,没有先例可循,在党中央的坚强领导下,深圳特区干部群众逢山开路、遇水架桥、大胆探索,处处展现着创新发展、攻坚克难的"牛劲"[①]。

建市之初的深圳,全年的 GDP 仅为 1.96 亿元,当时香港的 GDP 深圳的百倍;2018 年,深圳已经实现 GDP 反超香港 221 亿元。深圳用四十年的时间追赶并超越了香港,这其中"创新发展、攻坚克难拓荒牛精神"就发挥了重要的作用和价值。如今的深圳特区东临大亚湾和大鹏湾,西濒珠江口和伶仃洋,南隔深圳河与香港相连,已经是粤港澳大湾区四大中心城市之一、国际性综合交通枢纽、国际科技产业创新中心、中国三大全国性金融中心之一,并全力建设全球海洋中心城市、中国特色社会主义先行示范区、综合性国家科学中心。深圳

---

① 倪弋、亓玉昆:《发扬"三牛"精神 在新时代创造新辉煌》,载《人民日报》,2021 年 12 月 4 日,第 6 版。

已经成长为水陆空铁口岸俱全，是中国拥有口岸数量最多、出入境人员最多、车流量最大的口岸城市。

（二）攻坚克难两弹元勋代表

彭士禄，1925年出生，广东海丰人。3岁，母亲蔡素屏遭反动军阀杀害，4岁，时任中共中央农委书记的父亲彭湃也在上海牺牲。幼年时期的彭士禄在贫苦老百姓的照顾和掩护下生活。1940年，彭士禄和一些烈士子弟一起离开广东，经桂林等地达重庆，后被送往延安青年干部学院就学。1943年，彭士禄到延安自然科学院学习。1949年，彭士禄被派到哈尔滨工业大学学习，后又转到大连大学应用化学系学习。

1951年，彭士禄被选派留学苏联，毕业于苏联莫斯科化工机械学院，在毕业时以全优的学习成绩在莫斯科化工机械学院获得了"优秀化工机械工程师"的称号。1958年回中国后一直从事核动力的研究设计工作，曾先后被任命为中国造船工业部副部长兼总工程师、中国水电部副部长兼总工程师、中国广东大亚湾核电站总指挥、中国国防科工委核潜艇技术顾问、中国核工业部总工程师兼科技委第二主任、中国秦山二期核电站联营公司首任董事长。彭士禄是中国的核动力专家，中国核动力领域的开拓者和奠基者之一，为中国核动力的研究设计做出了开创性工作。为我国核事业作出开创性贡献的彭士禄，被很多人称为"中国核潜艇之父""中国核电站创建人"。彭士禄对此淡然地说："我不是什么'之父'，只是核动力领域的一头拓荒牛。"①

正是许许多多像彭士禄、于敏、程开甲一样的拓荒牛自力更生、自主创新，才让"卡脖子"清单变为科研攻关"成绩单"，实现越来越多"从0到1"的突破，让科技自立自强成为促进经济社会发展大局的关键支撑。

（三）艰苦奋斗代言人红旗渠建造者

红旗渠，位于河南安阳林州市，被称为"人工天河"，国家5A级旅游景区，全国重点文物保护单位，被誉为"世界第八大奇迹"。

红旗渠工程于1960年2月动工，民工们带着家里的铁镢、铁锹、小推车上了工地，用这些原始的劳动工具，开始了修建红旗渠这样的大工程。红旗渠修建10年当中，先后有81位干部和群众献出了自己宝贵的生命。其中年龄最大

---

① 倪弋、亓玉昆：《发扬"三牛"精神　在新时代创造新辉煌》，载《人民日报》，2021年12月4日，第6版。

的 63 岁，年龄最小的只有 17 岁。在红旗渠修建的 10 年中，涌现出许多英雄人物。红旗渠总设计师吴祖太，在接到设计红旗渠的任务后，不畏艰险，翻山越岭，进行实地勘测。他遭遇了母亲病故和妻子救人牺牲的巨大变故，仍没有停下手中的工作，坚持奋斗在红旗渠建设的第一线。1960 年 3 月 28 日下午，吴祖太听说王家庄隧洞洞顶裂缝掉土严重，深入洞内察看险情，却不幸被洞顶坍塌掉下的巨石砸中，夺去了年仅 27 岁的生命。

至 1969 年 7 月支渠配套工程全面完成，历时近十年。该工程共削平了 1250 座山头，架设 151 座渡槽，开凿 211 个隧洞，修建各种建筑物 12408 座，挖砌土石达 2225 万立方米，红旗渠总干渠全长 70.6 公里，干渠支渠分布全市乡镇。20 世纪六七十年代，红旗渠的建成，彻底改善了林县人民靠天等雨的恶劣生存环境，解决了 56 万人和 37 万头家畜吃水问题，54 万亩耕地得到灌溉，粮食亩产由红旗渠未修建初期的 100 公斤增加到 1991 年的 476. 公斤。红旗渠被林州人民称为"生命渠""幸福渠"。

（三）吃苦耐劳航天人

2022 年 6 月 5 日 10 时 44 分，搭载神舟十四号载人飞船的长征二号 F 遥十四运载火箭在酒泉卫星发射中心点火发射，约 577 秒后，神舟十四号载人飞船与火箭成功分离，进入预定轨道，飞行乘组状态良好，发射取得圆满成功，由陈冬、刘洋、蔡旭哲组成的我国第二批航天员飞行乘组将在轨工作生活 6 个月。第十四艘神舟飞船飞向太空，航天员第九次飞出地球，次数递增背后，体现的是中国载人航天工程从无到有、从弱到强，走出一条自主创新、自我超越的建设发展之路。

2012 年 6 月，1978 年出生的刘洋通过重重选拔，成为我国首位飞天的女航天员，代表中国女性驰骋苍穹、高飞九天，她靓丽身影、遨游太空的潇洒身姿背后是十数年如一日的艰苦训练。此时，她已经三十四岁，为了保持优秀的训练成绩，她婚后十年不生孩子，几乎错过女性最佳的生育期，可她义无反顾、无怨无悔。

在中国共青团成立 100 周年时，央视一套推出特别节目"时政《大学问》"，邀请三位当代青年与三位"资深青年"，展开了一场有关理想、有为、接续的讨论。北京航天飞行控制中心总师说自己是第四代航天人，神舟十三号任务北京总调度高健自称第六代航天人，一代人有一代人的长征，一代人有一代人的担当。青年理想远大、信念坚定是一个国家、一个民族无坚不摧的前进动力。无数普普通通的青年人，像老黄牛一样辛苦耕耘，不问收获；一代一代前赴后继地奉献自己的青春。

三、经典论述

1. 我们要深刻铭记中国人民和中华民族为实现民族独立、人民解放和国家富强、人民幸福而奋斗的百年艰辛历程，发扬为民服务孺子牛、创新发展拓荒牛、艰苦奋斗老黄牛的精神，永远保持慎终如始、戒骄戒躁的清醒头脑，永远保持不畏艰险、锐意进取的奋斗韧劲，在全面建设社会主义现代化国家新征程上奋勇前进，以优异成绩庆祝中国共产党成立 100 周年[1]！

2. 在中华文化里，牛是勤劳、奉献、奋进、力量的象征。人们把为民服务、无私奉献比喻为孺子牛，把创新发展、攻坚克难比喻为拓荒牛，把艰苦奋斗、吃苦耐劳比喻为老黄牛。前进道路上，我们要大力发扬孺子牛、拓荒牛、老黄牛精神，以不怕苦、能吃苦的牛劲牛力，不用扬鞭自奋蹄，继续为中华民族伟大复兴辛勤耕耘、勇往直前，在新时代创造新的历史辉煌[2]！

3. 即将过去的农历辛丑牛年，是我们总结历史、回顾既往的一年，也是我们致敬历史、面向未来的一年。全党全国各族人民发扬孺子牛、拓荒牛、老黄牛精神，继续为中华民族伟大复兴辛勤奋斗，推动党和国家事业取得了新的显著成就[3]。

四、教学应用

知识点 1：第二章 第三节 新民主主义革命的道路和基本经验。

新民主主义革命时期的孺子牛精神、拓荒牛精神、老黄牛精神的典型代表比较多，课程讲解时可适当增加些先进人物，以他们身上的"三牛"精神为出发点，需要结合教材知识展开。新民主主义革命道路和基本经验的讲解，穿插"三牛"精神的经典案例，有助于年轻学生理解这一历史时期的实际场景，可使理论的学习更加接地气。

知识点 2：第三章 第二节 社会主义改造的历史经验。

社会主义改造时期各种条件非常艰苦，为民服务孺子牛精神和艰苦奋斗老

---

① 习近平：《在全国政协新年茶话会上的讲话》，载《人民日报》，2021 年 1 月 1 日，第 2 版。
② 习近平：《在二〇二一年春节团拜会上的讲话》，载《人民日报》，2021 年 2 月 11 日，第 1 版。
③ 习近平：《在二〇二二年春节团拜会上的讲话》，载《人民日报》，2022 年 1 月 31 日，第 1 版。

黄牛精神的典型代表比比皆是，尽管此时还未提出"三牛"精神，但孺子牛精神、拓荒牛精神、老黄牛精神在这一阶段展示的十分明显。补充"三牛"精神的典型案例并结合教材知识展开概论课教学，对于毛泽东思想的深入学习具有重要的辅助作用和价值。

知识点3：第五章　第二节　邓小平理论的基本问题和主要内容。

改革开放初期的深圳是拓荒牛精神的典范，讲述邓小平理论这一章节时，增加深圳市的发展史，穿插介绍拓荒牛精神在深圳市的种种成果展现。需要结合教材知识，以拓荒牛精神为切入点，展开"三牛"精神在改革开放初期不同行业的经典场景和模范人物讲解。

知识点4：第六章　第二节　"三个代表"重要思想的核心观点和主要内容。

"三个代表"重要思想形成和发展的过程中，"三牛"精神融汇其中，在科技领域表现突出。诸多科技项目的新突破都与创新发展、攻坚克难拓荒牛精神密不可分。这一时期中国各领域存在明显的短板，在攻克这些难关时，"三牛"精神不时出现。"三牛"精神讲解需要结合教材知识展开，以不同领域内的孺子牛、拓荒牛、老黄牛代表为案例补充教材。

知识点5：第七章　第二节　科学发展观的科学内涵和主要内容。

科学发展观形成和发展的过程中，面临许多难题，一方面发展的压力巨大，另一方面环境保护的诉求日渐攀升，而解决这一矛盾需要不同行业的孺子牛、拓荒牛、老黄牛，一代一代的积累，一个难题一个难题的去攻克。或结合教材知识展开"三牛"精神讲解，有助于理解科学发展观的科学内涵和主要内容，理清楚不同时期的背景和实际情况。

知识点6：第九章　第一节　实现中华民族伟大复兴的中国梦。

实现中国梦必须弘扬中国精神，这就是以爱国主义为核心的民族精神和以改革创新为核心的时代精神。伟大的梦想，需要伟大的精神作支撑。没有振奋的精神、高尚的品格、坚定的志向，一个民族不可能自立于世界民族之林。实现中国梦，要求中华民族不仅在物质上强大起来，而且在精神上强大起来。中国精神是凝心聚力的兴国之魂、强国之魂。这部分内容可以讲授特区精神是中国精神的生动诠释，丰富了民族精神和时代精神的内涵，我们可以将创新精神看作是特区发展的重要内在驱动力，是特区人民不断在长期奋斗过程中总结出来的重要精神内涵。

第三节　科学家精神

一、科学家精神概述

（一）科学家精神的提出

2018 年 5 月 28 日，习近平总书记在两院院士大会上发表重要讲话，"希望广大院士弘扬科学报国的光荣传统，追求真理、勇攀高峰的科学精神，勇于创新、严谨求实的学术风气，把个人理想自觉融入国家发展伟业，在科学前沿孜孜求索，在重大科技领域不断取得突破。"在这次讲话中，习近平总书记提出弘扬科学精神，鼓励全国上下的弘扬追求真理、勇攀高峰的科学精神，以勇于创新、严谨求实的学风，把个人的理想与国家的发展大计结合起来，抓住"卡脖子"清单，为我们国家的社会主义现代化建设做出科技工作者的特殊贡献。

2019 年 6 月 11 日，中共中央办公厅、国务院办公厅印发了《关于进一步弘扬科学家精神加强作风和学风建设的意见》，并发出通知。"力争 1 年内转变作风改进学风的各项治理措施得到全面实施，3 年内取得作风学风实质性改观，科技创新生态不断优化，学术道德建设得到显著加强，新时代科学家精神得到大力弘扬，在全社会形成尊重知识、崇尚创新、尊重人才、热爱科学、献身科学的浓厚氛围，为建设世界科技强国汇聚磅礴力量。"至此，科学家精神正式提出。

2020 年 9 月 11 日，习近平总书记在北京主持召开科学家座谈会并发表重要讲话，他指出："科学成就离不开精神支撑。科学家精神是科技工作者在长期科学实践中积累的宝贵精神财富。"习近平总书记强调"科学无国界，科学家有祖国"，科技工作者要把自己的科学追求融入建设社会主义现代化国家的伟大事业中去，树立敢于创造的雄心壮志，努力实现更多"从 0 到 1"的突破，不断向科学技术广度和深度进军。

数十年以来，中国广大科技工作者在祖国大地上树立起一座座科技创新的丰碑，也铸就了独特的中国科学家精神气质。习近平总书记在这次讲话中对科学家精神作出归纳总结，尤其重点强调了科学家精神中的爱国精神和创新精神。2021 年，国庆节前夕，党中央批准了中宣部梳理的第一批纳入中国共产党人精神谱系的伟大精神，这其中就有科学家精神。

（二）科学家精神的科学内涵

新时代科学家精神的内涵是胸怀祖国、服务人民的爱国精神，勇攀高峰、敢为人先的创新精神，追求真理、严谨治学的求实精神，淡泊名利、潜心研究的奉献精神，集智攻关、团结协作的协同精神，甘为人梯、奖掖后进的育人精神。

"爱国、创新、求实、奉献、协同、育人"为主要内容的科学家精神，是历代科学家们在长期的科学实践中积累的宝贵精神财富，已经成为中国特色社会主义现代化国家建设中不可或缺的无形精神要素。在科学家精神的感召下，一代代的科学家怀揣着最质朴的爱国主义情怀，以勇攀科学高等的创新精神，奋战在科学研究的各条战线上，以深厚的学术造诣、广袤的科学视角，为党和国家做出了无数彪炳史册的成就和贡献。

"这些科学家精神的特质，既有在科学的发生、发展中积淀的品格、方法和规训，又强调社会责任、人文关怀等伦理维度，体现了中国传统科技文化中物我合一、理实交融的天人观，是仰望星空的真理追求和检视内心的人文关怀的统一。"[①]

1. 胸怀祖国、服务人民的爱国精神

服务人民是科学家精神的最终落脚点。一代代科学家以祖国和人民的需要为自己的专业和方向，发挥艰苦奋斗、科学报国的优良品格，在事关国家安全、经济发展、生态保护、民生改善的领域心无旁骛地耕耘着，以祖国和人民需要的关键核心技术为方向，以服务经济社会发展和人民群众为初心，将自己的研究和论文写在祖国大地，将科技研究成果应用于实现中国特色社会主义现代化的伟大事业中。正是无数科学家胸怀祖国、服务人民的爱国精神，才坚持国家利益和人民利益至上，以支撑服务社会主义现代化强国建设为己任，着力攻克事关国家安全、经济发展、生态保护、民生改善的基础前沿难题和核心关键技术。"广大人才要继承和发扬老一辈科学家胸怀祖国、服务人民的优秀品质。"

2. 勇攀高峰、敢为人先的创新精神

科学家的工作首先是勇攀高峰的创新工作。中国科技工作者要敢于在新理论、新领域、新路径的提出和探索中勇往直前，以敢为人先的雄心壮志，为我

---

① 贾争慧、杨小明：《需重视培育和弘扬新时代科学家精神》，载《中国科技奖励》，2021 第 2 期，第 31-32 页。

国科学体系的不断发展和完善做出努力。

科学以探究真理、发现新知为使命。一切真正原创的知识，都需要冲破现有的知识体系。在攀登科学高峰的道路上，只有勇往直前、敢为人先，才可能解决一个个的难题，提出一个又一个的新观点、新理论。科学技术是伟大的创造性活动，弘扬创新精神，需要在独创性上下功夫，唯有解决受制于人的重大瓶颈问题，才能在攀登科学高峰的道路上走得更加顺畅。弘扬创新精神，需要一代代科技工作者刻苦钻研，坐得住冷板凳，耐得住寂寞，不计较得失和名利，以敢为天下先的自信和勇气，面向世界科技前沿，面向国民经济主战场，面向国家重大战略需求，抢占科技竞争和未来发展制高点。

3. 追求真理、严谨治学的求实精神

把热爱科学、追求真理作为毕生追求，始终保持对科学的好奇心，坚持解放思想、独立思辨、理性质疑，大胆假设、认真求证，不迷信学术权威。广大科技工作者要把热爱科学、探求真理作为毕生追求，始终保持对科学的好奇心。坚持解放思想、独立思辨、理性质疑，大胆假设、认真求证，不迷信学术权威。坚持立德为先、诚信为本，在践行社会主义核心价值观、引领社会良好风尚中率先垂范。

求实精神是科技发展进步的原动力。科学是面对未知的无尽的探索，是揭开自然"面纱"的较真较劲。没有不变的发现模式，也没有恒定的预期路径，不变的只有对客观真理的不断探求和追寻。马克思说："在科学上没有平坦的大道，只有不畏劳苦沿着陡峭山路攀登的人，才有希望达到光辉的顶点。"① 新时代科学家秉持求实精神，就是要永葆好奇之心，不盲从权威，不迷信教条，敢于怀疑，大胆挑战；同时，尊重科学发现的规律，客观诚信，不浮躁求成，不急功近利。弘扬求实精神，还要坚持立德为先，践行社会主义核心价值观。特别是在涉及人类辅助生殖技术、器官移植技术、基因编辑技术等前沿生物技术的研发和利用时，不得突破伦理和法律的底线。

4. 淡泊名利、潜心研究的奉献精神

正是无数的科技工作者，数十年如一日的潜心研究，甘坐"冷板凳"，不盲目追逐热点，摒弃拜金主义，"数一年磨一剑"肯下苦功夫，静心笃志、淡泊名利、心无旁骛地在自己擅长的领域专注研究，才有了一座座科技创新的丰碑。科学家精神中的奉献精神，相对于他们无与伦比的聪明才智来讲，是更为高尚

---

① 张克俭：《奋勇攀登科技巅峰》，载《国防科技工业》，2022年第12期，第16-20页。

的人格风范，是无比宝贵的道德品格，是巨大科学成就的精神支撑。只有大大弘扬科学家奉献精神，才能"既赢得崇高学术声望，又展示高尚人格风范"。

5. 集智攻关、团结协作的协同精神

科学研究需要科学家个人的聪明才智，辛勤研究，更需要集智攻关、团结协作的协同精神。有许多的科技创新除了需要一代一代的积累之外，还需要跨界融合、全球视野，只有协同努力，才有望取得新的突破。新中国建立以来的中国科技发展史，就是一部集智攻关、团结协作的光辉历史，无论是石油领域、两弹一星领域，还是航空航天领域，无不是协同合作的典范。到了全球化的今天，团结协作精神就更加不可或缺了。广大的科技工作者需要跨界融合思维，不同的科研团队协作攻关，共同研发，以全球化的视野加强合作，才有望在推动科技进步、构建人类命运共同体的道路上少走弯路。"昔日科学家单打独斗、闭门造车的时代已经远去，不同的科学家之间、科研机构之间、甚至不同的国家之间，协同攻关未来会成为时代潮流。"①

6. 甘为人梯、奖掖后学的育人精神

人的生命是有限的，聪明才智和精力时间也是有限的，而许多的科学研究是需要漫长的时间才能取得最终成功的，两者之间的矛盾是一个重大难题，甘为人梯、奖掖后学的育人精神则可以圆满的解决这一难题。

老一辈科技工作者在科技攻关的道路上关心爱护年轻人才，把发现和培育青年人才作为一项重要的责任，以"识才、育才、用才"的自觉为科技创新蓄力。青年人拥有充沛的精力，无限的可能性，在攀登科技高峰的道路上离不开老一辈科技工作者的指引和帮助。许多难得的机会和宽广的舞台背后，往往是老一辈科技工作者去准备和搭建的，为青年人想方设法地铺路和领路，既言传身教，又只管耕耘，不求回报。也正是一代代科技工作者提携后学，鼓励年轻人大胆创新、勇于创新，中国的科技发展才源源不断。

甘为人梯、奖掖后学的育人精神背后，是无数科学家的自我牺牲和退让。科技创新原本不易，需要一代代人承先启后、不断超越，而甘当人梯的前辈和不断超越的后辈组成了良性循环的体系。

---

① 贾争慧、杨小明：《需重视培育和弘扬新时代科学家精神》，载《中国科技奖励》，2021年第2期，第31-32页。

二、典型案例

（一）胸怀祖国、服务人民的归国爱国科学家团队

朱光亚，1949 年在美国密执安大学获得物理系原子核物理博士学位。1950 年，26 岁的朱光亚牵头组织起草了《给留美同学的一封公开信》："祖国的建设急迫地需要我们……我们都是靠千千万万终日劳动的中国工农大众的血汗供养长大的。现在他们渴望我们，我们还不该赶快回去，把自己的一技之长，献给祖国的人民吗？"回国后的朱光亚进入北京大学物理系，后成为中国核科学事业的主要开拓者之一，吉林大学物理学创始人之一，"两弹一星功勋奖章"获得者，入选"感动中国 2011 年度人物"，被誉为"中国工程科学界支柱性的科学家""中国科技众帅之帅"①。

华罗庚，数学家、中国科学院院士、美国国家科学院外籍院士、第三世界科学院院士、联邦德国巴伐利亚科学院院士。1946 年在美国担任普林斯顿数学研究所研究员、普林斯顿大学和伊利诺伊大学教授，1950 年经香港回国，归国前发表告同学书："梁园虽好，非久留之地。"此后邓稼先、钱学森、钱三强、郭永怀等许多顶尖科学家归国，为新中国科技发展做出不可磨灭的贡献。

钱学森，空气动力学家、系统科学家、工程控制论创始人之一、中国科学院学部委员、中国工程院院士、两弹一星功勋奖章获得者②。1939 年获得美国加州理工学院航空、数学博士学位，多年后钱学森已经是美国知名的火箭专家。1950 年准备归国的钱学森被美国以莫须有的罪名投入监狱，归国路径被生生阻断。在被美国软禁多年后，中国以释放 11 名在朝鲜战争中俘获的美军飞行员的代价作为交换，终于在 1955 年顺利归国。1956 年出任中国科学院力学研究所第一任所长，1999 年被授予两弹一星功勋奖章。作为归国科学家的代表，他放弃了在国外优越的生活条件，冲破重重阻挠，义无反顾地回到祖国，胸怀祖国、服务人民，是他一生践行的誓言。'我的事业在中国，我的成就在中国，我的归宿在中国。"钱学森的这句话说出了老一辈科学家的共同心声。

---

① 刘济华：《钱学森等著名科学家与和田测量站》，载《党史博览》，2022 年第 6 期，第 23-27 页。

② 《复兴路上的科学家精神　郭永怀：有一种品质叫无私》，载《中国科学院院刊》，2022 年第 2 期，第 136 页。

（二）勇攀高峰、敢为人先的创新团队

屠呦呦，1951 年考入北京大学医学院药学系生药专业，1955 年毕业后接受中医培训后，多年来从事中药和西药结合研究。1969 年，"屠呦呦课题组接受抗疟药品研究任务，系统收集整理历代医籍、本草、民间方药，在收集 2000 余方药基础上，编写了 640 种药物为主的《抗疟单验方集》。随后对其中 200 多种中药开展实验研究，历经 380 多次失败，不断改进提取办法，终于在 1972 年提取分子式为 $C15H2205$ 的无色结晶体，命名为青蒿素，这一发现为国内外开展青蒿素衍生物研究打开局面"[1]。2011 年 9 月，屠呦呦因发现青蒿素获得拉斯克奖和葛兰素史克中国研发中心"生命科学杰出成就奖"。2015 年 10 月获 2015 年诺贝尔生理学或医学奖，这是中国科学家因为在中国本土进行的科学研究而首次获诺贝尔科学奖。

1980 年经历长征、抗日、解放战争的老将军刘华清在访美期间参观过美国小鹰号航母和突击者号航母，他踮起脚尖想多看一眼的照片至今仍让人泪目。1985 年澳大利亚退役航母"墨尔本号"摇摇晃晃驶入中国广州黄埔造船厂，这是中国以拆解卖废铁的理由购买来的。一支几十人组成的专家考察团着手研究这艘已经基本拆毁了航母上的电子系统、武器系统、动力系统，还将尾舵焊死的航母，实际上一艘船壳。2012 年"瓦良格"号变成"辽宁"号时，中国已经初步具备了航母建造能力，一条完整的配套工业链以及一支极为重要的技术团队组建完成。2013 年首艘国产航母"山东"舰开始在大连造船厂建造，2017 年下水，2019 年服役，历时不到 7 年，这是在"辽宁舰"的基础上复刻改进出的一艘 6 万吨级航母。2022 年 6 月中国航母"福建号"下水。隐忍四十年，中国是凑齐 600 个专业和 8000 个配套厂家，中国航母发展史的背后是无数科学家们勇攀高峰、敢为人先的创新精神。

从钱学森、李四光、郭永怀等老一辈科学家，到屠呦呦、南仁东、黄大年等新中国培养起来的杰出科学家，面对科研，他们身上都凝聚着同样的精神内核，这就是勇攀高峰、敢为人先的创新精神。

（三）追求真理、严谨治学的求实精神

《钱学森手稿》重约两公斤、厚达 523 页，英文清秀流畅，数学公式工整严

---

① 向秋玲、臧颖、谢曼婷、信文君：《课程思政融入医学专业课程教学的思考》，载《大学教育》，2022 年第 9 期，第 95-97 页。

密。他关于"薄壁圆柱壳失稳问题的研究",论文只有10页,但现在收集到有关这一问题的手稿就有800多页。在完成这项研究时,钱学森在存放手稿的信袋上用红笔写下"Final",即"最后的定稿",但他又写下了"Nothing is final",即"没有什么认识是最后的"。"作为严谨的科学家,钱学森意识到'科学探索永无止境'。"两院院士、美国工程院外籍院士郑哲敏曾说:"(这些手稿)是钱学森严谨治学的真实写照,反映了钱学森创造性探索的动态过程。"① 追求真理、严谨治学,这是一大批中国科学家对科学的追求。由始至终,他们都在科研中下"真"功夫、"细"功夫。正是他们这种敢于突破、敢闯新路的追求和志向,才开拓了新领域、攀登新高峰。

程相文,1963年大专毕业后成为浚县一名农业技术员,负责种子实验。1964年,他受单位安排,背着50多斤玉米种子,只身来到海南三亚田独镇罗篷村,在租来的零散玉米地里,开始了创新育种之路。五十多年来,他先后主持承担国家863计划、国家星火计划、国家农业成果转化基金等多个项目。连续创造了夏玉米5亩、100亩、1万亩、3万亩、10万亩国内同面积最高单产纪录。通过不懈地创新育种,他先后选育出39个玉米新品种,14个通过了国家和省级审定,其中"浚单""永优"系列玉米品种,已经在全国累计推广5亿多亩,为农民增加经济效益上百亿元。

正是中国科学家追求真理、严谨治学的求实精神,不同领域才翻天覆地变化着,一个又一个的技术创新引领中国走向越来越明亮的明天。

(四)淡泊名利、潜心研究的奉献精神

"两弹一星"元勋郭永怀,1945年获得美国加州理工学院的博士学位,是国际著名的力学家和应用数学家。新中国成立后,美国当局采取摸底的方式对郭永怀进行调查,他在调查表上毅然写道:"中国是我的祖国,我想走的时候就要走"。结果,他被列为禁止离开美国的对象。1956年,美国当局放宽了管制,他们经由日本,回到了阔别16年的中国。回国后的郭永怀成长为中国科学院学部委员(院士),"两弹一星功勋奖章"获得者,中国科学院力学研究所(以下简称"力学所")研究员,著名力学家、应用数学家、空气动力学家,我国近代力学事业的奠基人之一。

1965年1月12日,中国科学院领导收到了一封特别的来信,信中这样写

---

① 詹媛:《赓续创新奋斗的精神血脉》,载《光明日报》,2021年10月12日,第5版。

道："本着总理节衣缩食、勤俭建国的指示，现将早年在国外的一点积蓄和几年前认购的经济建设公债共 48460 元奉上，请转给国家。这本是人民的财产，再回到人民手中也是理所当然的。"① 这封信就是郭永怀及其夫人李佩所写。在当时，48460 元可是一笔巨款，普通人 1 个月的工资只有几十元，郭永怀却把自己所有的积蓄都捐赠出来了。一个多月后，郭永怀乘坐的飞机失事，救援人员找到他时，他的身躯已经残缺不全，但他和警卫员死死地抱在一起，在他们两个的胸口找到了那个他用生命保护的装着绝密文件的公文包。

邓稼先 1948 年前往美国普渡大学留学，用不到三年的时间获得了物理学博士学位，冉冉升起的未来物理学巨星在毕业后拒绝导师的盛情挽留，义无反顾地回到了新中国。回国后的邓稼先与王淦昌、彭桓武等教授投入中国近代物理研究所的建设，开创了中国原子核物理理论研究工作的新局面。1958 年，结婚才 5 年的邓稼先就告别妻子和两个幼子，开始隐姓埋名、与家人聚少离多的生活。直到 1964 年，罗布泊升起的蘑菇云替他回答了家人的问题，等到他回到妻子身边时，已经是 28 年后了。在邓稼先的人生经历中，拿到的最高国家奖励是原子弹 10 元、氢弹 10 元。他为新中国的建设和发展做出了卓越的功勋，却毫无保留地奉献了自己的一生，胸怀祖国、服务人民，这是他一生的追求。"许身国威壮河山"，邓稼先作为中国核武器研制工作的开拓者和奠基者，以淡泊名利、潜心研究的奉献精神，为中国核武器、原子武器的研发作出了卓越的贡献。

（五）集智攻关、团结协作的协同精神

2020 年 12 月 10 日，"嫦娥五号"完成月球取壤任务，为中国带回了宝贵的 1731 克月壤，这一壮举的背后，是无数航天人的拼搏与坚守。"嫦娥五号"任务历时 10 年，汇聚了全国数千家单位的数万名科技工作者。他们中有白发苍苍的院士专家，有新一代科技领军人物，也有初出茅庐的 95 后。这是中国科学家集智攻关、团结协作的协同精神，中国飞天探索事业才能取得如此的辉煌成就。

港珠澳大桥通车，举国欢庆，在设计和建造的 14 年当中，共有 21 家企事业单位，以及清华大学、华南理工大学、同济大学、西南交通大学、东南大学、南京大学、长安大学、中山大学 8 所高校，在包括水文、气象、地质、地震、测绘、环境等各方面展开了 51 项专题研究。港珠澳大桥作为"世纪工程、超级难题"，其竣工是无数科技工作者和工程建设者共同努力的结果。

---

① 《复兴路上的科学家精神 郭永怀：有一种品质叫无私》，载《中国科学院院刊》，2022 年第 2 期，第 136 页。

（六）甘为人梯、奖掖后学的育人精神

在科技界，一代又一代科学家之间传递的不仅有知识、方法，更有支持青年科技人才在重大科研任务中"挑大梁"的精神和"门风"。

王绶琯，我国天文学界的泰斗、射电天文的奠基人，中国科学院院士，他甘为人梯、奖掖后学的育人精神，也成为培养科技创新后备人才的宝贵遗产。20世纪90年代，带着为国家培养杰出创新人才的责任感和使命感，王绶琯致函数十位院士和专家，呼吁共同开展"北京青少年科技俱乐部活动"，为有志于科技事业的青少年成长搭桥铺路。这一提议得到了钱学森等60位科学家的积极支持，1999年6月，他们发起成立了北京青少年科技俱乐部。从此，有潜质的"科学苗子"，在成长的关键阶段，有了一个走向科学殿堂的平台。

王绶琯亲自设计活动规则，考察评议学生，亲自联络专家对学生进行指导，动员北京高校、科研院所对中学生开放。在他的动员联络下，王乃彦、郑哲敏、黎乐民、匡廷云等800多位著名的院士专家加入进来，100多个实验室常年向中学生开放。20余年间，先后有5万多名中学生参加了俱乐部的活动，其中约3000人走进178个科研团队及国家重点实验室参加"科研实践"进所活动。有的早期会员已成为国际科学前沿领军人物，在科研上独当一面。（来源《中国新闻网》，2021年02月02日）

中国锅炉专业、热能工程学科的创始人之一，多相流热物理学科的先行者和奠基人陈学俊也是甘为人梯、奖掖后学的典型代表。1946年7月，陈学俊获美国普渡大学机械工程硕士学位，并于次年3月回国。当党和国家吹响"向科学进军、建设大西北"的号角时，他卖掉上海的房产，带头举家迁往西安，成为交通大学西迁时最年轻的教授。自步入教育领域，陈学俊一贯重视品德教育，时时不忘教书育人，亲自教过的学生有2500多人，培养了大批热能动力及锅炉专业人才。他们中的绝大多数已经成为中国动力工业及许多设计院所、电厂、锅炉厂的领导和骨干力量，多人成为两院院士。

数学家华罗庚曾说，自己要让双肩都发挥作用。"一肩挑起'送货上门'的担子，把科学知识和科学方法送到工农群众中去；一肩当作'人梯'，让年轻一代搭着我的肩膀攀登科学的更高一层山峰，然后让青年们放下绳子，拉我上去，再做人梯。"① 科学是一项承前启后、不断超越的伟业，是甘当人梯的前辈和不

---

① 《复兴路上的科学家精神　郭永怀：有一种品质叫无私》，载《中国科学院院刊》，2022年第2期，第136页。

断超越的后辈教学相长的过程。正是在老一辈科学家们的悉心栽培下,一代代青年科技工作者得以施展拳脚,为我国科研创新工作注入不竭动力。

坚决破除论资排辈的陈旧观念,打破各种利益纽带和裙带关系,善于发现培养青年科技人才,敢于放手、支持其在重大科研任务中"挑大梁",甘做致力提携后学的"铺路石"和领路人。对新时代中国科学家来说,要身先士卒、慧眼识英、奖掖后学,把发现、培养青年人才作为一项重要责任;对年轻科技人才来说,要立鸿鹄志、严谨求实、敢于创新,在继承前人的基础上不断超越。

三、经典论述

1. 要有强烈的爱国情怀。这是对我国科技人员第一位的要求。科学无国界,科学家有祖国。要热爱我们伟大的祖国,热爱我们伟大的人民,热爱我们伟大的中华民族,牢固树立创新科技、服务国家、造福人民的思想,继承中华民族"先天下之忧而忧,后天下之乐而乐"的传统美德,传承老一代科学家爱国奉献、淡泊名利的优良品质,把科学论文写在祖国大地上,把科技成果应用在实现国家现代化的伟大事业中,把人生理想融入为实现中华民族伟大复兴的中国梦的奋斗中[1]。

2. 长期以来,广大院士胸怀报国为民的理想追求,发扬不懈创新的科学精神,秉持淡泊名利的品德风范,聚焦国家战略需求,勇攀科学技术高峰,创造了举世瞩目的成就,为提高我国自主创新能力、增强我国综合国力,为推动我国科技进步、经济发展、人民生活水平提高、国防建设和优化国家决策作出了重大贡献。

3. 科技创新,贵在接力。希望广大院士发挥好科技领军作用,团结带领全国科技界特别是广大青年科技人才为建设世界科技强国建功立业。

4. 我们要以黄大年同志为榜样,学习他心有大我、至诚报国的爱国情怀,学习他教书育人、敢为人先的敬业精神,学习他淡泊名利、甘于奉献的高尚情操,把爱国之情、报国之志融入祖国改革发展的伟大事业之中、融入人民创造历史的伟大奋斗之中,从自己做起,从本职岗位做起,为实现"两个一百年"奋斗目标、实现中华民族伟大复兴的中国梦贡献智慧和力量。

5. 祖国大地上一座座科技创新的丰碑,凝结着广大院士的心血和汗水。我们的很多院士都具有"先天下之忧而忧,后天下之乐而乐"的深厚情怀,都是

---

[1] 赵仁鑫:《科学家精神融入电工电子技术应用教学初探》,载《湖州职业技术学院学报》,2022年第4期,第18—22页。

"干惊天动地事，做隐姓埋名人"的民族英雄！

6. 在这场重大斗争中，广大科技工作者充分展示了拼搏奉献的优良作风、严谨求实的专业精神，涌现出一批先进典型。

7. 我国科技事业取得的历史性成就，是一代又一代矢志报国的科学家前赴后继、接续奋斗的结果。从李四光、钱学森、钱三强、邓稼先等一大批老一辈科学家，到陈景润、黄大年、南仁东等一大批新中国成立后成长起来的杰出科学家，都是爱国科学家的典范①。

8. 实践证明，我国自主创新事业是大有可为的！我国广大科技工作者是大有作为的！我国广大科技工作者要以与时俱进的精神、革故鼎新的勇气、坚忍不拔的定力，面向世界科技前沿、面向经济主战场、面向国家重大需求、面向人民生命健康，把握大势、抢占先机，直面问题、迎难而上，肩负起时代赋予的重任，努力实现高水平科技自立自强！

广大院士要在创新人才培养中发挥识才、育才、用才的导师作用。"才者，材也，养之贵素，使之贵器。"要言传身教，发扬学术民主，甘做提携后学的铺路石和领路人，大力破除论资排辈、圈子文化，鼓励年轻人大胆创新、勇于创新，让青年才俊像泉水一样奔涌而出②。

四、教学应用

知识点1：第三章 第二节 社会主义改造道路和历史经验。

社会主义改造时期，诸多科学家放弃海外优越的个人待遇和发展前景，义无反顾地回到一穷二白的新中国，开始各行各业的建设。这一时期归国的海外留学科学家和国内土生土长的科学家们，在极其艰苦的科研环境和条件下，攻克了一个又一个的难题，为社会主义改造的顺利完成做出了卓越贡献。科学家精神讲解需要结合教材知识展开，以教材知识为主线，补充这一时期的科学家模范，深入讲解科学家精神。

知识点2：第五章 第二节 邓小平理论的基本问题和主要内容。

邓小平理论的基本问题和主要内容讲解时，可结合科学家精神的典型案例展开，以各行业各领域的科技成果为参考，讲述背后科学家的动人故事。科学家精神的讲解需要结合教材知识展开，不能脱离教材讲理论。

---

① 刘晓燕：《为弘扬科学家精神构建良好生态》，载《中国人才》，2020年第12期，第10-12页。
② 温金海：《百年大党的人才佳话》，载《中国人才》，2021年第7期，第20-27页。

知识点3：第六章　第二节　"三个代表"重要思想的核心观点和主要内容。

"三个代表"重要思想的核心观点和主要内容和科学家精神有着密不可分的关联，以这一时期的科技成果和科学家为案例，结合教材知识展开，有效补充教材内容。这一时期科学家精神展现明显，各行各业在科学技术的引领下开花结果，许多新突破在这一时期实现，背后则是追求真理、勇攀高峰的科学精神。整个社会在表彰各行业科学家的过程中，科学家精神深入人心，科学家榜样引领作用在年轻人中凸显。

知识点4：第七章　第二节　科学发展观的科学内涵和主要内容。

科学发展观的科学内涵和主要内容讲述，可补充新时期的科学家代表案例，以同一时期的科学家实际经历为线索，需要结合教材知识展开讲解。科学家精神中的求实精神、奉献精神、协同精神、育人精神在这一时期有诸多案例，新中国成立前后一批老科学家到了此时已经逐渐老迈，但他们身上的精神却引领年轻科技工作者继续前行。

知识点5：第十一章　第一节　全面建设社会主义现代化国家。

进入社会主义现代化新时期，科学家精神显得更为重要，学习全面建设社会主义现代化国家这一章节时，需要结合教材知识展开，以科学家精神最新宣讲和理论为依据，补充教材中的不足。全面建设社会主义现代化国家，需要不同行业不同领域的科学家在新的历史时期，继续发扬科学家精神，求实、奉献、协同，继续为社会主义事业添砖加瓦，增添动力。

第四节　企业家精神

一、企业家精神概述

（一）企业家精神的提出

精神一词，在辞海里大约有十几种意思，既与人的外在状态有关，也关涉到人的内在气质与本质。总体而言，精神是个体与组织在社会活动过程中所形成的整体状态与内在本质性特征。任何精神，都可以视为个体或者群体在长期的社会生活中，适应社会发展变化，在个体与社会、个体与群体互动过程中形成的具有内在本质性、普遍性的人格特质。就此而言，企业家精神是企业家群体在适应国家、社会形势发展变化过程中，展现在企业经营管理过程中，凝结在企业家群体的精神气质。在当下，企业家精神的产生、发展是适应时代发展需要、提振企业家信心的需要。

从一定意义上来看，改革开放的历史就是一部企业家辛勤奋斗的发家史。十一届三中全会以后，以邓小平为核心的党中央重新确立经济建设的中心地位，逐步实施了改革开放政策。在政策利好之下，个体、私营企业逐渐产生、发展，国有企业日益壮大，企业家逐渐成为推动改革开放进程的重要力量。

改革开放初期，一批农民、工人基于改变自身命运的想法开始创办企业。以"傻子瓜子"年广久为代表的个体户、私营经济人士，顶住压力，在社会主义市场经济体制尚未确立，社会面临着新旧转型的时代背景下，以诚实守信、敢于冒险的企业家精神积极开拓市场。这不仅实现了自身命运的转变，而且极大地促进了经济发展。与此同时，伴随着农村经济体制改革，乡镇企业异军突起。各乡镇围绕着自己的地方特色，紧密结合国家的经济形势，纷纷发展机械、钢铁、化工等企业，形成了晋江、苏南、温州模式，涌现出了浙江万象集团鲁冠球、福耀玻璃曹德旺等一批优秀的企业家。他们敢于在政策晦明不定的时代背景下，准确把握发展脉搏，积极结合当地的实际需要，用自己的辛勤努力、诚实劳动完成了企业发展的初始化。

1992年，邓小平的南方谈话，廓清了社会主义与市场经济的关系，中国改革开放进入了新的阶段。社会主义市场经济体制逐步确立，经济发展的制度环境、政策氛围趋向良好，我国经济发展进入新的历史飞跃期。受到政策鼓励的影响，一批国有单位的人员，如技术人员、知识分子纷纷下海经商，一度形成了"下海潮"。与此同时，随着社会发展变化，他们既面临国内市场日益扩大、企业竞争压力日渐增强的市场问题，也面临着积极开拓海外市场、适应国际竞争规则的压力。企业家的开拓创新、一往无前的时代精神在改革开放的大潮中再次绽放。著名的房地产商人冯仑、潘石屹就是在1992年下海经商，成就了后来煊赫一时的"万通六君子"。此时人到中年的任正非真正开始发力。他在1993年研制出计算机的国内交换机，取得了大量的海外市场。

进入新时代以来，我国经济发展面临着新的时代环境与新形势。受后金融危机的影响，我国经济发展进入新常态，经济发展结构亟待优化，企业经营与发展面临着新的挑战。与此同时，贸易保护主义以及逆全球化抬头，特别是美国前任总统特朗普上台以后，肆意打击、压制我国企业，对华为、中兴等企业进行技术封锁与贸易打击。国内调结构、保增长的压力与海外市场封锁同时考验着企业家。新时代的企业家顶住压力，迎难而上，积极奋发有为，聚焦卡脖子的关键技术勇于创新，以实际行动践行了爱国、创新的时代精神，极大地促进了企业规模的扩大与实力提升。2021年《财富》世界500强企业中，中国企业占据了143家，其数量占全部的28.6%。这不仅显示了中国企业的总体实力，还是对企业经营负责人——企业家最佳赞赏。

基于以上对企业发展历史的简单梳理，我们能够看出，企业家在改革开放大潮中，在不同的历史时期，始终致力于经营企业、发展经济，为我国社会经济发展做出了重要贡献。在改革开放四十多年之际，党和国家充分认识到市场活力来自人，特别是来自企业家，来自企业家精神。为凝聚企业家共识、提振企业家致力于经济发展、企业发展的信心，党和国家基于企业家经营发展的历程，根据企业家自身的贡献与特点，提炼总结了企业家精神。2017年《中共中央、国务院关于营造企业家健康成长环境弘扬优秀企业家精神更好发挥企业家作用的意见》出台，文件第一次集中概括总结了企业家精神，将其概括为爱国敬业、遵纪守法、艰苦奋斗、创新发展、专注品质、追求卓越、履行责任、敢于担当服务社会的精神。

（二）企业家精神的科学内涵

2020年，习近平总书记在企业家座谈会，指出"要在爱国、创新、诚信、社会责任和国际视野等方面不断提升自己，努力成为新时代构建新发展格局、建设现代化经济体系、推动高质量发展的生力军"①。这一论断不仅明确了新时代对企业家的要求与期待，而且进一步升华了企业家精神，提出了鲜明的时代内涵。

1. 增强爱国主义情怀

受传统儒家思想家国一体观念影响，爱国主义一直以来都是我国企业家典型的特征。古有弦高智退秦师，近代则有状元商人张謇致力于实业救国，当下则有以华为任正非、福耀曹德旺为代表的杰出企业家代表。他们都在不同的时代环境下，以历史责任感、社会荣誉感，将企业发展与国家建设、社会进步紧密结合起来，致力于实现国家利益、社会利益、与个人利益的统一。当下，新时代企业家精神弘扬爱国主义情怀，就是要在企业发展过程中，实现企业经济

---

① 习近平：《在企业家座谈会上的讲话》，北京：人民出版社2020年版，第5-6页。

效益与爱党爱国爱社会主义的统一。积极动员企业家在百年未有之大变局中，找准企业自身的定位，开拓创新、锐意进取，弘扬社会主义责任感，勇于担责，为国家社会主义现代化建设添砖加瓦。

2. 勇于开拓创新

熊彼特将创新视为企业家精神的核心内容。对于需要在市场上开疆拓土占据份额的企业而言，企业家是否具备开拓创新的精神，不仅是站稳脚跟的关键，还是企业持续发展的保障。就此而言，企业家开拓创新精神的内涵意蕴丰富。首先，企业家进行企业管理方式方法的创新。白色家电巨头海尔公司，其独特的企业文化以及企业管理方式曾三次走上哈佛大学的讲坛，创造的"人单合一"管理模式适应了现代互联网企业管理需要。其次，企业产品的创新。企业产品的创新是企业立身之本。比亚迪作为国产电动汽车的领导羊，一直致力于电池电动技术的发展创新，其最新的刀片电池技术具有能量密度大、安全性高的优点，极大地提升了汽车的续航里程。第三，海外市场的开拓。中国企业能否航行出海，是考验企业实力的重要标志。华为作为民营企业的典范，以其优秀的移动通信设备与服务，业务范围遍及170多个国家与地区，海外营业收入一度占比达到55%，创造了中国品牌的光辉形象。

3. 坚持诚实守信

人无信不立，企业亦然。信任关系的建立与完善，需要企业家坚持诚实守信地做人操守。一代传奇药商同仁堂在开店的门铺均统一悬挂着两副对联。其一为"炮制虽繁必不敢省人工、品味虽贵必不敢减物力"，其二为"修合无人间、存心有天知"。两副自剖心迹的对联，生动形象地说明了企业对于原料、加工的重视。这是企业家诚实守信的重要表现，也是三百多年同仁堂始终屹立不倒的重要基石与保证。前些年，三聚氰胺的毒奶粉事件不仅摧毁了乳业巨头——三鹿奶粉，还造成了国人对于中国奶粉行业的集体质疑。实践充分证明，企业家的诚实守信精神，关键在于产品货真价实。企业只有坚持诚实为本、守信经营才能在激烈的市场竞争环境中立于不败之地。

4. 承担社会责任

企业经营发展始终处于社会关系结构之中，离不开社会的支持与帮助。企业的生产原料来源于其他企业的有效供给，企业生产过程依托员工协同配合、企业产品价值实现需要消费者信任，企业运转过程则是个体劳动力流转。企业生产的社会性，促使企业必须在实现自身经济利益的同时，承担自身的社会责任。企业的社会责任包括了持续创造经济价值、就业满足、社会捐赠以及环境保护等。福耀玻璃的创始人曹德旺自 1983 年参与社会慈善事业，现在已经持续捐赠高达 160 多个亿。

5. 拓展国际视野

拓展国际视野，意味着企业家必须以经济全球化的广阔视角，立足于企业发展、进步的时代需要，以高度的历史责任感，学习国际竞争的游戏规则，掌握全球经济发展的趋势与脉动，吸收国外先进的管理技术，不断提高企业自身适应国际化、竞争化、规则化的能力与水平。改革开放四十多年的历程，也是中国主动融入全球化、企业家积极开拓海外市场的过程，特别是 2001 年中国加入世贸组织，成为世界市场的重要组成部分，极大促进中国企业家出海的动力与决心。中国企业融入经济全球化，起先是以劳动力与原料的比较优势，承接世界经济结构转移，进行初级原料的来料加工，成为全球产业链的一环。后期中国企业积极以合作办企业的形式，参与世界竞争游戏规则的制定，深度介入全球化过程。在这个过程中，中国企业家以勇于开拓、积极进取的精神，学习全球化竞争的规则，积极提高企业核心竞争力。吉利汽车的总裁李书福，通过收购沃尔沃，不仅实现了沃尔沃的起死回生，而且还积极吸收、借鉴先进企业生产、制造技术，提升了吉利汽车品牌的整体水平与知名度。

（三）企业家精神的重要价值

1. 弘扬企业家精神，有助于构建新发展格局

面对逆全球化的时代压力，以习近平同志为核心的党中央提出了构建国内大循环为主体，国内与国际双循环相互促进的新发展格局。构建国内大循环为主体的双循环发展格局，需要企业家弘扬企业家精神，积极发挥主观能动性，进行发展战略的调整。

在世界经济产业链中，中国企业凭借后发与比较优势，形成了"两头在外"的发展格局，促进了企业发展，带动了中国经济发展，为中国赢得了"世界工厂"的美誉。这种深度嵌入全球产业链的发展格局，也同时造成了我国经济的外贸依存度高、受世界经济波动影响较大的不足。在当下的国际环境下，中国企业面临着如何从"两头在外"的依赖于国外的发展格局，向构建国内大循环的战略进行转移，这是对中国企业家极大的挑战。企业家应该秉持开拓创新的企业家精神，不仅要根据世界经济态势，主动调整发展战略，开拓国内市场，还要在原材料、产品等方面与国内厂家进行积极对接，结合国内产业链与国内消费群体的特点，进行有针对性的产品生产与服务。

2. 弘扬企业家精神，推动中国经济高质量发展

在后金融危机与后疫情时代，中国经济发展进入新常态，面临着经济结构调整的现实需要。企业发展要从粗放型、初级加工向可持续发展、环境友好型、资源节约型进行转变。这对于当下面临着战略转移、疫情反复影响的企业来说，也是极大的挑战。弘扬企业家精神，鼓励企业家面临时代挑战，勇担作为，从生产与经营多方面推动企业高质量发展。进行企业产品创新，推动企业生产流程以及环节进行优化，提高资源使用效率，采用节能环保的生产工艺与流程，推动企业走可持续、节能环保的高质量发展之路。同时，优化企业经营管理流程，打造现代、开放、负责的企业文化，提高企业经营管理水平，是企业提质增效的重要保障。

3. 弘扬企业家精神，为国家发展助力

在百年未有之大变局的时代背景下，企业家需要积极作为，为我国现代化建设做出自己的贡献。长期以来，全球化的发展趋势，促使中国经济深度融合全球产业链。由于我国劳动力比较优势，我国在全球产业分工的地位、层次相对较低。企业生产产品的核心技术与技术创造力相对较差。在美国为首的西方国家对我国进行贸易战中，采用了核心技术与核心产品的封锁方式，极大地影响了我国企业的持续发展能力。以芯片代表的核心技术也成为制约我国经济持续发展、高端产业制造业再造以及国内产业链构建的卡脖子技术。在这种情况下，弘扬企业家精神，鼓励他们树立为国担当的责任意识，积极谋篇布局，围绕着国家亟须的项目、产品进行产业布局。弘扬企业家精神，发挥他们干事创业、积极有为的开拓进取精神，鼓励他们设立专项资金、专项项目，瞄准芯片、集成电路等高精尖技术，拓展与高校、科研院所的合作，完善产学研相互配套、发挥作用的机制，推动核心技术与关键技术的突破。

二、典型案例

(一)"砸冰箱的人"张瑞敏

1984年，时年35岁的张瑞敏临危受命，担任青岛日用电器厂厂长（海尔前身）。此时的这家企业，年销售额仅三百多万，企业负债高达147万，一年之内连换了四任厂长，企业面临着生死存亡的关键时期。

1985年，张瑞敏接到消费者反馈，工厂生产的电冰箱存在质量问题。张瑞敏清点了工厂库存，发现总计四百多台电冰箱，其中大约1/5的冰箱产品质量不合格。如何处理这 76 台冰箱，张瑞敏面临着选择。当时厂里的很多人认为冰箱的问题仅是外观层面的，不影响使用。一台冰箱价格不菲，可以便宜点处理给员工。张瑞敏却力排众议，执意要求在全部员工面前，将这 76 台不合格的冰箱砸掉。

张瑞敏带头将不合格的冰箱砸掉，并让员工跟他一起砸掉这些不合格的产品。面对员工的不理解，他在砸冰箱时候，义正词严地说了这么一段话"在很长的一段时间里，中国的很多企业也好，员工也好，甚至普通的群众也都是这样认为的。我们把我们生产的东西分为：合格品、二等品、三等品，甚至还有一些等外品。咱们把合格品努力地卖给外国人，自己国家的人花高价钱才能买到一个二等品"。

张瑞敏这一砸，不仅仅是砸醒了当时的青岛日用家电厂，开启了海尔品质转型的契机，还唤醒了当时的中国家电企业。在 20 世纪 80 年代，中国经济发展进入快速发展时期，居民消费水平有所提升，居民对日用家电的需求量很大。家电行业由此进入了快速发展的粗放时期。面对供不应求的市场环境，许多家电行业出于牟利的现实需要，重视产品数量，对质量管理相对不严格。世界经济发展的趋势告诉我们，任何经济发展都会经历初期发展的快速混乱时期，随后会进入规范化的常规时期。张瑞敏这一砸，实际上已经"春江水暖鸭先知"。他已经敏锐地意识到了中国经济的快速发展势必要渡过群魔乱舞的时代，而要进入"诸侯纷争"的时期。在这一时期，产品的质量、品牌将成为决胜的关键。而海尔今后的发展，也证明了只有产品立得住，企业才能行稳致远。

（二）"心若菩提"——曹德旺

曹德旺是中国杰出的民营企业家。从 20 世纪 80 年代开始，曹德旺就以巨大的魄力承包濒临破产的乡镇玻璃厂，推行绩效改革，促使企业扭亏为盈。作为企业家，他紧随国家发展脚步，与时代同频，积极开展"走出去"发展战略。经过数十年发展，福耀玻璃已经成长为世界最大汽车玻璃制造商，占有国内市场份额 70% 以上，国外市场 25% 以上，在世界九个地区建立产销建设基地，其产品被奔驰、宝马、奥迪等全球知名汽车制造商选用。

在经营企业获得巨大成功同时，曹德旺还积极以"达则兼济天下"的理念履行社会责任。在曹德旺看来，慈善并不是一种必须要做的义务，而是一种生活方式与态度。他认为"我这一生在做慈善，不是捐那两片钱。我认为善良、关爱、谦虚、诚实、勤劳、朴素，本身这都是在做慈善，这就是修养和修行"。

自从他经营企业以来，他就不断向社会捐助，帮助了大量的受灾群众、失学儿童等。汶川地震时候，他先后捐款 2000 万，亲赴灾区慰问受灾群众。2011 年，他将自己三亿股股份以注资的形式，成立了河仁慈善基金会，开创了中国基金会资金注入方式、操作方式多个第一。2020 年疫情时候，曹德旺捐款一个亿，支援湖北疫情恢复。2021 年，他又拿出 100 亿资金成立福耀科技大学，以培养具有家国情怀、国际化视野、创新能力的研究型人才。几十年来，曹德旺累计捐款高达 170 多个亿，名副其实的"中国首善"。

（三）勇者无界——华为任正非

1987 年，时年 43 岁的任正非以两万多的资金创立华为。创业不久，华为自主研发出交换机，解决了国内交换机需要进口的难题。此后，华为坚持技术创新的理念，一直深耕产品与科技创新。具体来看，华为在科技创新领域具有三个特点。首先，研发投入量大。华为坚持每年将营收的 10%～15% 投入到研发当中，2019 年研发投入高达 1200 亿，华为拥有十万件技术专利。在移动手机领域，华为自主研发了海思麒麟系列芯片，经过数代的技术叠加，麒麟芯片在运算力、散热等多个方面取得了技术性突破。其次，基于顶尖人才建设研发中心。华为高度重视研发人才，特别是基础性学科人才在科技创新中的重要作用。华为在世界上建立了 16 个以上的开发中心，60 多个基础实验室，涉及材料、芯片等高端前沿技术，与世界上重要的科研院所与机构建立了常态化的交流和合作关系。华为每年针对基础性学科，发布天才计划，以高达百万的薪酬招聘具有科研潜力的人才，致力于基础理论的突破。华中科技大学博士张霁，毕业年薪高达 201 万。最后，华为的技术创新始终瞄准未来。对于一个企业来说，只有视野始终瞄准前方，才能在变化不居的竞争环境中，保持主动性。对于技术创新来说，基础学科的突破是技术领域进步的关键与基础，为此华为每年都将研发费用很大一部分投入到物理、数学等基础性学科，鼓励研究者做出长期的技术突破。

真正的勇者不应局限自己。勇者需要在时代的波涛、企业竞争中才能真正彰显自身。华为从九十年代就开始了走出去的战略。1996 年华为第一次尝试走出国门。这一步华为用了三年时间。华为才在俄罗斯取得了第一份订单。此后华为凭借先进的技术、贴心的服务进入泰国、印度、非洲、中东等国家与地区，取得了较大的市场份额。在经过十年的技术沉淀与酝酿，华为将目光瞄准了英美发达国家。只有在高端战场才是展现实力的最佳场所。2002 年，为了进入英国电信的采购名单，华为经历了二年的资质认证，这一认证为华为进入英国市场打下了基础。此后，华为进入国际市场遭到了美国思科通讯的顽强狙击。在数据通信领域，美国思科公司是传统的强者。2003年，思科以仿制产品名义起诉华为美国分公司，任正非带领员工积极应对，最终在合作方3COM的支持下胜诉，成功进入美国市场，分得一份羹。

勇者无界，创新为先。任正非所率领的华为，不仅仅成就了中国制造的美名，更生动形象地证明了一个真理。企业家只有立足于长期发展，坚持技术创新的本位，才能在世界经济大潮中始终昂立鳌头。在全球化发展趋势下，中国企业家只有勇于出海，敢于亮剑，才能在与世界企业的近身搏斗中取得先机。

三、经典论述

1. 企业家是经济活动的重要主体。改革开放以来，一大批优秀企业家在市场竞争中迅速成长，一大批具有核心竞争力的企业不断涌现，为积累社会财富、创造就业岗位、促进经济社会发展、增强综合国力作出了重要贡献①。

2. 企业家是经济活动的重要主体，要深度挖掘优秀企业家精神特质和典型案例，弘扬企业家精神，发挥企业家示范作用，造就优秀企业家队伍②。

3. 要在爱国、创新、诚信、社会责任和国际视野等方面不断提升自己，努力成为新时代构建新发展格局、建设现代化经济体系、推动高质量发展的生力军③。

4. 市场活力来自人，特别是来自企业家，来自企业家精神④。

5. 改革开放以来，党和国家为民营企业发展和企业家成长创造了良好条件。民营企业家富起来以后，要见贤思齐，增强家国情怀、担当社会责任，发挥先富帮后富的作用，积极参与和兴办社会公益事业⑤。

---

① 《中共中央、国务院关于营造企业家健康成长环境弘扬优秀企业家精神更好发挥企业家作用的意见》，北京：人民出版社2017年版，第1页。

② 习近平：《在中央全面深化改革领导小组第三十四次会议上的讲话》，载《人民日报》，2017年4月19日，第1版。

③ 习近平：《在企业家座谈会上的讲话》，北京：人民出版社2020年版，第5页、第8页、第9页。

④ 中共中央文献研究室编：《习近平关于社会主义经济建设论述摘编》，北京：中央文献出版社，2017年版，第62页。

⑤ 《贯彻新发展理念构建新发展格局 推动经济社会高质量发展可持续发展》，载《人民日报》，2020年11月15日，第1版。

四、教学应用

知识点 1：第五章　第二节　邓小平理论的基本问题和主要内容改革开放理论与社会主义市场经济理论。

改革开放理论是邓小平理论的重要内容，直接阐明了中国进行对内改革与对外开放的时代缘由以及历史内涵。这一部分可以结合民营企业产生的历程，以重大人物、重大事件进行融入。比如改革开放之初，邓小平宴请荣毅仁等著名民营经济人士。"五老火锅宴"成为中国推动改革开放的重要事件。"傻子瓜子"的事件是改革开放初期的个体户、私营企业主经营活动的生动写照。"傻子瓜子"的负责人年广久曾经多次被邓小平提及。在改革开放初期，在中国面临着向何处去的关键时候，邓小平、陈云为代表的共产党人采取了"等一等、看一看"的政策，以富有政治智慧的方式推动改革开放。

社会主义市场经济理论是邓小平杰出的理论贡献。他解决了社会主义国家与市场经济能否共存并能相互促进的重大理论问题，奠定了我国今后市场经济体制建立、完善的重要理论前提。在这部分，可以结合企业家的经营发展状况进行有效的对比，以讲故事的方式阐述社会主义市场经济理论的重要现实意义。在 1992 年南方谈话之前，我国虽然已经确立经济建设为中心，提出了改革开放政策，但是由于没有根本弄清楚社会主义与市场经济之间的关系问题，导致了在个别地区、个别领域出现了一些对民营经济不友好的行为。"温州八大王事件"是典型事件。同时，1989 年，受苏联事变的影响，我国也曾经产生了"姓资与姓社"的理论争议，核心问题就是社会主义与民营经济关系的问题。其背后是对改革开放进程与发展前途争议的集中表现。结合这些理论界的争议以及实践中的问题，可以作为重要的背景，讲清楚社会主义市场经济理论诞生的背景与意义。同时，作为社会主义市场经济理论诞生的重要时间节点——1992 年，同样也是众多企业家扬帆起航，开启人生企业之旅的起点。受到政策鼓励的影响，下海成为此时不同阶层人士不约而同的行为选择。很多企业家，如以冯仑为代表的万通六君子、华为任正非以及万科王石都在此时进行发力。

知识点 2：第六章　第一节　"三个代表"重要思想的形成。

"三个代表"重要思想的形成背景中，有一个重要的实践背景，即在建设中国特色社会主义伟大实践基础之上形成的。在这里可以结合民营经济人士的成长进行说明。随着中国改革开放的推进，特别是社会主义市场经济体制建立，民营经济发展迅速，作为民营经济的人格化主体——民营经济人士也逐渐发展壮大。民营经济人士的产生、发展，打破了原有的"两个阶级一个阶层"的社会阶级阶层状况。在这种情况下，在保证党的全面领导前提下，党如何认识这些民营经济人士，如何通过组织化的方式将其团结在党的周围，是关系到党的执政基础的重要问题。

知识点3：第六章　第二节　"三个代表"重要思想的核心观点与主要内容。

在这部分中，有一部分即"始终代表中国先进生产力的发展要求"涉及民营经济人士的定位问题。根据中国社会经济发展情况，结合马克思主义思想，党积极从国情出发，审时度势，将民营经济人士定位为中国特色社会主义事业建设者。其中杰出优秀者符合入党条件，可入党。明确了民营经济人士的政治定位，拓展了他们参政议政的渠道。在这一时期，不少民营经济人士进入政治舞台。2003年，重庆力帆集团董事长尹明善、浙江传化董事长徐冠巨分别当选为所在省市的政协副主席。这是改革开放以来民营企业家首次进入省政协领导班子。

知识点4：第八章　第一节　习近平新时代中国特色社会主义思想创立的社会历史条件。

这部分内容有一个重要背景即世界正经历百年未有之大变局。在这部分，可以结合华为、中兴的例子，以讲例子的形式阐述百年未有之大变局的具体变化。全球化是世界经济发展的大势，面临着中国在全球化经济发展浪潮中的地位提升，以美国为首的西方国家进行贸易保护主义、采取孤立主义的策略。

知识点5：第十章　第一节　实现经济高质量发展。

实现经济高质量发展，关键是坚持习近平经济思想，深化供给侧结构性改革，建设现代经济体系。在这部分，可以结合企业经营现状、面临的挑战以及应对，结合相应的案例，阐述企业家精神的重要内涵与时代价值。当下企业发展面临着三重挑战，即疫情常态化、国外封锁以及自身内在企业结构调整。在这种形势下，无论是外贸型企业还是关注国内市场的经济体都需要积极适应经济新常态、疫情常态化的时代环境，面临着调结构、保增长、重生态的现实压力。在这个时期，很多企业都积极永担社会责任，比如福耀玻璃曹德旺在疫情期间积极捐款捐物、五菱汽车改造生产线，生产医院口罩，实现了"人民需要什么，五菱就造什么"，真正践行了企业家的社会责任。同时，以比亚迪为代表的中国现代车企，精于技术创新，在电动车关键技术-电池上持续发力，生产的刀片电池，具有世界级水平。

第五节　丝路精神

一、丝路精神概述

（一）丝路精神的形成

1. 丝路精神生成的历史基础

从历史脉络来看，丝路精神是对中国古代丝绸之路实践过程的现代提炼，集中体现了中国人民开放包容、互通有无的精神内在。

从考古发现来看，中西之间的交流早在先秦时期已经开展。在原苏联境内的阿尔泰地区的贵族墓葬中出土了公元前 5 世纪精美的产自中国的丝织品和绣着凤凰图案的茧绸、漆器等。真正沟通中西、开展大规模中西交流互鉴则是起始于西汉时期，归功于张骞。司马迁在《史记》中称其有"凿空"之功。"张骞凿空，其后使往者皆称博望侯，以为质于外国，外国由此信之"。公元前 139 年，奉汉武帝之命，张骞率队出使西域，前后历经 13 年，艰难繁多，打开了一条中原王朝通向西域的经济文化交流之路。从此以后，沿着这条道路，中原地区将自己所盛产的丝绸、瓷器等具有中国文化特点的产品源源不断地运到希腊、罗马地区，并将这些地区的香料、黄金等饰品带来中国，推动了中国与周边国家的经济、文化交流。由于丝绸是汇通中西的主要商品，这条道路也就成为举世有名的丝绸之路。

历史实践证明，萌发于先秦时期，开通于秦汉时期、兴盛于汉唐时期、延续于明朝的丝绸之路，是一条中西方之间交流、互鉴的和平之路、发展之路、文明之路。经由丝绸之路，中西方各民族之间不仅加深了彼此的认识，深化了双方的认同，促进了丝绸、黄金、瓷器等经贸活动，而且还进一步促进了东西方之间文化的深度融合与交流互鉴。中国古代的四大发明沿着这条道路传入西方，为推动资本主义革命、繁荣资本主义经济生产起到了重要作用。

2. 丝路精神生成的现实逻辑

2013 年，为顺应经济全球化的发展趋势，促进全球经济尤其是亚洲经济在后疫情时代的恢复与发展，加强彼此之间的经济交流、文化互鉴、政治互信，中国发出了"一带一路"的倡议。2013 年 9 月 7 日，习近平主席在哈萨克斯坦访问期间倡议亚欧国家共同建设"丝绸之路经济带"。2013 年 10 月，习近平主席在印度尼西亚国会演讲时提出中国愿同东盟国家加强海上合作、共同建设 21 世纪"海上丝绸之路"的构想。

"一带一路"倡议的推行，取得了丰硕的成果。这一倡议不仅促进了沿线各地区以及国家的经济交流与繁荣发展，还带来了彼此之间的交流互信。"一带一路"以政策沟通、设施联通、贸易畅通、资金融通和民心相通为主要内容扎实推进，成立了亚洲基础设施投资银行，涵盖了亚欧区域大部分国家与地区，成为推动"一带一路"建设，促进当地经济发展的重要推动力。与此同时，"一带一路"积极推动经济合作走廊和通道建设，相继建成并推动了新亚欧大陆桥经济走廊、中蒙俄经济走廊等，极大促进了沿线地区的经济发展。在贸易与交通方面，修建了中泰、中老铁路等，完善了中欧班列等国际班列运行机制。贸易规模持续增大、贸易额的数量持续攀增。2013—2018 年，中国与沿线国家货物贸易进出口总额超过 6 万亿美元，年均增长率高于同期中国对外贸易增速，占中国货物贸易总额的比重达到 27.4%。

现实实践充分证明，新时代的"一带一路"倡议促进了亚欧地区的经济发展，为当地经济发展注入新的生机，丰富了中国与沿线地区的经济发展、文化交流，实现了中国的发展与世界发展相统一。正是在"一带一路"倡议的伟大实践下，中国古代"丝路精神"在经济发展、文化交流中重现绽放活力与魅力，显示出了经久的生命力。

3. 丝路精神生成的价值根基——中华文化和合思想

中华文化一直以来以爱好和平、崇尚和谐、乐于合作著称。在中华文化的脉络中，强调彼此不同却又和谐共生、相互转化的和合精神一直以来都是中华文化的精髓。和而不同而又和实生物，蕴含着人与人、物与物之间皆是平等、自然的关系，彼此通过交流互鉴的形式，实现物自有光而后美美与共的大同之美。中华文化的和合精神，其要点有三个，即相互平等、互相交流与彼此互鉴。在这种文化的影响下，中国在漫长的历史文化交流过程中，将和合的精神运用到外交实践中，采用了协和万邦、天下为公的理念处理与其他民族与国家的关系，形成了具有中国特色、中国风格、中国气派的"天下"体系。这一体系尊重他国的核心利益与文化差异，鼓励双方在维护自身利益基础之上，取长补短、交流借鉴，达成了彼此之间的信任、交流。

在中华文化和合思想的滋润，中国古代的丝绸之路与当下的"一带一路"实践，都是经由中国发起，亚欧大多数国家参与，融经济交流、文化互鉴、政治沟通于一体，显示出了各国在尊重彼此差异基础之上，互通有无、取长补短、共存共荣的追求，蕴含了和平合作、开放包容、互学互鉴、互利共赢的精神内涵。

（二）丝路精神的科学内涵

古代丝绸之路的精神思想延续到如今，"一带一路"伟大倡议如火如荼，二者之间具有内在精神气质的高度一致性。2014年，习近平总书记在中阿合作论坛第六届部长级会议开幕式上发表重要讲话，首次概括了丝路精神的内涵。

1. 和平合作

和平合作是古代丝绸之路与现代"一带一路"倡议的主题。古代丝绸之路，承载了中原王朝与西方不同民族、国家之间的经济交流。和平与合作是丝绸之路的驼铃声响彻几千年而不绝息的根本原因。由于王朝更替与战乱的影响，丝绸之路几次经历了商道塞绝的状况。西汉时期，西域的战事阻碍了商道的交流，但是随后东汉商道又重新焕发了生机。之所以出现这种情况，很大程度是由于，这条绵延千里的商道所承载的是不同民族、国家之间对于和平与合作的渴望。文化的繁荣与国家的富强，离不开不同民族、国家的经济交流与文化互鉴。借由这条商道，西域文化与华夏文化在经贸往来中实现了文化的交流，促进了彼此之间生产工艺的合作，实现了产品生产技术与生产链合作的升级。

当下的"一带一路"倡议顺应了和平与发展的时代主题，是中国基于世界经济发展态势，肩负大国使命与责任感，积极推动国家间经济交流、文化互信的重要举措。在后金融危机时代，世界各个国家与经济体面临着经济增长乏力的现实压力，如何走出经济低迷，成为世界大国共同发展的重要议题。中国深刻意识到，越是经济增长乏力，越需要积极开拓国内市场与国外市场，将世界经济紧密联系在一起，形成全球经济增长的新引擎。在当下，各个国家具有合作意愿强烈、经济互补性强烈、文化交流意愿强烈的现实需要。中国政府积极以大国责任担当的使命意识，以和平与合作为主题，根据各国产业链情况与发展阶段，搭建国家经济交流的平台，有助于在保证世界和平的基础之上，促进世界经济的合作。

2. 开放包容

开放包容是丝路精神的重要内涵，是不同民族、国家地区开展经贸往来的重要基石与保障。世界地理自然环境以及社会环境的差异性，造就了不同民族、国家的文化、宗教、政治制度的不同。这些差异性既是人类政治文明花样繁多的重要体现，也在一定程度上造成不同民族、国家之间进行交流交往的障碍。在世界经济全球化的趋势面前，民族与民族、国家与国家之间的经济交流、政治往来已然成为不可避免的发展趋势。

丝路精神蕴含的开放包容理念，实际上就是在维护国家利益的前提下，尊重各个国家、民族的差异性，立足于交流互鉴、和平合作的现实基础之上，以世界眼光与兼收并蓄的理念，博采众长，实现互相尊重、差异互补。古代的丝绸之路与现代的"一带一路"倡议，汇集古埃及、巴比伦、印度与中华文化，涵盖了基督教、伊斯兰教、佛教等多个宗教，横跨五十多个国家与地区。人种多样、宗教民族问题复杂、国家政治差异性较大。中国应当秉持丝路精神的开放包容理念，充分尊重各个国家选择的国家政治制度与经济发展道路，谋求国家之间的重大利益关切，客观理性看待国家发展状况与政策理念，坚持开放包容、求同存异的外交理念。

3. 互学互鉴

在尊重世界文明多样性，国家发展差异性的同时，各个民族、国家还需要在相互尊重、相互认同的基础之上，进行政治、文化、经济多方面、多领域的交流，以此实现文化的和谐共生，推动人类文明的进步。文化交流意义不仅仅在于在不同民族、国家、宗教之间建立了沟通交流的渠道，促进普遍共识与相互尊重、认可。在全方面地交流互动过程中，人的知识体系会日益完善、价值理念会得到升级。地方实践的差异性必须通过交流互助的普遍性才能实现向人类性、世界性的过渡。在这个意义上，只有在相互尊重的基础之上，互学互鉴才能够突破地方实践性的认知。

在古代丝绸之路通商交流过程中，中国的儒学随着西去的驼队进入了西方社会，成为西方了解中国、透视中国的一把钥匙。外来文化的杰出代表－佛教，也在东传的过程中，随着通商的团队进入中国，并在中国儒家文化的滋养之下，形成了具有中国特色、中国味道的禅宗，并持续性的在中国发扬光大、建立自己的法统。"一带一路"倡议，特别注重文化的普及与宣传。中国与沿线国家互办艺术节、电影节、音乐节、文物展、图书展等活动，合作开展图书广播影视精品创作和互译互播。以丝绸之路为主题的国际剧院、博物馆、艺术节、图书馆、美术馆联盟相继成立。同时，为了推动文化的交流互鉴，中国还积极与沿线多个国家签署学历学位互认协议，建立专项奖学金，鼓励他们来华学习，极大地促进了文化的交流互鉴。

4. 互利共赢

互利共赢是丝路精神重要内涵与核心目的。互利共赢强调的是利益主体间的互利互惠、共生共赢，推崇的是双赢或者是共赢。不同的民族、国家在商贸往来过程中，会基于各个地区的特色与差异，彼此之间互相合作，实现优势互补，成为产业链与发展链的重要一环。

通过古代丝绸之路，驼队以商队的形式，充当了中西方经济交流的转运使，促进了彼此的共赢。这条连通欧亚大陆的商贸通道，将中国的丝绸、瓷器传入西方，又将西方的胡椒、亚麻、香料、玉米等运往中国，不仅仅丰富了西方的社会生活，满足了他们对生活差异性的诉求，而且还弥补了日益增加的中国人口的粮食不足，双方在中西交流中实现了共赢。在"一带一路"倡议中，资金、技术以项目合作、开发的形式自由流动，促进了发展机会的共享、项目实施效果的共享。"一带一路"倡议积极推动交通、能源基础设施的建设，兴建了很多的铁路、公路、港口，重点建设电力、煤炭、新能源等基础设施建设。这些项目合作，不仅极大地改善了这些国家、地区经济的经济发展面貌，为他们持续性发展奠定了设施基础，还促进了中国经济发展。截至2020年底，中国与"一带一路"合作伙伴贸易额累计超过9.2万亿美元，对沿线国家直接投资累计超过1300亿美元。在新冠疫情全球肆虐的背景下，2020年中国对"一带一路"沿线国家和地区的非金融类直接投资178亿美元，同比增长18.3%，占中国对外投资总额的16.2%。

（三）丝路精神的重要价值

1. 弘扬丝路精神，有助于在开放、包容、合作的理念基础之上构建国际政治经济新秩序。

"一带一路"倡议，以创新的发展思维、全新的发展理念，鼓励不同国家在平等尊重的前提下，互利合作、共同繁荣，走出了一条人类互相合作、走向共同繁荣、实现共同发展的新道路。资本主义在漫长的工业化、现代化历程中，通过对外殖民扩张、侵略，促进了工业化生产链条的向外扩张，形成了中心——外围的世界经济体系。在这个由资本主义国家创立并主导的世界经济体系中，广大的发展中国家受制于不平等的贸易分工，一直处于被压迫、被奴役的状态。发展中国家由于现代化起步较晚，在产品加工、技术更新、原料供应以及市场份额等方面都依赖于发达国家。这种不对等的结构性关系，造成了发达国家与发展中国家在世界经济发展道路上，呈现出贫富分化的鸿沟。

正是全球化发展的不均衡性以及发展中国家的处境，促使党和国家提出了"一带一路"倡议，致力于寻找和平发展、互助发展、共富发展的现代化发展新道路。在"一带一路"倡议下，建立了亚洲基础设施投资银行。针对发展中国家相对滞后的交通、能源、电力的基础设施，进行投资建设，解决了进一步影响发展中国家经济发展的设施难题。同时，为了实现共同发展，"一带一路"建立了不同地区、国家间的经济交流、贸易往来的通道。彼此之间通过减免税费、互认学历等多方式推动资金、项目、人才的自由流动，从而有助于实现地区之间的政治稳定与经济发展。

2. 弘扬丝路精神，开展"一带一路"倡议，是顺应时代发展大势，遵循经济发展规律，进一步促进经济全球化的重要举措。

自二十世纪以来，经济全球化已然成为时代发展的趋势。它将世界各地的国家、地区以经济合作的形式有机的连接在一起，形成了人口、财富、资源的全球性流动。但自国际金融危机以后，以美国为首的西方国家推行贸易保护主义，逆全球化的单边主义盛行。在世界经济已经紧密联系在一起的时代，逆全球化虽然在短时间内有助于本国经济发展的恢复。从长远来看，它加深了世界经济的破碎性，造成了世界经济体之间更深的隔阂，影响了全球经济发展的迭代升级。

开放合作以及科技创新是世界经济发展的客观需要与必然逻辑。在逆全球化势力抬头，全球经济不稳定的态势越发强烈的时候，以习近平同志为核心的党中央审时度势，充分认识到只有开放合作、双方共赢才是世界经济发展态势的前进方向。"一带一路"倡议，就是在着眼经济全球化的客观趋势下，准确把握各国经济发展的差异化，推动各国经济在彼此合作中实现发展机会共享。中国积极推动与亚欧地区的经济合作，结合各地区发展特色，建立了六廊六路多国多港的合作平台，开通了中欧班列，建立了中阿合作论坛。这些形式多样、各具特色的合作形式，满足了差异化的经济发展需要，构建了以地区与国家特色为核心的经济发展产业链与合作链，实现了资源、贸易、人口的自由流通，极大推动了地区经济发展，为提振世界经济发展，促进经济全球化打下了强心剂。

3. 弘扬丝路精神，共建"一带一路"是推动构建人类命运共同体的重要实践。

在马克思的理论视域下，工业革命以来，随着各个地区、国家的经济交流、文化联系日益密切，历史已经进入世界历史的范畴。各个国家、地区在长久的经济交往、文化往来过程中，在经济体系中相互嵌入、彼此依赖，在文化上互通有无、彼此借鉴、相得益彰。全球的人类，无论身处各个角落，同呼吸、共命运，面临着相同的困难与挑战，都处于同一个命运共同体之中。人类命运体的理念，深刻认识到全球人类相互依赖共同发展的发展规律，明确了人类共同具有的价值理念与共同利益，为全球经济发展、政治进步、文化互鉴提供了根本的遵循。丝路精神正是人类命运共同体理念的生动体现以及价值彰显。虽然在中国古代尚未完全认识到天下命运与共的精神内涵，但是在和合思想的价值涵养之下，古代丝绸之路已经通过东西来往的驼队商旅证明了商品互通有无、文化交流连接的紧密性、联系性，生动实践了人类命运与共的精神价值。

当下，党和国家积极以共建"一带一路"倡议为实践平台，积极搭建与发展中国家，尤其是亚洲国家在经济合作、政治交往、文化交流的桥梁，推动不同社会制度、不同宗教、不同民族之间的彼此交流互鉴，促进发展阶段不同、文化价值差异的国家在国际事务中实现权利共享、责任共担，形成产业链上的相互嵌套、文化上的相互融合、政治上的相互信任，以实际行动推动人类命运共同体。

二、典型案例

（一）铁路架两国——中老铁路

中老铁路是第一个由中国建设、采用中国标准，并与中国铁路网直接连通的铁路项目。整个项目起于中国昆明，终点在老挝的万象，横亘中老两国，全长一千多公里，横跨多个河流、山脉，修建难度极大。

由于老挝地形复杂，多山地、高原，交通闭塞，大量的老挝人民常年处于封闭的山坳，走出大山的渴望非常强烈。大山不仅给当地老挝人民的生活造成了极大困难，也影响了老挝国家对外交流、联系与发展。为推动中老两国之间的经济交流，修建国家间的铁路成为重中之重。2015年，中老两国签署政府间铁路合作协议，标志着中老铁路正式进入实施阶段。2017年，习近平总书记在老挝进行国事访问，指出中老铁路是泛亚铁路的重要组成部分，对老挝具有重要战略与现实意义。

中老铁路作为高质量共建"一带一路"的标志性工程，其建成通车，为东南亚经济发展注入新的动力。中老铁路带动老挝经济社会发展，提高当地运输效率和水平，给东南亚地区带去了新的经济增长点，为亚洲地区合作发展提供了新思路和新机遇。中老铁路建设期间,在老挝境内采购砂、道砟、水泥等材料费用超过 36 亿元,直接带动老挝当地就业 32000 余人次,结合工程实施帮助沿线村民改建新建道路水渠、改造房屋、铺设水管等,有效改善了当地基础设施状况,义务支教 168 人次,义诊看病 2650 多人次,捐资捐物助学 110 多万元。

(二)一口非洲大陆的"幸福井"

在非洲,水资源有着极端重要性。非洲处于热带地区,淡水资源紧张且分布不均,这极大影响了非洲人民生产生活用水的供给。与此同时,供水设施的落后与缺乏更是加重了当地水资源的紧缺性。修建供水设施对于非洲大陆来说,有着重要作用。

以习近平同志为核心的党中央深刻认识到合作与发展才能破解一国发展的困境,只有互相合作,才能在经济发展中实现共存共富,为此提出了"一带一路"倡议。2015 年,习近平总书记在中非合作论坛约翰内斯堡峰会上提出中非合作十大计划。2016 年塞内加尔总统萨勒参加 20 国集团杭州峰会。乡村打井工程成为中塞两国元首会晤时落实十大计划的重要内容。2017 年,乡村打井工程在塞内加尔正式开工。

中国工程施工队顶住压力在干旱贫瘠的非洲大陆上打出了一口口幸福井。在乡村打井面临着多重困难,地质环境条件复杂、交通运输环境不好、水源点难以勘测等都成为打井工程队需要克服的困难。通过这项工程,中国将为塞内加尔建设 251 口水井和 1800 公里的管线,涉及塞内加尔 14 个大区中的 12 个,解决塞内加尔 1/7 的吃水用水问题。每个工程涉及水井、水塔、输水管道以及配水设施。打井工程最高日供水规模达 8 万立方米,为当地创造就业三千多个。受益于该工程,200 余万塞内加尔民众在家门口就能享用干净的饮用水。

(三)一条见证友谊的城市"动脉线"

"一带一路"倡议,积极推动基础设施建设,促进沿线地区经济发展。巴基斯坦的橙线地铁既是"一带一路"的标志性成就,又是见证中巴友谊的动脉线。

巴基斯坦经济发展相对滞后,交通工具比较落后,行动速度缓慢,至今他们国家还有毛驴、马拉的板车配货。交通工具的落后不仅严重影响他们的出行,还延缓经济发展。2015 年 4 月,习近平总书记开展对巴基斯坦的国事访问。访问期间,双方签署了五十多份协议。其中巴基斯坦第二大城市拉合尔的橙线地铁项目就是在两国领导人见证下签署的。

修建地铁要克服地质环境、气候的极端考验，要在四十多度的高温环境下进行长时间的大规模作业，极大考验施工团队的决心与毅力。中国施工队顶着酷暑，联系国内国外专家克服技术上的困难，坚持在烈日下施工，保证了工程的按时交付。

经济相连，必然带来民心相连。而民心相连，才能在世界现代化过程中，打破冷漠与隔阂，建立共享共富的繁荣之路、机遇之路。一条地铁，见证了中巴友谊。

（四）一个港口的复兴

自公元前 400 多年建港以来，比雷埃夫斯港一直是希腊的重要港口。比港是欧洲的南大门，是欧洲进出口货物的重要转运港口。受到金融危机的影响，希腊濒临破产的边缘，比港经营惨淡。港口工人的工资得不到保障，出现了大罢工的运动。港口运营状况堪忧，亏损金额高达 1300 万欧元，经营设备没有得到有效维护，导致客户流失量比较大。这一系列的问题造成了繁忙的比港一度陷入沉寂。这不仅不利于当地的经济发展，还一定程度上延缓了希腊乃至于欧洲经济的复兴。

2008 年，中远海运和希腊方面签署为期 35 年的特许经营权协议，并据此于 2010 年正式接管比港二、三号集装箱码头，比港才迎来新的曙光。在中远海运的经营管理下，比港的业务从集装箱码头扩展至邮轮码头、渡轮码头、汽车船码头，船舶修理，港口的技术设施与设备得到了更新维护。比港也在沉寂之后重新绽放光芒。集装箱吞吐量从 2010 年的 88 万标准箱，增长到 2019 年 565 万标准箱，在全球港口的排名从 93 位跃升到 25 位，成为地中海第一大港口。比港的复苏，对希腊的直接经济性贡献高达 6 亿欧元，贡献了超过 3000 个就业岗位。

通过比港的沉寂、复兴，能够明显看到在共建一带一路过程中，中国企业能够运用先进的企业管理帮助当地企业进行改造升级，实现企业的起死回生。这也彰显了中国企业能够积极肩负企业责任，积极回馈当地社会的良好企业形象。

三、经典论述

1. 千百年间，丝绸之路承载的和平合作、开放包容、互学互鉴、互利共赢精神薪火相传①。

———————————

① 习近平：《近平谈治国理政》（第二卷），北京：外文出版社年 2017 版，第 368 页。

2. 弘扬丝路精神，就是要促进文明互鉴。弘扬丝路精神，就是要尊重道路选择。弘扬丝路精神，就是要坚持合作共赢。弘扬丝路精神就是要倡导对话合作①。

3. 在新的历史条件下，我们提出"一带一路"倡议，就是要继承和发扬丝路精神，把我国发展同沿线国家和世界其他国家发展结合起来，把中国梦同沿线国家和世界其他国家人民的梦想结合起来，赋予古代丝绸之路全新的时代内涵②。

4. 古丝绸之路绵亘万里，延续千年，积淀了以和平合作、开放包容、互学互鉴、互利共赢为核心的丝路精神，这是人类文明的宝贵遗产③。

5. 在"一带一路"建设国际合作框架内，各方秉持共商、共建、共享原则，携手应对世界经济面临的挑战，开创发展新机遇，谋求发展新动力，拓展发展新空间，实现优势互补、互利共赢，不断朝着人类命运共同体方向迈进。这是我提出这一倡议的初衷，也是希望通过这一倡议实现的最高目标④。

四、教学应用

知识点1：第八章　第三节　习近平新时代中国特色社会主义思想的历史地位：建设美好世界的中国智慧和中国方案。

本部分所讲授的是当下国际形势发生了深刻的变化，全球经济需要新发展动力，贫富分化的鸿沟有待弥合，旧有的国际政治经济体系弊端丛生。习近平新时代中国特色社会主义思想深刻洞悉国际格局的演变，准确把握世界经济社会发展的新格局、新态势，围绕建立新的国际新秩序、构建人类命运共同体，提出了一系列富有创造性的主张与理念。

丝路精神蕴含的和平合作理念，倡导不同国家在尊重彼此差异性的前提，围绕着经济发展、政治互信、文化互鉴，进行有效的对话与交流，致力于实现发展机会与发展成果的共享。积极实现中国的发展与世界的发展紧密联系在一起，关注"一带一路"沿线国家的基础设施建设，将彼此发展、共同富裕作为破解旧发展难题的关键，有效践行了人类命运共同体的价值理念。

知识点2：第十三章　第一节　坚持习近平外交思想：习近平外交思想的核

---

① 习近平：《习近平谈"一带一路"》，北京：中央文献出版社2018版，第33-43页。
② 习近平：《近平谈治国理政》（第二卷），北京：外文出版社年2017版，第501页。
③ 习近平：《近平谈治国理政》（第二卷），北京：外文出版社年2017版，第506页。
④ 习近平：《习近平谈"一带一路"》，北京：中央文献出版社2018版，第193-194页。

心要义。

本部分重点讲述习近平外交思想的核心内容，其中一点涉及丝路精神，即坚持以共商共建共享为原则推动"一带一路"。"一带一路"倡议，顺应了世界经济发展态势，是在逆全球化的趋势下，中国积极推动致力于实现共建共享的发展平台，把中国的经济发展与沿线国家的经济发展紧密结合起来，积极实现共同繁荣。在本部分可以结合相关案例，积极讲述中国的"一带一路"倡议，蕴含着和合思想的精神理念，注重实现中国发展与世界发展的协同一体，积极担负大国的责任担当。

知识点3：第十三章 第三节 推动构建人类命运共同体：促进"一带一路"国际合作。

本部分重点讲述"一带一路"倡议，与丝路精神相契合。共建"一带一路"倡议是以习近平同志为核心的党中央深刻思考人类前途命运及中国和世界发展大势所提出的宏伟构想和中国方案。

"一带一路"倡议是丝路精神的当代体现。古丝绸之路绵亘万里，延续千年，积淀了以和平合作、开放包容、互学互鉴、互利共赢为核心的丝绸之路精神。在这里可以结合古代的张骞出使西域以及当下"一带一路"倡议下，中国企业积极出海，在海外国家完善基础设施建设，修建铁路等，加强同世界国家的交流与合作。

后 记

一百年来，中国共产党弘扬伟大建党精神，在长期奋斗中构建起中国共产党人精神谱系，锤炼出鲜明的政治品格。中国共产党人精神谱系是中国精神的重要组成部分，是民族精神和时代精神的集中体现，凝聚和展现了中国共产党人强大精神力量。在革命年代，中国共产党人为了民族独立和人民解放，形成了以不畏艰险、坚守信念、敢于牺牲、勇往直前为重点的斗争精神；在建设年代，面对贫穷和落后，中国共产党人为了建设社会主义新中国，形成了以自力更生、奋发图强、艰苦奋斗、无私奉献为重点的创业精神；在改革年代，中国共产党人为了国家富强、民族振兴和人民幸福，形成了以开拓创新、锐意进取、求真务实为重点的改革创新精神；今天，更是要带头培育和践行社会主义核心价值观，不断增强全党全国人民团结一心的精神纽带，使我们在实现中国梦的伟大征程中获得源源不断的精神动力。

本书以筑强大学生精神力量为根本目的，结合《毛泽东思想和中国特色社会主义理论体系概论》课程教学内容，探讨和解决以中国共产党人精神谱系融入"概论"课程教学来筑强大学生的精神力量，并为"概论"课程教学提供教学参考和教学案例。从而达到将中国共产党人精神谱系融入"概论"课程教学，落实立德树人、培养时代新人的课程教学目的。

本书按照中国共产党人精神谱系的主要内容，采取循序渐进、注重教学实用的原则，将中国共产党在新民主主义革命时期、社会主义革命和建设时期、改革开放和社会主义现代化建设时期、中国特色社会主义新时代所形成的精神，结合"概论"课程教学要求，选择23个精神按照精神内涵、典型案例、经典论述和教学应用等四个部分展开论述，共4章23节。本书由尚振峰、丁燕、张鹏主编，本书撰写人员及分工如下：绪论，尚振峰、刘军、梁可妮、张丰麟；第一章第一节、第六节，李婉秋；第一章第二节、第五节，孙欣；第一章第三节，祖培法；第一章第四节，李彤彤；第二章第一节，祖培法；第二章第二节、第三节，张鹤耀；第二章第四节，汪旭；第二章第五节，陈利霞；第二章第六节，李彤彤；第三章第一节，汪旭；第三章第二节，卞中阁；第三章第三节，丁燕；第三章第四节，陈利霞；第三章第五节，宋春苗；第三章第六节，巩克菊；第四章第一节，宋春苗；第四章第二节、第三节，刘丽敏；第四章第四节、第五节，侯恩宾。

　　本书还有一些不尽如人意的地方，需要我们今后更加努力。对此，恳请得到读者的批评、指正和建议。

本书编写组

2022 年 8 月 1 日